教育信息化推进民族地区教育现代化研究

徐辉 等 ◎ 著

教育部民族教育发展中心民族教育重大招标项目（批准文号ZXZD18008）：教育信息化推进民族地区教育现代化的内容及途径研究

重庆市教育科学规划重大委托项目（批准文号2018-wt-14）：西部地区教育信息化促进教育现代化研究

西南大学出版社
国家一级出版社 全国百佳图书出版单位

图书在版编目(CIP)数据

教育信息化推进民族地区教育现代化研究 / 徐辉等著. -- 重庆：西南大学出版社, 2023.12
((2016)含弘教育学术文丛)
ISBN 978-7-5697-1940-6

Ⅰ.①教… Ⅱ.①徐… Ⅲ.①民族地区－教育现代化－研究－中国 Ⅳ.①G527

中国国家版本馆CIP数据核字(2023)第223636号

教育信息化推进民族地区教育现代化研究
JIAOYU XINXIHUA TUIJIN MINZU DIQU JIAOYU XIANDAIHUA YANJIU

徐辉 等著

责任编辑：李相勇
责任校对：万劲松
封面设计：起源
排　　版：杨建华
出版发行：西南大学出版社(原西南师范大学出版社)
　　　　　地址：重庆市北碚区天生路2号
　　　　　邮编：400715
印　　刷：重庆市圣立印刷有限公司
幅面尺寸：170 mm×240 mm
印　　张：19.75
字　　数：381千字
版　　次：2023年12月 第1版
印　　次：2023年12月 第1次印刷
书　　号：ISBN 978-7-5697-1940-6
定　　价：88.00元

前 言

在党中央领导全国人民全面建成小康社会的关键时刻,在全国脱贫攻坚战最后的关键阶段,2018年,教育部民族教育发展中心组织开展了民族教育重大招标项目的评审立项工作,我申报的"教育信息化推进民族地区教育现代化的内容及途径研究"项目有幸获准立项(批准号ZXZD18008)。随后,我又成功申报了重庆市教育科学规划重大委托项目(批准文号2018-WT-14)。

大力推进民族地区教育现代化是新时代我国的一项重大教育战略。近年来,为加快民族地区教育发展,我国政府出台了《国务院关于加快发展民族教育的决定》《国家教育事业发展"十三五"规划》《全国民族教育科研规划(2014—2020年)》等一系列重大战略政策,明确了加快实现民族地区教育现代化的指导思想。党的十九大提出"必须把教育事业放在优先位置,深化教育改革,加快教育现代化"的战略部署。对此,中共中央、国务院印发了《中国教育现代化2035》,标志着我国进入实现教育现代化的攻坚阶段。因此,深入研究教育信息化推进民族地区教育现代化的内容和途径,对加快实现民族地区和国家教育现代化战略目标具有重大战略意义。此外,加快推进民族地区教育信息化水平,能够为全面推进民族地区教育现代化提供有力支撑。课题组从民族地区教育信息化建设视角出发,通过调查研究,分析我国典型民族地区教育现代化现状和问题,并有针对性地提出具有可操作性的对策建议,为教育信息化推进民族地区教育现代化提供实践路径选择和决策参考。

课题组以民族地区教育信息化与教育现代化的关系与耦合为切入点,以西藏、新疆、内蒙古、云南和重庆五省(自治区、直辖市)的典型地区为个案,通过实地调研,深入分析民族地区教育信息化与教育现代化的关系,剖析它们之间的正相关与负相关,进而说明民族地区教育信息化推进教育现代化的作用与功能。我们主要力图解决以下问题。一是民族地区教育现代化现状调查,主要包括民族地区教育现代化已有的现状、存在的突出问题、采取的措施、发展趋势等问题。二是民族地区教育信息化现状调查，主要包括民族地区教育信息基础设施建设，领导管理体制，信息化教学应用普及水平、问题及应对之策等方面。三是教育信息化推进民族地区教育普及程度研究，主要包括从正反两个方面研究民族地区基础教育、职业教育和高等教育普及程度与区域教育信息化的关系。四是教育信息化推进民族地区教育公平与城乡教育一体化研究，主要包括从理论和实践层面探索信息化在实现教育公平与城乡教育一体化中的逻辑理路和实践路径。五是教育信息化推进民族地区教育质量提升研究，主要包括教育信息化对民族地区学校办学特色、人才培养结构、招生考试制度等多方面影响的深入研究。六是教育信息化推进民族地区教育保障水平研究，主要包括教育信息化在民族地区教育经费保障机制、教师队伍建设、教育督导和督查的作用及趋势。七是教育信息化推进民族地区教育服务与贡献研究，主要包括教育信息化对民族地区学校课程开发、师资培训、教材供应、制度完善等方面的影响和贡献等问题。

为了高质量完成项目研究任务，课题组两次赴新疆、西藏进行实地调研，一次到内蒙古、云南调研，召开了十余次座谈会，收集整理了数千万字的材料；运用"问卷星"进行了较大规模的网上调研，回收有效问卷6400份。为了听取专家意见，在征得上级有关部门同意的前提下，在西南大学召开项目专题研讨会和推进会，邀请了四川师范大学巴登尼玛教授、江西师范大学钟志贤教授、中央民族大学海路研究员、西北师范大学王兆璟教授、重庆市教育科学研究院胡松研究员等为我们"问诊把脉"，推进项目研究工作。

本成果是集体研究的结果，特别是得到了当时相关部门、相关工作的负责人给予的大力支持，是集体智慧的结晶。在研究过程中，教育部民族教育发展中心原科研部门负责人陈立鹏先生、科研处长张承洪先生、科研处李郭倩老师给予我们许多指导、帮助。新疆教育科学研究院院长单先生、教育厅督导室金勃然先生、援疆干部孙继红副院长、技装中心李主任、新疆师范大学教育学院赵院长、新疆八一中学张主任、新疆丝路中学曹武华副校长等或为我们组织了访谈、调研，或为我们提供了可贵的数据、资料。西藏教育厅技术装备中心江长洲副主任、教科院边巴副院长、日喀则市教育科学研究院程老师为我们提供了许多有关西藏教育的难得的资料，组织了问卷调查。内蒙古教育厅教研室刘彦泽主任协助我们发放了访谈资料。云南省教育科学研究院刘副院长热情接待课题组，为我们提供了许多有关云南教育现代化的资料。云南大学职业技术学院章光洁博士、云南省开放大学王静博士为网上问卷调研提供了帮助。重庆市教委政策法规处郭冠仁副处长、高等教育处李翔老师，重庆市教科院魏文峰研究员、周宪章副研究员为我们提供了重庆市教育信息化方面的政策。中央民族大学常永才教授、苏德教授馈赠了宝贵的资料。西南大学教育学部刘革平教授、张学敏教授对项目提出了建设性意见。余亮教授参与了调研，并利用"问卷星"进行了网络问卷调查。在此，一并表示衷心感谢！

　　本书撰写具体分工如下：徐辉教授负责撰写书稿整体框架、书稿提纲、前言和第五章第五、六、七节的内容；常宝宁副教授负责撰写第一章的内容；博士研究生李明明负责撰写第二章的内容；陈琴博士负责撰写第三章的内容；周宪章副研究员负责撰写第四章第一、二节的内容，博士研究生罗志敏负责撰写第四章第三、四、五、六、七节的内容；李海峰副教授负责撰写第五章第一、二、三、四节的内容。

目录

第一章　新疆维吾尔自治区教育信息化促进教育现代化研究　1
　　第一节　新疆教育现代化现状调查研究　2
　　第二节　新疆教育信息化现状调查研究　14
　　第三节　新疆教育信息化助推民族地区双语教育发展研究　25
　　第四节　新疆教育信息化推进城乡教育一体化研究　33
　　第五节　新疆教育信息化推进地区教育质量提升研究　41
　　第六节　新疆教育信息化推进地区教育保障水平研究　46
　　第七节　新疆教育信息化推进地区教育服务与贡献研究　53

第二章　西藏自治区教育信息化推进教育现代化研究　61
　　第一节　西藏自治区教育发展现状调查研究　63
　　第二节　西藏自治区教育现代化现状调查研究　69
　　第三节　西藏自治区教育信息化现状调查研究　87
　　第四节　西藏自治区教育信息化促进教育现代化实践研究　94
　　第五节　关于教育信息化促进西藏自治区教育现代化的建议　109

第三章　云南省教育信息化促进教育现代化研究　115
　　第一节　云南省教育现代化现状调查研究　116
　　第二节　云南省教育信息化现状调查研究　130
　　第三节　云南省教育信息化推进地区教育普及程度研究　137
　　第四节　云南省教育信息化推进地区教育公平与城乡教育一体化研究　144
　　第五节　云南省教育信息化推进地区教育质量提升研究　153
　　第六节　云南省教育信息化推进地区教育保障水平研究　160
　　第七节　云南省教育信息化推进地区教育服务与贡献研究　169

第四章　重庆市教育信息化促进教育现代化研究　183

第一节　重庆民族地区教育现代化现状调查研究　186

第二节　重庆民族地区教育信息化现状调查研究　202

第三节　重庆教育信息化推进民族地区教育普及程度研究　229

第四节　重庆民族地区教育信息化推进地区教育公平与城乡教育一体化研究　242

第五节　重庆教育信息化推进地区教育质量提升研究　244

第六节　重庆教育信息化推进地区教育保障水平研究　246

第七节　重庆教育信息化推进民族地区教育服务与贡献研究　251

第五章　内蒙古自治区教育信息化促进教育现代化研究　255

第一节　内蒙古教育现代化现状调查研究　256

第二节　内蒙古教育信息化现状调查研究　262

第三节　内蒙古教育信息化推进地区教育普及程度研究　272

第四节　内蒙古教育信息化推进地区教育公平与城乡教育一体化研究　275

第五节　内蒙古教育信息化推进地区教育质量提升研究　285

第六节　内蒙古教育信息化推进地区教育保障水平研究　291

第七节　内蒙古教育信息化推进地区教育服务与贡献研究　295

结　语　301

第一章

新疆维吾尔自治区教育信息化促进教育现代化研究

《中国教育现代化2035》明确提出，到2035年，我国要总体实现教育现代化，迈入教育强国行列，建成服务全民终身学习的现代教育体系、普及有质量的学前教育、实现优质均衡的义务教育、全面普及高中阶段教育、职业教育服务能力显著提升、高等教育竞争力明显提升、残疾儿童少年享有适合的教育、形成全社会共同参与的教育治理新格局。教育信息化作为教育现代化的重要指标，以教育信息化带动教育现代化，是促进优质教育资源共享，实现教育思想、教育模式、教学方法改革，破解制约我国教育发展的现实难题，实现教育事业更快速度、更高质量发展的战略选择。然而受各种条件的制约，新疆维吾尔自治区教育发展总体上底子薄、起步晚、发展缓慢、区域不均衡等现象严重，这些问题的解决是办好人民满意教育的关键点，也是服务于自治区教育现代化发展的基本点和着力点。

第一节 新疆教育现代化现状调查研究

一、新疆维吾尔自治区教育现代化建设的成效

(一)新疆维吾尔自治区党委和政府高度重视教育现代化建设

新疆维吾尔自治区党委和政府历来高度重视教育事业，确立了"教育强区"战略目标，确定了到2020年，新疆维吾尔自治区教育发展水平基本达到全国平均水平，基本普及15年教育，基本实现教育现代化的发展愿景。在党中央、国务院的亲切关怀下，在援疆省市的大力支持下，在新疆维吾尔自治区党委和政府的正确领导下，全区按照坚持教育优先发展，培养优秀人才的要求，全面深化教育体制机制改革，着力破解制约新疆维吾尔自治区教育发展的基础性和根本性问题。特别是自治区第九次党代会以来，新疆维吾尔自治区党委坚持把教育事业摆在事关社会稳定和长治久安的基础性、全局性和战略性位置，坚持党对教育事业的全面领导，大力实施教育惠民工程，深化教育改革，

集中力量解决了一些长期制约新疆教育发展的基础性和关键性问题,不断巩固提高九年义务教育发展成果,为全面打赢教育脱贫攻坚战、加快推进教育现代化奠定了坚实的基础。

2019年5月,新疆召开全区教育大会,深入学习习近平总书记关于教育的重要论述和全国教育大会精神,要求教育系统要增强"四个意识"、坚定"四个自信"、做到"两个维护",重点围绕全面落实立德树人根本任务、提高教育教学质量、促进教育公平,扎实做好新时代新疆教育工作,努力推进新疆教育现代化建设,办好人民满意的教育。2020年6月,新疆维吾尔自治区印发了《新疆教育现代化2035》和《加快推进新疆教育现代化实施方案(2018—2022年)》,旨在大力推进教育理念、体系、制度、内容、方法和治理现代化。《加快推进新疆教育现代化实施方案(2018—2022年)》明确提出,到2022年,新疆全面实现各级各类教育普及目标,教育热点、难点问题得到有效缓解,教育总体实力大幅提升,教育改革发展成果更多、更公平地惠及各族群众。《新疆教育现代化2035》则指出,到2035年,新疆维吾尔自治区总体实现教育现代化,学前教育毛入园率达95%以上,学前教育教师接受专业教育比例达95%以上;义务教育巩固率达97%,义务教育专任教师中本科以上学历比例达95%以上,域内义务教育均衡县(市、区)的比例达95%;高中阶段教育毛入学率达97%;高等教育毛入学率达60%;新增劳动力中受过高中阶段及以上教育比例达95%,劳动年龄人口平均受教育年限达到12年。[①]

(二)加大了教育经费投入

新疆维吾尔自治区党委和政府坚持把教育摆在优先发展的战略地位,并按照自治区"十三五"国民经济发展规划和教育发展规划,最早提出了"逐步实现全区15年免费教育"的教育发展战略目标,确定了15年免费教育"两步走"战略,优先加大教育投入,确保教育事业跨越式发展。据统计,自2010年以来,在新疆维吾尔自治区党委和政府的高度重视下,全区教育投入大幅增加。2011年,全区国家财政性教育经费投入471.42亿元,2012年,全区国家财政性教育经费投入545.96亿元,比上年增长15.81%。

自治区第九次党代会以来,紧紧围绕大力推进实施学前双语教育、抓实抓牢基础教育、提高职业教育服务能力、深化高等教育内涵发展中的突出问题,

---

① 新疆维吾尔自治区党委,新疆维吾尔自治区人民政府.新疆教育现代化2035[A].2020.

不断加大教育投入,推动教育事业稳步前行。据统计,2012—2016年全区财政性教育投入累计达2 870.5亿元,其中义务教育项目建设专项投入140.4亿元,全区56个县市区实现义务教育基本均衡发展。2013—2018年期间,新疆维吾尔自治区国家财政性教育经费投入保持了较快速度的增长,尤其是2015—2018年期间,连续四年增长速度都高于全国平均水平,并从2017年秋季起,对自治区高中阶段所有学生实施免费教育。到2018年底,国家财政性教育经费投入达到881.46亿元,是2011年的1.87倍,全区基本实现15年免费教育。2019年,全区财政一般公共预算教育投入863.07亿元,较上年增加47.7亿元,增长5.85%。"全自治区累计投入115.8亿元改善义务教育办学条件,新建、改扩建校舍415万平方米,补充教师12.18万人,拨付65亿元用于新聘教师工资性补助,14.8亿元用于集中连片特困县乡村教师生活补助,1.21亿元用于乡村教师周转宿舍建设,年投入约11亿元,实施农村义务教育学生营养改善计划,惠及学生143万人"[①],有力支撑了自治区教育事业的发展,见表1-1。

表1-1　新疆维吾尔自治区国家财政性教育经费投入情况

年份	全国/万元	增长率/%	新疆/万元	增长率/%
2018年	369 957 704	8.15	8 814 570	11.91
2017年	342 077 546	8.95	7 876 522	9.45
2016年	313 962 519	7.44	7 196 691	10.58
2015年	292 214 511	10.60	6 508 191	11.10
2014年	264 205 820	7.89	5 858 129	6.43
2013年	244 882 177	5.79	5 504 391	0.82
2012年	231 475 698	24.54	5 459 600	15.81
2011年	185 867 009	—	4 714 164	—

数据来源:中国统计年鉴(2012—2020)

(三)践行立德树人根本任务

党的十八大以来,党中央高度重视立德树人在教育中的重要地位和作用,

---

① 教育部.新疆维吾尔自治区以南疆四地州为主战场 全力打好打赢教育脱贫攻坚战[EB/OL].(2021-02-26)[2023-09-06].http://www.moe.gov.cn/jyb_sjzl/s3165/202102/t20210226_514978.html.

习近平总书记多次强调要将立德树人作为教育的根本任务,作为检验学校一切工作的根本标准。2019年中共中央办公厅、国务院办公厅印发的《加快推进教育现代化实施方案(2018—2022年)》也将立德树人作为推进教育现代化的十项重要任务之一。新疆维吾尔自治区始终贯彻落实习近平总书记重要讲话精神,全面落实党中央治疆方略,不断增强"四个意识"、坚定"四个自信"、做到"两个维护",强化人才培养体系建设,将思想政治教育贯穿于教育教学的全过程和教学研究的各环节,深入开展反分裂反渗透斗争教育,提高政治敏锐性和政治鉴别力,自觉坚定与"三股势力"作斗争,真正解决好为谁培养人、培养什么人、怎么培养人的根本性问题。在高等院校实现"班级以上党组织全覆盖、各类学校党组织全覆盖、高校党员发展年级全覆盖"[①],强化教育教学政治纪律,落实政治责任,严守纪律红线,严守"三尺讲台有政治,学术研究有规矩",坚持管好教学阵地、教材阵地、学术阵地、网络阵地和校园文化阵地,深化"民族团结一家亲"和"三进两联一交友(进班级、进宿舍、进食堂,联系学生、联系家长,与学生交朋友)"活动。在中小学通过加强党的基层建设,引导教师牢固树立"三个离不开"思想,坚决抵御"三股势力"向校园渗透,注重教师在维护祖国统一、维护民族团结、反对民族分裂、抵御宗教极端主义渗透等方面的思想认识和现实表现,充分发挥教师在各族师生交往交流交融中的表率作用,并从中小学生的身心特点和思想实际出发,坚持把"五个认同"教育、理想信念教育和社会主义核心价值观教育等贯穿于中小学教育教学全过程,根植于青少年心灵深处,形成各族师生相互学习、相互尊重、相互帮助、共同成长的长效机制,不断提高学生思想水平、政治觉悟、道德品质、文化素养,让学生成为德才兼备、全面发展的社会主义建设者和接班人。

(四)加快新时代教师队伍建设

教师队伍是教育事业发展的根本保证,是实现教育现代化的基础工程。我国历来高度重视教师队伍建设,尤其是党的十八大以来,习近平总书记多次强调了教师队伍建设的重要性,强调要将教师队伍建设作为教育事业发展最重要的基础工作来抓。新疆维吾尔自治区党委和政府高度重视教师队伍建

---

① 新疆维吾尔自治区人民政府办公厅.关于全面深化教育领域综合改革的实施意见[EB/OL].(2016-09-28)[2023-09-06]. http://www.xinjiang.gov.cn/xinjiang/gfxwj/201609/e43d0b589b2745698a6259aaf6fd9d79.shtml.

设,将教师队伍建设提高到前所未有的政治高度,作为一项重大政治任务和根本性民生工程来抓,作出了一系列部署,坚持把师德师风作为评价教师队伍素质的第一标准,把提高教师思想政治素质和职业道德水平摆在首要位置,引领广大教师自觉践行社会主义核心价值观,自觉做中国特色社会主义共同理想的坚定信仰者和忠实实践者。

近年来,新疆维吾尔自治区大力推进教师供给侧结构性改革,先后通过大学生实习支教计划、特岗计划、"三区"人才教师支教计划、南疆学前教育干部支教计划、扩大内地高校毕业生招聘规模等措施,重点为南疆地区、农村学校招聘新教师,全面优化全区教师队伍结构,提高教师队伍质量。以普通高中阶段为例,截至2019年,新疆维吾尔自治区共有专任教师4.43万人,其中少数民族专任教师1.76万人,占全部专任教师的39.79%,专任教师中本科及以上学历的教师占97.95%,生师比11.94∶1。相比2010年,专任教师数增加了1.41万人,增长了46.7%,专任教师学历合格率提高了8.66个百分点,生师比下降了1.92,见表1-2。

表1-2 新疆维吾尔自治区普通高中专任教师变化情况

项目	2010年	2015年	2019年
专任教师人数/万人	3.02	3.89	4.43
教师学历合格率/%	89.29	95.86	97.95
生师比	13.86∶1	12.81∶1	11.94∶1

数据来源:新疆维吾尔自治区教育事业发展统计公报

(五)快速推进教育信息化建设

为加快实施教育信息化战略,新疆维吾尔自治区建立和完善了"政府统筹、部门协作、分级负责、协同发展"的教育信息化工作格局,在管理层面加大顶层设计和宏观协调力度,制定了《教育信息化十年发展规划(2011—2020年)》《新疆实施〈教育信息化十年发展规划(2011—2020年)〉工作方案》,依托新疆教育卫星宽带网和公共网络体系,逐步形成资源共享、互联互通、内容丰富、功能齐全、经济适用的教育信息化网络运行和服务体系,大力改善了学校网络教学环境。截至2018年,新疆中小学双语现代远程教育建设计划全面完成,配备计算机教室854个,多媒体教室4.07万个。教学点数字教育资源全覆盖工程全面完成,全区828个教学点能够享有优质教育资源,宽带网络"校校通"覆盖率达到55.15%,多媒体"班班通"覆盖率达到75%,中小学生机比达到16∶1。新疆维吾尔自治区还以"新疆基础教育资源库"建设为中心,通过有线电视、卫星数据广播和互联网建成了优质教育教学资源传输的"一个中心,三条链路"格局,把"新疆基础教育资源库"中的各类优质教育资源,通过教学光盘下发、"新疆教育卫星宽带网"卫星播发、"新疆远程教育网"网络下载等多种技术手段,输送到最基层、最边远的中小学校,有效提高了边远贫困地区的教育质量,促进了教育均衡发展。

新疆维吾尔自治区还组织全区地市级、县区级88名教育局局长,分7期参加了教育部组织的"教育局局长教育信息化专题培训班",切实提高了各级教育行政管理部门负责人的信息技术应用能力和信息化工作管理水平。组织2 200名中小学校长参加了"中小学校长信息技术应用能力提升项目"远程培训活动。组织各类中小学教师信息技术能力培训活动,参训人次达20万。全区还通过开展教育信息化小课题研究、双语课件大赛、中小学双语教学说课大赛和说课展示等活动,有力推动了信息技术与课堂教学等初步融合。据统计,在"一师一优课,一课一名师"活动中,全区有57 000名汉语系教师参与,晒课37 332节,全区有5 000多名民族语言教师参加晒课活动,初步形成了课堂用、经常用、普遍用的信息化教学新常态。

二、新疆维吾尔自治区教育现代化建设中存在的主要问题

近年来,新疆维吾尔自治区党委和政府高度重视教育现代化建设,出台了一系列政策支持边远地区教育发展,学校布局更加合理,办学条件更加完善,各族适龄儿童接受优质教育的权利得到基本保障。然而,受多方面因素的影响,新疆维吾尔自治区的教育现代化建设还存在立德树人机制不完善、教育投入总量不足、区域教育发展不均衡、教育质量不高、师资力量不强等问题,严重影响和制约着自治区教育现代化的健康发展。

(一)"三股势力"在教育领域渗透依然严峻

"倡导富强、民主、文明、和谐,倡导自由、平等、公正、法治,倡导爱国、敬业、诚信、友善"的社会主义核心价值观明确回答了我们要建设什么样的国家、

建设什么样的社会和培育什么样的公民的重大问题。学校教育作为培育和践行社会主义核心价值观的主要环节,要以培养担当民族复兴大任的时代新人为着眼点,全面贯彻党的教育方针,坚持为社会主义现代化建设服务,将社会主义核心价值观贯穿于学校教育的全过程,融入教育教学的各环节,做到社会主义核心价值观从娃娃抓起,从学校抓起,确保社会主义核心价值观进教材、进课堂、进头脑,从根本上回答"培养什么人""怎样培养人""为谁培养人"的问题。

新疆维吾尔自治区由于历史、地域和文化的独特性,"三股势力""两面人"常常通过各种方式对青少年进行宗教极端思想渗透,想方设法利用宗教极端思想毒害青少年、腐蚀青少年。"从1996年开始每年查获由国外流入新疆的具有强烈民族分裂意识的非法宗教书刊和传单8 000多册(份),反动音像制品10 000余盒(盘),其中相当一部分流入学校,通过各种渠道在学校秘密传播。"[①]更有甚者,在一些"两面人"的影响下,大量宣传民族分裂、暴力恐怖、宗教极端主义内容的文章被编入学校教材,2021年,在一起少数民族语言问题教材事件中查处的具有民族分裂、暴力恐怖、宗教极端等内容的问题课文共计84篇,其中2003版41篇,2009版43篇(其中22篇选自2003版"问题教材")。[②]该教材在新疆印发2 500余万册,面向232万维吾尔族在校学生及数万名教育工作者,使用时间长达13年之久,造成的危害极其严重。

(二)教育资源配置不均衡问题突出

近年来,新疆维吾尔自治区虽然加大了教育投入,实现了农村学前两年免费教育,在南疆四地实施了14年免费教育,普通高中助学金资助面达到50%,中等职业教育实施"三免一补",普通高校资助面达60%以上。但是横向来看,除普通初中生均公用经费明显高于全国平均水平外,其余各级基本与全国平均水平相当,甚至幼儿园和中等职业学校的生均一般公共预算教育经费还略低于全国平均水平,而与东部发达地区相比,各级生均一般公共预算教育经费还存在较大差距,见表1-3。

---

① 李建生.宗教对新疆高校的渗透、影响及对策[J].科学与无神论,2012(3):28-32.
② 潘莹,路一凡.新疆打掉分裂国家犯罪集团[N].北京日报,2021-04-07(12).

表1-3　2019年各级教育生均一般公共预算教育经费投入情况

项目	幼儿园	普通小学	普通初中	普通高中	中等职业学校	普通高等学校
全国/元	8 615.38	11 949.08	17 319.04	17 821.21	17 282.42	23 453.39
新疆/元	8 330.45	13 221.43	21 949.75	18 376.65	15 908.35	25 715.14
上海/元	30 904.72	30 463.04	45 751.02	58 776.91	60 507.94	39 702.78
上海/新疆	3.709 850	2.304 065	2.084 353	3.198 456	3.803 533	1.543 946

数据来源:2019年全国教育经费执行情况统计公告

新疆在教育投入上除与东部发达地区存在较大差距外,新疆不同地区之间、城乡之间也存在较大差距。在地区差异方面,2012年,新疆维吾尔自治区教育投入最多的新疆生产建设兵团是博尔塔拉蒙古自治州的7.66倍,而且受地方经济的影响,像吐鲁番、昌吉、阿克苏、克孜勒苏柯尔克孜等地的教育财政投入并不稳定,教育投入的稳定增长机制尚未得到有效体现;在城乡差异方面,在建立城乡统一的义务教育经费保障机制以前,新疆维吾尔自治区在教育投入上重城镇轻农村的现象比较明显,见表1-4,尤其是2011—2012年期间,城镇教育财政投入都在农村的2.6倍以上。

表1-4　2008—2012年新疆15地城乡教育财政投入情况[1]

项目	2008年	2009年	2010年	2011年	2012年
城镇/万元	882 865	3 471 370	1 182 450	1 687 707	1 944 833
农村/万元	686 352	880 531	937 840	643 079	692 087
城镇/农村	1.29	3.94	1.26	2.62	2.81

此外,新疆维吾尔自治区的学校分布也极不均衡,以普通高中为例,全区普通高中学校中,"有近180所分布在城市,集中了60%以上的普通高中在校生,只有不足40%的学生分布在县城,乡村基本没有普通高中学校"[2]。近年来,随着城镇化进程的不断加快,城市学校规模进一步扩大,其中喀什二中作为全区办学规模最大的完全中学,在校学生已近9 000人,而规模最小的高中只有100余人,差距十分明显。

---

[1] 任建华,唐凤琼.城乡教育财政投入的公平与效率研究——基于2008—2012年新疆15个地区数据分析[J].教育财会研究,2015,26(06):19-24.

[2] 海萨尔·夏班拜,张布和.新疆基础教育现状分析报告[M].北京:教育科学出版社,2014.

(三)教师队伍整体素质不高、教学能力不强

近年来,新疆维吾尔自治区党委和政府高度重视教师队伍建设,先后通过提高教师待遇、改革教师招聘政策、强化教师培训力度等举措,形成了尊师重教的良好风气,提升了教师队伍整体素质,但是同国内其他地区相比,还有不小差距,即便是与同为西北地区的陕西、甘肃相比,差距也十分明显。尤其是在新疆南疆地区,教师队伍学科结构不合理,音乐、体育、美术、英语和心理健康等学科专职教师不足,学科结构性缺编的现象较为普遍。农村教师普遍年龄偏大、学历水平偏低、汉语教学能力不足等问题还比较严重。有学者通过对喀什地区叶城县、克州阿克陶县、阿克苏地区温宿县、和田地区墨玉县90个农村幼儿园的860名教师的调查发现,"所调查教师中,中专及同等学力的占78%,大专以上占20%,其他自考的占2%;中国少数民族汉语水平等级考试(MHK)通过率只达到32%;进修学习比例占了13%;汉语常用语句掌握情况40%处于合格及以上"[①]。

教师的学历水平在很大程度上是教师教育教学能力的直接体现,反映学校的教育教学质量。从中小学教师的学历水平来看,新疆地区对部属院校的公费师范生和具有硕士学位的高层次人才吸引力不够,高学历教师数量不足、分布不均。从表1-5可以看出,新疆小学阶段具有本科及以上学历的教师仅占50.50%,与全国平均水平相差12个百分点左右。普通高中具有研究生学历的教师仅为4.59%,低于全国平均水平6个百分点左右。由此可见,新疆地区目前教师的专业水平和专业能力与国家、自治区的决策部署和要求还存在一定差距,还不足以适应自治区教育现代化发展的需要。

表1-5 2018年普通中小学高学历教师所占比例情况

地区	普通高中 研究生学历教师所占比例/%	普通高中 本科及以上学历教师所占比例/%	普通初中 研究生学历教师所占比例/%	普通初中 本科及以上学历教师所占比例/%	普通小学 研究生学历教师所占比例/%	普通小学 本科及以上学历教师所占比例/%
全国	10.60	98.62	3.51	87.35	1.36	62.51
新疆	4.59	97.95	1.57	83.46	0.24	50.50

① 王国宁,高军龙,张波.困境与出路:新疆南疆地区学前双语教育质量提升探析[J].民族高等教育研究,2018,6(01):49-53.

续表

地区	普通高中 研究生学历教师所占比例/%	普通高中 本科及以上学历教师所占比例/%	普通初中 研究生学历教师所占比例/%	普通初中 本科及以上学历教师所占比例/%	普通小学 研究生学历教师所占比例/%	普通小学 本科及以上学历教师所占比例/%
陕西	12.40	99.08	5.09	92.58	1.84	73.18
甘肃	8.62	96.77	2.09	86.02	0.60	65.49

数据来源：2019年教育统计数据

（四）教育信息化建设滞后、信息技术与课堂教学的深度融合不够

近年来，新疆维吾尔自治区大力推进教育信息化建设工程，新疆基础教育资源公共服务平台上线运行，优质教育资源共享共建机制基本建立，"班班通"初步实现，多语种、全学科的双语教学资源库基本建成，学校信息化应用环境大幅改善，但是新疆教育信息化建设由于底子薄、起步晚、投入有限，与全国相比还有一定的差距。一是信息化建设还缺乏统一规划和统筹管理机制，各地、各学校往往各自为政，重复建设现象比较严重，甚至一些县级政府对国家推进教育信息化的战略部署了解还不全面，对教育信息化的作用认识不足，未将自治区五部门联合印发的《关于印发〈关于进一步推进中小学和幼儿园教育信息化工作的若干意见〉的通知》中不低于5%生均公用经费的信息化建设保障经费全面纳入地方财政预算，没有建立教育信息化建设的长效保障机制。二是"三通"的普及率还不高，网络接入和信息化基础设施建设水平参差不齐，区域、城乡、校际之间的教育信息化发展还不均衡。北疆和中心城区教育信息资源丰富，信息化建设水平高，南疆地区和农村地区教育信息化建设水平低、设施设备更新缓慢、数字资源匮乏，部分村小甚至还没有计算机教室。据统计，全国基础教育阶段学校接入互联网的比例已达87%，新疆维吾尔自治区为73%，南疆四地州为64%，与全国平均水平相比，与教育信息化发展需求相比，差距较大。[①] 三是教师的信息化素养不高，导致依托信息化手段进行科学管理和有效管理的水平还比较低，学校的信息技术设备应用率不高，"教师在信息化教学应用上形式单一、办法不多，只是把以前在黑板上的东西搬到屏幕上呈

---

① 罗锋.新疆基础教育信息化发展的探索与展望[J].中国民族教育，2017(Z1):48-50.

现,对于当前大数据、移动互联网支撑的微课堂教学、翻转课堂应用很少"①,教育信息化与教育教学"两张皮"现象比较普遍。

三、加快推进新疆教育现代化的政策建议

(一)落实教育优先发展与教育强区战略

党中央、国务院历来高度重视新疆教育工作,新疆维吾尔自治区党委、政府始终坚持把教育摆在优先发展的战略地位,全面实施科教兴区、人才强区战略,坚持把双语教育作为提高民族教育和民族地区教育质量的突破口,并通过学前教育三年计划、义务教育学校标准化建设、高中阶段免费教育、教育信息化"十三五"规划等一揽子工程的建设,已具备加快推进教育现代化的基础条件。近年来,自治区颁布了《新疆教育现代化2035》和《加快推进新疆教育现代化实施方案(2018—2022年)》,确立了新疆教育现代化发展目标。面对新形势、新任务、新机遇和新挑战,自治区要进一步推进教育理念、教育体系、教育方法、教育内容和教育质量现代化,"要推动各地各部门落实优先发展教育的责任,在组织领导、发展规划、资源保障上把教育事业摆在优先发展地位,做到经济社会发展规划优先安排教育发展、财政资金投入优先保障教育投入、公共资源配置优先满足教育和人力资源开发需要"②,将更多的政策、资金向边远地区、农牧区倾斜,保障全区适龄儿童享受优质教育的权利,办好人民满意的教育。

(二)落实新时代立德树人根本任务

新疆特别是南疆的喀什、和田、克孜勒苏柯尔克孜、阿克苏四地州,由于宗教极端主义渗透时间长、影响范围广、信教人数多,以及对外交流不畅等原因,教育系统抵御和防范"三股势力"渗透的任务依然艰巨。新时代新疆教育的健康发展,要深刻把握"培养什么人、怎样培养人、为谁培养人"这一根本问题,坚持为党育人、为国育才,始终以习近平新时代中国特色社会主义思想为指导,坚持社会主义办学方向,坚持立德树人根本任务,将习近平新时代中国特色社

---

① 苏福根,周学和,苏阳.南疆基础教育信息化发展现状及对策研究[J].中国教育信息化,2020(07):77-80.
② 陈宝生.认真学习贯彻全国教育大会精神 开启加快教育现代化、建设教育强国新征程[N].光明日报,2018-09-25(2).

会主义思想融入大中小学教育,扎实推进习近平新时代中国特色社会主义思想进教材、进课堂、进头脑。把双语教育作为提高民族教育和民族地区教育质量的突破口,广泛开展理想信念教育,厚植爱国主义情怀,加强品德修养,增长知识见识,培养奋斗精神,提升综合素养,把民族团结教育贯穿于学校教育的每一个环节,贯穿于学生成长的全过程,培养更多爱国爱疆、担当奉献的社会主义建设者和接班人。

(三)全面加强新时代教师队伍建设

教师是立教之本、兴教之源,是实现教育现代化的关键。近年来,新疆维吾尔自治区一直把教师队伍建设摆在突出位置,出台了一系列标本兼治的政策措施,使全区教师队伍规模不断扩大、结构不断优化、素质能力不断提升,但面对新时代的新形势和新要求,自治区教师队伍建设还不能完全适应教育现代化发展的需要。基于此,一是通过继续实施的援藏援疆万名教师支教计划,扩大"特岗计划"和"银龄讲学"计划、内地教师招聘计划等的规模,大力引进高层次高素质教师。二是依托新疆师范大学、新疆师范高等专科学校、伊犁师范学院、喀什大学、昌吉学院、和田师范专科学校等院校实施自治区定向培养公费师范生计划,加大职前教师培养力度,提高职前教师培养质量。三是注重在职教师教学能力提升。通过全员培训与专题培训相结合、"走出去"与"请进来"相结合、集中培训与网络研修相结合等方式,深化教师培训模式改革,建立不同层次、不同学科教师常态化培训机制,从而坚定教师的教育信念、提高教师的教学能力。

(四)利用教育信息化助推教育现代化

"没有信息化就没有现代化,教育信息化是教育现代化的基本内涵和显著特征,是'教育现代化2035'的重点内容和重要标志。"[1]以教育信息化推动教育现代化,是自治区教育事业发展的战略选择。因此,自治区要进一步确立教育信息化在教育现代化发展中的战略地位,成立教育信息化领导小组,制定教育信息化发展规划和行动计划,构建"互联网+教育"新生态。进一步推进"三通两平台"建设,实现教学应用覆盖全体教师、学习应用覆盖全体适龄学生、数字

---

[1] 教育部.教育信息化2.0行动计划[EB/OL].(2018-04-18)[2023-09-06].http://www.moe.gov.cn/srcsite/A16/s3342/201804/t20180425_334188.html.

校园建设覆盖全体学校,完善新疆基础教育资源公共服务平台、新疆双语教育资源公共服务平台等资源平台建设,建成新疆数字教育资源公共服务体系,形成覆盖基础教育阶段所有学段、学科的教育资源体系。进一步推进"三个课堂"常态化应用,加强信息技术与学科教学深度融合,推动新疆特别是南疆边远地区、农牧区教育教学模式变革,促进育人方式转变,让所有适龄儿童都能享受优质教育资源,发展更加公平、更有质量的教育,加快推进民族教育现代化。

第二节 新疆教育信息化现状调查研究

教育信息化是教育现代化的显著特征和重要标志,特别是自教育部印发《教育信息化十年发展规划(2011—2020年)》和召开首次全国教育信息化工作会议以来,以"三通两平台"建设为标志的各项工作都取得了突破性进展。新疆维吾尔自治区确立了以教育信息化带动教育现代化,以网络和多媒体技术为核心,拓展民族地区获取优质教育资源途径,提高教育质量,实现民族教育跨越式发展的基本战略。

一、新疆维吾尔自治区教育信息化建设的主要成效

(一)确立了教育信息化战略地位

新疆维吾尔自治区党委和政府高度重视教育信息化建设,早在2013年,自治区教育厅就积极探索教育信息化引领教育改革的新路径,制定了《新疆实施〈教育信息化十年发展规划(2011—2020年)〉工作方案》,建立和完善了"政府统筹、部门协作、分级负责、协同发展"的教育信息化工作格局,不断加强教育信息化建设的顶层设计和宏观协调力度,成立了教育信息化建设工作领导小组,建立了跨部门的教育信息化工作协调机制,统筹负责全区教育信息化建设,形成了相互配合、齐抓共管、协同推进的良好局面。2015年,自治区五部门联合印发了《关于进一步推进自治区中小学和幼儿园教育信息化工作的意见(2015—2020)》,成立了教育信息化领导小组,组建了教育信息化专家机构,制

定了《新疆维吾尔自治区教育信息化第十三个五年规划》《新疆维吾尔自治区基础教育信息化建设应用督导评估工作实施方案(2016—2020年)》等政策文件,较为科学、系统地规划了全区中小学教育信息化建设,同时加大资金投入,引导中国移动、中国电信、中国联通以及一批本地IT企业加入推进教育信息化发展的事业中来,逐步形成以政府为主导,市场有效参与,相互补充、相互协调、共建共赢的教育信息化新格局。党的十九大关于中国特色社会主义进入新时代的重大判断,开启了加快教育现代化的新征程,积极推进"互联网+教育",坚持信息技术与教育教学的深度融合。自治区各级党委和政府为推进教育信息化进程,依据教育部《教育信息化2.0行动计划》,积极推进"三全两高一大"的发展目标,建成"互联网+教育"大平台,促进"互联网+教育"环境下人才培养模式改革,促进育人过程智慧化、教学管理智能化、教育服务精准化,为实现教育现代化提供强有力的支撑。

(二)"三通两平台"建设成效显著

在各级党委、政府和教育部门的共同努力下,学校信息化应用环境不断改善,尤其是随着中小学双语现代远程教育工程、薄弱学校改造工程、义务教育学校标准化建设工程等项目的实施,自治区政府加大了对中小学信息化教学设备的投入力度。从2014年以来,全区基础教育阶段学校互联网接入率每年增长5%以上,信息化基础设施明显改善,网络环境进一步优化。截至2018年,全区基础教育阶段学校互联网接入率达86.6%,中小学(不含教学点)互联网接入率达到94.9%,其中克拉玛依市和昌吉州已实现所有中小学校、幼儿园、教学点的互联网接入。在接入互联网的学校中,带宽10 Mbps以上的学校6 287所,占中小学总数的90.1%,带宽100 Mbps及以上的学校2 883所,占中小学总数的28.6%。有近70%的班级具备上网条件,班级上网主要采取光纤进班和校园局域网上网两种模式,其中利用校园局域网上网的占62.5%,光纤进班占37.5%。有79.7%的中小学(含教学点)配备多媒体教室,其中昌吉、哈密、吐鲁番、乌鲁木齐等地多媒体教室建设比例均超过90%。全区配备多媒体教室的比例比2014年增长了18.1%。全区3 586所学校共建设计算机教室6 131间,拥有计算机教室的中小学比例达83.4%,其中阿勒泰、昌吉、哈密、克拉玛依等地州市所有中小学已建有计算机教室。全区中小学与教材完整配套的数字教育资源所占比例中,数学、语文两个学科占的比例均超过77%,其中克拉玛依市中小学主科均拥有与教材完整配套的数字教学资源的学校比例最高,为83.78%,其次是昌吉州,为76.12%。

"十三五"期间,全区基本完成了"三通两平台"(宽带网络校校通、优质资源班班通、网络学习空间人人通,教育资源公共服务平台和教育管理公共服务平台)建设任务,教育信息化达到全国平均水平,各级各类数字教育资源不断丰富,信息化教学应用不断拓展,师生信息素养不断提升,应用水平不断提高,教育信息化对提高教育质量、创新教学模式和促进教育现代化的作用初步显现,如图1-1所示。

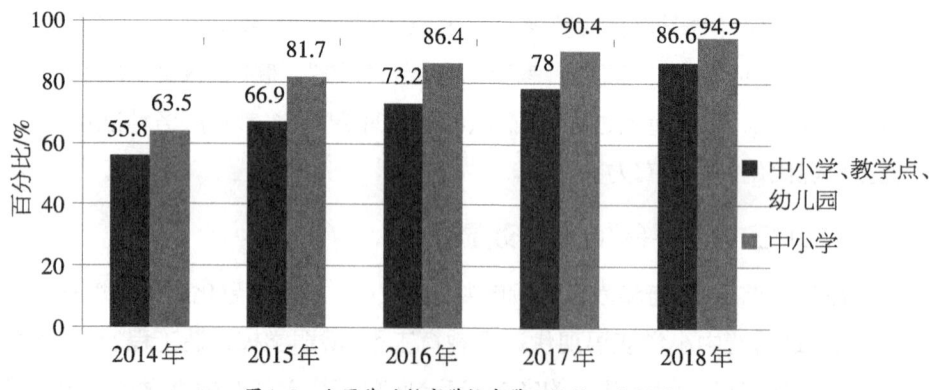

图1-1 全区基础教育学校宽带网络接入比例图

(三)数字化双语教学资源和优质教育资源建设成效凸显

近年来,新疆维吾尔自治区按照"汉语资源以引进为主、民族语资源以自制为辅"的指导思想和"统一规划、分步实施、市场导向、需求驱动"的建设原则,紧密结合新疆基础教育,尤其是民族教育的实际情况,先后通过翻译制作、购买引进、合作开发和争取援疆等方式,重点译制和开发了覆盖义务教育和学前教育阶段教育教学的专题教育、教师培训、少数民族语言等的数字化教学资源,形成了多学科、多语种、多角度的双语教学资源库。截至2012年,全区已完成学前双语幼儿园大中班维吾尔语等5种语言教育教学光盘的开发制作与应用,"完成了中小学'双语'教学课堂实录小学《汉语》一年级上、下册各121课时、《数学》二年级上、下册各121课时和48张小学《美术》、24张小学《思想品德》光盘内容的拍摄、编辑、合成工作,翻译制作了小学《数学》一至三年级动画光盘内容……先后引进并下发了包括同步教学课堂、多媒体资料、课程辅导、教学实验等内容的汉语言和少数民族语言的、可供中小学各学科教师和学生使用的教学资源光盘和教学资源库,其中光盘83 200张、硬盘介质超过900 GB。另有720 GB民、汉语教师培训和维吾尔语小学《数学》等内容的教育教学资源,通过'新疆远程教育网'供各族中小学师生下载"[1]。开发了维吾尔语言和哈萨克语言的教育教学资源,可以实现远程直播、实时点播,各类资源免费应用并提供多种方式下载,建立了视频点播、教师备课、三分屏系统等平台,充实和完善了信息化教育教学的方式和渠道。

(四)教师信息技术应用能力明显增强

自治区各级党委、政府和教育行政部门高度重视信息技术在现代教育中的作用,不仅通过"国培计划""专项计划"等方式着力提升教师的信息化应用能力,而且通过一系列活动促进信息技术与教育教学改革的融合,如2012年自治区开展了教育信息化小课题研究活动,2013年举办了首届双语课件大赛,2014年举办了中小学双语教学说课大赛和说课展示活动等,尤其是针对民族贫困地区和薄弱学校,自治区开展了多层次的专项培训,如2016年在南疆地区采用的"管理者""骨干教师""种子教师""校本培训"四梯度培训模式对12万名乡村教师进行了首轮信息技术应用培训,效果十分显著。截至2018年底,全区已有91%的中小学开设了信息技术课,有83.4%的中小学教师能够利用信息技术开展教学、教研活动。教师的教育技术能力和信息素养明显增强,信息技术在中小学教育教学中应用普遍,教师教学方式得到不断更新,信息技术对教育变革的促进作用充分彰显。

从教师使用数字教育资源(如PPT课件、视频、动画等)进行教学的频率来看,50.6%的教师表示自己会经常使用(每周至少1~2次),24.5%的教师表示总是使用(几乎每节课都用),18.4%的教师表示有时使用(每月几次),很少使用的(每年几次)仅为5.3%;从学校应用信息技术开展教学的学科比例来看,语文和数学课堂教学中应用信息技术的比例最高,均超95%,其次是信息技术、音乐、美术、科学与英语,而通用技术课应用信息技术的比例仅为10%,如图1-2所示;从教师对多媒体教室的使用来看,乌鲁木齐和伊犁两地多媒体教室的使用率都在80%以上,巴音郭楞和克孜勒苏柯尔克孜两地也超过了70%。

---

[1] 新疆维吾尔自治区教育厅.新疆双语教育资源建设现状与应用[EB/OL].(2012-09-01)[2023-09-06].http://www.moe.gov.cn/jyb_xwfb/xw_zt/moe_357/s6211/s6588/s6599/201209/t20120901_141403.html.

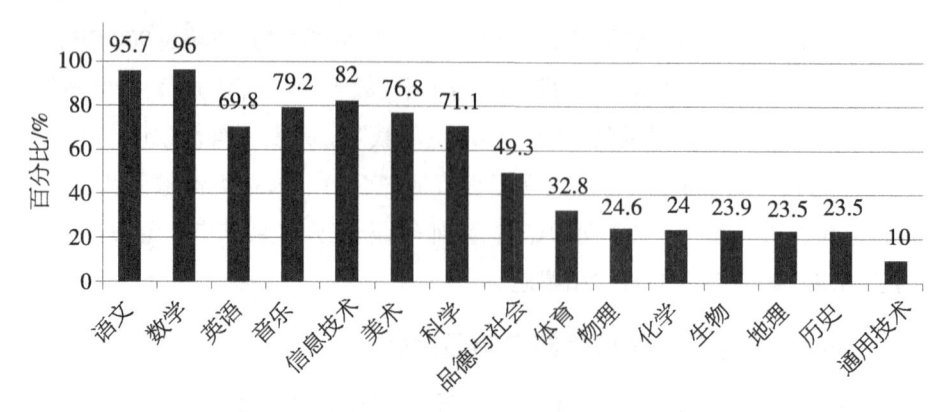

图 1-2 学校常态化应用信息技术开展教学的学科比例

二、新疆维吾尔自治区教育信息化发展中存在的主要问题

尽管近年来新疆维吾尔自治区教育信息化发展迅速,但是由于底子薄、起步晚、发展缓慢等原因,全区教育信息化整体水平还比较低,与全国其他地区,尤其是东部沿海地区相比还有很大差距,而且区域内部发展极不均衡,还不能很好地满足自治区教育现代化的发展需要。

(一)教育信息化建设总体滞后,基础设施更新缓慢

新疆维吾尔自治区基础教育信息化建设虽然取得了显著成效,但与其他地区相比,仍有较大的差距。在教育部大力推进《教育信息化2.0行动计划》之际,自治区的信息化建设还主要在1.0阶段,距离教育部提出的到2022年基本实现"三全两高一大"的发展目标还有较大差距。

1.宽带网络"校校通"建设步伐滞后

"三通两平台"是国家"十二五"教育信息化建设的核心任务,截至2018年,全国已有96.7%的中小学(不含教学点)接入互联网,92.3%的学校拥有多媒体教室,新疆维吾尔自治区中小学(不含教学点)互联网接入率虽然接近全国平均水平(94.9%),但是幼儿园互联网接入率仅为82.8%,教学点更低,仅为74.2%,幼儿园和教学点互联网接入速度明显缓慢。尤其在班级上网环境方面,全区仍有1 082所中小学(含教学点)和30%的班级还没有具备联网条件,有16.6%的中小学尚未建成计算机教室,如图1-3所示。

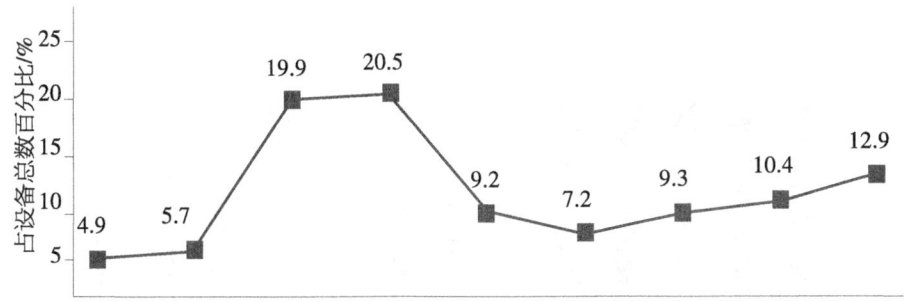

图1-3 班班通设备配置时间折线图

从中小学班班通设备的配置时间来看，2012—2013年是中小学大规模配备班班通的两年，这主要是受自治区双语现代远程教育建设计划的影响。从配置的数量来看，2012年以前配备的设备占设备总数的10.6%。而且从学校接入的互联网类型来看，主要以10 Mbps带宽为主，带宽在100 Mbps及以上的仅为28.6%。可见，自治区虽然基本完成了"三通两平台"建设任务，但是受教育投入的影响，总体上建设水平较低，设施设备更新换代速度较慢。

2. 师生拥有的信息化设备数量偏少

近年来，随着教育信息化建设的深入推进，为进一步规范和指导各地更好地开展学校信息化建设工作，科学配备信息化设备，教育部于2017年颁布了《义务教育阶段学校信息化设备配备标准（征求意见稿）》，规定"计算机数量要求开课人手一机、互联互通、支持多种信息化资源应用。小学、初中生机比能满足日常教学活动。教学点根据需要配备适量的学生用计算机"。截至2018年底，全国中小学每百名学生拥有的计算机数量为9.24台，每名专任教师拥有的计算机数量为0.88台，而新疆与之相对应的每百名学生拥有的计算机数量为6.8台，每名专任教师拥有的计算机数量为0.5台，明显低于全国平均水平，尤其是和田和喀什地区，每百名学生拥有的计算机数量还不足4.5台，如图1-4所示。

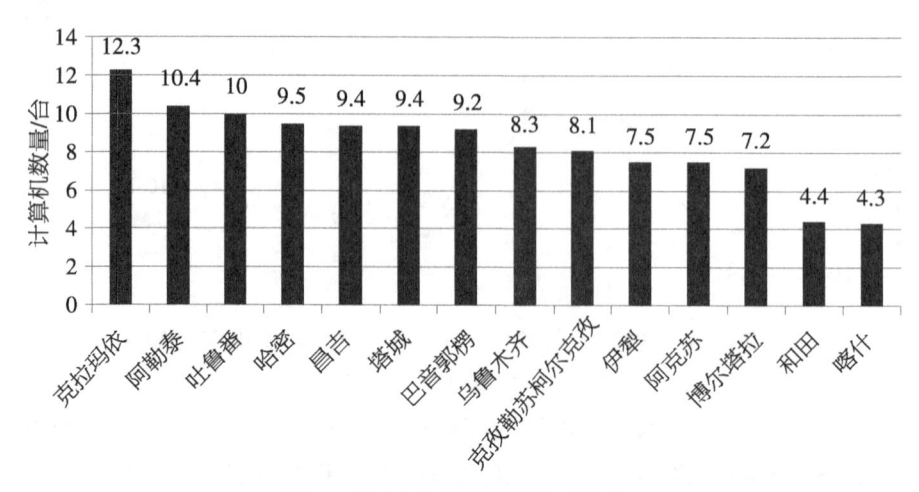

图1-4 每百名学生拥有计算机数量情况

3. 学科覆盖率偏低

数字资源全覆盖是利用现代信息技术扩大优质教育资源的重要举措,有助于为薄弱中小学、教学点提供优质课程,组织专家在线答疑,有效解决师资数量短缺、课程无法开足开齐、教学质量不高等实际问题。但是,"两面人"等因素给自治区教育信息化资源建设带来灾难性危害,致使自治区数字教育资源开发与服务能力还不强,学科覆盖率还比较低,信息技术与学科教学深度融合还比较弱。据统计,截至2018年,全区中小学与教材完整配套的数字教育资源中,仅有数学、语文两个学科覆盖率超过了77%,美术、科学、信息技术、品德与社会学科的教学资源覆盖率都不足40%,而地理、化学、生物、历史、思想品德学科的教学资源覆盖率都在20%以下,如图1-5所示,严重低于全国平均水平。

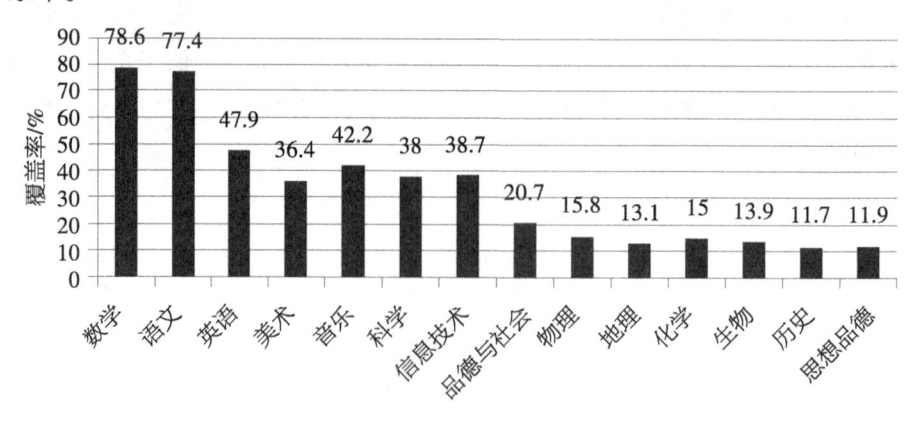

图1-5 各学科拥有与教材配套的数字教育资源的学校比例情况

(二)教育信息化发展不均衡

教育部颁布的《教育信息化十年发展规划(2011—2020年)》指出,要提高学校在信息化基础设施、教学资源、软件工具等方面的基本配置水平,重点支持农村地区、边远贫困地区学校信息化和公共服务体系建设,缩小地区之间、城乡之间和学校之间的数字化差距。新疆基础教育南北差异大、城乡分布不均衡现象还比较严重。

1.地域之间教育信息化建设差距明显

从表1-6可以看出,受地理环境、经济发展等条件的影响,南疆的基础教育信息化建设水平明显弱于北疆,尤其是和田和喀什地区,基础教育信息化建设速度明显落后于其他各地。截至2018年,在互联网接入方面,克拉玛依和昌吉等地区的所有中小学都已接入互联网,而喀什地区的接入率仅为81.1%;在多媒体教室建设方面,昌吉、哈密、吐鲁番、乌鲁木齐等地多媒体教室建设比例均超过90%,而喀什仅为72.2%,和田仅为67.7%;在计算机教室建设方面,阿勒泰、昌吉、哈密、克拉玛依等地州市所有中小学已建有计算机教室,而和田地区仅为54.2%,喀什为74.9%;在教师计算机配备方面,克拉玛依和乌鲁木齐每名教师平均拥有1.6台和1.1台计算机,而和田、克孜勒苏柯尔克孜每名教师平均仅拥有0.2台;在百名学生平均拥有计算机数中,克拉玛依为12.3台,喀什和和田仅为4.3台左右;在中小学主要学科均拥有与教材完整配套的数字教学资源的学校比例中,克拉玛依市高达83.8%,昌吉为76.1%,而喀什仅为13.1%。

表1-6 新疆各地教育信息化建设情况

地区	互联网接入率/%	多媒体教室建设比例/%	计算机教室建设比例/%	每名教师计算机配备数/台	百名学生计算机数/台	配套教学资源覆盖率/%
克拉玛依	100.0	88.2	100.0	1.6	12.3	83.8
昌吉	100.0	96.0	100.0	0.9	9.4	76.1
伊犁	99.8	88.7	96.1	0.6	7.5	59.8
乌鲁木齐	98.7	91.0	99.1	1.1	8.3	67.9
塔城	98.1	84.2	96.8	0.8	9.4	58.8
吐鲁番	100.0	92.0	99.3	0.5	10.0	51.6
哈密	97.5	93.6	100.0	0.3	9.5	—
阿勒泰	98.3	78.4	100.0	0.6	10.4	53.6

续表

地区	互联网接入率/%	多媒体教室建设比例/%	计算机教室建设比例/%	每名教师计算机配备数/台	百名学生计算机数/台	配套教学资源覆盖率/%
博尔塔拉	96.5	80.5	98.2	0.6	7.2	42.9
阿克苏	99.1	83.9	90.2	0.6	7.5	48.2
巴音郭楞	100.0	87.2	99.3	0.8	9.2	51.5
克孜勒苏柯尔克孜	98.3	80.7	98.3	0.2	8.1	52.2
喀什	81.1	72.2	74.9	0.4	4.3	13.1
和田	97.8	67.7	54.2	0.2	4.4	39.2

2.校际之间教育信息化建设差距明显

从各地学校教育信息化建设的进程来看,幼儿园和教学点依然是教育信息化建设的"特困区"。截至2018年,在全区宽带网络接入学校中,中小学基本实现了全覆盖,达到94.9%,而幼儿园为82.8%,教学点仅为74.2%;在多媒体教室建设方面,中小学多媒体教室建设比例均超过80%,教学点仅为62.2%;在信息技术课程开设方面,新疆维吾尔自治区中小学信息技术课的开课比例达到91%,9%没有开设信息技术课程的,大部分为农村村级小学。

(三)大部分教师信息技术应用能力弱,信息技术与教学融合度低

教师的信息技术水平和信息化教学能力在一定程度上直接影响着整个教育信息化进程。近年来,自治区虽然通过"国培计划""省培计划"极大地提高了教师信息素养和信息技术应用能力,但是从实际调查来看,仍有部分教师对教育信息化意识不强,重视不够,大部分教师对信息技术仅停留在多媒体展示的浅层次应用上,学科教学的模式、教学方法以及教学组织形式并没有任何改变。截至2018年,从信息技术在各学科中的应用比例来看,物理、化学、地理、生物、历史等学科中应用的比例都在25%以下,通用技术课的应用仅为10%;从各地主要学科教学中常态化应用信息技术比例来看,阿勒泰、博尔塔拉、喀什、和田等地的应用比例都在80%以下,见表1-7;从多媒体教室的使用来看,吐鲁番市虽然在多媒体教室建设中位居全区第三(92%),但使用的效率最低,仅为39%,喀什和和田地区不仅多媒体教室建设比例较低,使用率也不高,均在60%以下。

表1-7 新疆各地教育信息化使用情况

地区	主要学科教学中常态化应用学校比例/%	多媒体教室使用率80%以上学校比例/%
克拉玛依	92.9	63.0
昌吉	87.0	66.3
伊犁	86.5	81.2
乌鲁木齐	91.3	82.9
塔城	87.1	68.2
吐鲁番	87.3	39.0
哈密	—	52.4
阿勒泰	76.8	65.0
博尔塔拉	79.9	41.8
阿克苏	82.8	65.7
巴音郭楞	86.7	71.2
克孜勒苏柯尔克孜	81.6	70.5
喀什	72.4	58.3
和田	72.1	55.7

三、关于加强全区教育信息化建设的政策建议

(一)做好顶层设计,落实教育信息化优先发展战略

针对全区基础教育信息化建设相对滞后、发展不均衡的现状,新疆维吾尔自治区政府和教育厅进一步完善教育信息化建设的顶层设计,制定了《新疆维吾尔自治区教育信息化行动计划(2020—2025年)》,明确全区未来五年教育信息化发展的方向、重点和责任目标,落实《教育信息化2.0行动计划》,通过经费投入、政策保障充分落实基础教育信息化优先发展战略,建立教育信息化发展指标体系,把教育信息化建设作为教育督导的重要组成部分,纳入各级政府绩效考核体系,推动各地各校优化公共基础平台建设,完善信息化设施配置,改善教育信息化运营环境,提升网络与信息安全保障能力,促进全区基础教育信息化建设安全、优先和可持续发展。

(二)落实"三通"全覆盖,建立教育信息化共享机制

虽然自治区教育信息化建设呈现了良好的发展态势,但是"三通两平台"建设依然滞后,尤其是南疆的部分中小学和教学点,校园网络覆盖率低、信息化终端数量偏少、学科覆盖率低。基于此,建议自治区政府通过专项计划精准对接薄弱地区和薄弱学校,加强中小学计算机网络教室、多媒体教室、电子阅览室和语音室建设,实现"三通"全覆盖,确保基础教育阶段所有教室具备数字教学功能,具备远程课堂同步教学功能。以语文、数学、音乐等为试点课程,探索"一校带多校,一校带多点"的线上线下教学机制与优质教育资源共享机制,常态化开展网络远程同步教学。依托自治区教育服务平台,借助"人人通"的身份认证,构建全区各级各类学校数字图书共享机制和集学科专家、教研员、一线教师为一体的互助合作组织,推进数字资源的共建共享和优质教育资源的普遍应用。

(三)建立教育资源审核机构,搭建省级信息化公共平台

在以教育信息化促进教育现代化的同时,也要认识到由于审核和监管难度大而带来的一系列问题,尤其是对于新疆维吾尔自治区而言,要坚决杜绝"双泛主义""民族分裂"思想的"问题资源"通过网络渗透。为此,建议以自治区教育科学研究院为主体成立网络资源审核委员会,加强对信息资源的审核力度和监管力度,确保信息资源既符合我国基本国情,又能反映维吾尔族本民族历史、文化的发展状况。与此同时,以自治区电化教育馆为依托,加大基础资源整合力度,加快推进优质教学资源建设,建成数字图书馆,进一步开发物理、地理、化学、生物等学科教学资源,搭建"空中课堂",建成学科门类齐全、内容丰富、便捷好用的资源公共服务平台,形成与自治区教育现代化目标相适应的教育信息化发展体系,推动全区基础教育跨越式发展。

(四)提升教师信息技术应用能力,促进信息技术与学科教学深度融合

建立教师个人信息化学习档案,将信息技术应用能力作为教师评聘考核的重要依据。在"国培计划""省培计划"的基础上,进一步实施薄弱学校信息技术能力提升计划、中小学教师信息技术应用能力提升计划,通过专项培训、送教入校、自主学习等方式开展教学应用、能力提升、深度融合三个层级的培

训,不断提高教师的信息化应用能力、教育管理人员的信息化管理能力,培养教师利用信息技术开展个性化教学的能力,推动教师适应信息化、人工智能时代的教学变革。深入推进"一师一优课、一课一名师"活动,并做好"优课""晒课"的技术支持与推广应用工作,推动同步课堂的常态化,促进信息技术与学科教学的深度融合,实现信息技术与教学理念、教学内容、教学模式、教学管理、教学评价的全面融合,推动教育优质均衡发展。

第三节 新疆教育信息化助推民族地区双语教育发展研究

新疆维吾尔自治区作为我国陆地面积最大的省级行政区,也是我国五个自治区之一,主要居住有汉族、维吾尔族、哈萨克族、回族等民族,其中少数民族占61%。尤其是天山以南的南疆地区,占全区总面积的63%,占全区总人口的48%,其中85%为少数民族,而和田和喀什地区少数民族所占比例都在93%以上。各民族间大杂居、小聚居的独特风貌就形成了新疆地区独特的双语现象或多语现象。

双语教育在新疆地区曾进行了长期的实践探索。早在1959年,自治区就提出民族学校自小学四年级起教授汉语。20世纪90年代少数民族双语实验班的探索,极大地推动了新疆双语教育的发展。进入21世纪以来,自治区党委、政府高度重视双语教学工作,先后颁发了《关于大力推进"双语"教学工作的决定》《自治区关于加强少数民族学前"双语"教育的意见》《关于进一步加强学前和中小学"双语"教学工作的意见》等政策文件,明确了双语教学工作的目标和任务,尝试通过实施中小学双语现代远程教育建设计划,积极利用新疆广播电视大学直播课堂视频系统、新疆教育电视台卫星频道、新疆远程教育网络平台等现代信息传输渠道,用新的思路、新的观念、新的举措大力推进双语教育工作,初步形成了具有新疆特色、适应双语教育需要的现代远程教育体系。

一、信息技术推动新疆双语教育的主要成效

(一)确立了双语教育数字资源发展战略

新疆维吾尔自治区依据教育部"充分利用、高度共享教学资源"的基本建设原则,遵循"统一规划、分步实施、市场导向、需求驱动"的建设思路,按照多用户同时访问、上传下载方便、空间足够、允许进一步扩充的基本要求,以服务"两基"为主干,兼顾社会教育和师资培训,确定了新疆双语教育数字资源发展战略,构建了双语教育数字资源基本框架,如图1-6所示。

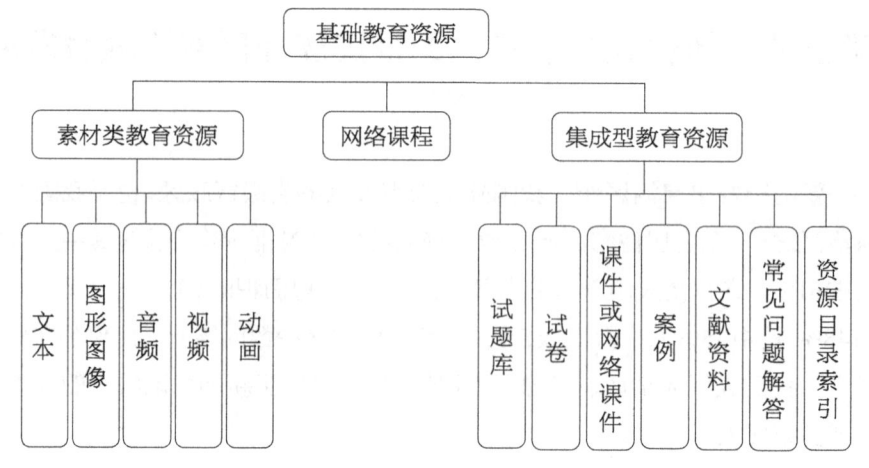

```
                         基础教育资源
        ┌───────────────────┼───────────────────┐
    素材类教育资源          网络课程          集成型教育资源
   ┌──┬──┬──┬──┐                    ┌──┬──┬──┬──┬──┬──┐
  文 图 音 视 动                    试 试 课 案 文 常 资
  本 形 频 频 画                    题 卷 件 例 献 见 源
     图                             库    或    资 问 目
     像                                   网    料 题 录
                                         络       解 索
                                         课       答 引
                                         件
```

图1-6　新疆双语教育数字资源建设框架[①]

在制定民文资源库建设规划时,新疆维吾尔自治区提出了近期目标、中期目标、远期目标的"三步走"发展方针。近期目标主要是确定双语教育数字资源建设框架,基本完成"师资培训类""基础教育类""社会教育类"等板块的内容设置、课时安排和建设流程。中期目标是按照新课程改革的要求,结合新疆"双语"教学实际,重点建设"基础教育类"的所有模块,充分利用大数据、移动互联网、智能语音等技术手段,围绕"空间+资源+应用"三大主题,为全区中小学教师和学生提供网络学习园地、优质数字教育资源,探索具有新疆区域特色的教育信息化应用模式。同时,开发符合幼儿认知规律的益智类学前教育资源,建设各类特殊教育数字资源和学习辅助装置。远期目标是全面完成"新

[①] 新疆维吾尔自治区教育厅.新疆双语教育资源建设现状与应用[EB/OL].(2012-09-01)[2023-09-06].http://www.moe.gov.cn/jyb_xwfb/xw_zt/moe_357/s6211/s6588/s6599/201209/t20120901_141403.html.

疆双语教育资源"的建设,建成"便于下载、资源预览、在线视频点播,可以保存用户评价意见,支持扩展、更新、删除与维护等功能"的资源库,信息技术与学科教学深度融合,建成人人可享受优质教育资源的信息化学习环境。

(二)完善了双语教育数字资源库建设①

新疆遵循"以现行教学大纲为纲,以现行教材为本,以自治区教育厅颁布的教学计划为进度计划"的工作原则,组织自治区教育科研所汉语教学专家和自治区"汉语教学能手",组成教案编写班子,要求教案突出教材内容情景化,教学方法科学化,画面体现民族特点,重点培养学生的汉语听、说能力及识字能力。与此同时,邀请自治区"汉语教学能手"作为授课教师,严格按照统一的教案讲授知识,来保证"同步教学"课程版本的科学性、指导性和权威性。根据新疆的区情和教学实际,主要通过以下四种方式进行。

1.翻译制作

新疆完成了中小学"双语"教学课堂实录小学《汉语》一年级上、下册各121课时、《数学》二年级上、下册各121课时和48张小学《美术》、24张小学《思想品德》光盘内容的拍摄、编辑、合成工作,翻译制作了小学《数学》一至三年级动画光盘。

2.合作开发

新疆电化教育馆与喀什地区和伊犁哈萨克自治州进行合作,分别开发维吾尔语言和哈萨克语言的教育、教学资源,确定以地区为单位,通过建立维吾尔语言和哈萨克语言教学能手专家库、教育技术专家库和教育教学评价专家库等手段,大力开展一线民族语言教学资源的合作与开发。

3.购买引进

新疆在得到教育部基础教育资源中心大力支持的国家课程课件资源的同时,采取向社会公开招标的方式,先后引进并下发了包括同步教学课堂、多媒体资料、课程辅导、教学实验等内容的汉语言和少数民族语言的、可供中小学各学科教师和学生使用的教学资源光盘和教学资源库,其中光盘介质83 200张、

---

① 新疆维吾尔自治区教育厅.新疆双语教育资源建设现状与应用[EB/OL].(2012-09-01)[2023-09-06].http://www.moe.gov.cn/jyb_xwfb/xw_zt/moe_357/s6211/s6588/s6599/201209/t20120901_141403.html.

硬盘介质超过900 GB。另有720 GB民、汉语教师培训和维吾尔语小学《数学》等内容的教育教学资源,通过"新疆远程教育网"供各族中小学师生下载。

4. 争取援疆

2010年以来,根据党中央要求和教育部工作部署,江苏省在新一轮援疆工作中,把推进新疆双语教育作为重中之重,深入调研,周密规划。特别是2011年8月20日,受教育部民族教育司委托,双语教育资源(江苏援疆)座谈会在北京友谊宾馆召开。在教育部时任副部长鲁昕视察江苏省并对援疆双语资源建设工作作出指示后,江苏省协同新疆维吾尔自治区做了许多工作。一是积极进行前期情况调研,深入基层,了解到新疆双语教师培训资源短缺、形式简单等情况,立即着手准备援疆计划。二是科学制定援疆方案。江苏省电教馆与新疆电教馆就初期方案多次进行磋商和研讨,为解决双语教师理解问题、阅读和掌握双语援疆资源探索新途径。三是配合后期开发制作。根据《江苏省教育援疆双语教学资源建设工作实施方案》的分工要求,新疆电教馆主要做好对江苏省电教馆提供的汉语资源的维吾尔语的翻译、录入和配音工作。四是做好培训者的培训工作。第一期双语培训教学资源研发完成后,江苏、新疆联合培训了一批双语教研员和网络管理员,确保资源的使用效果。五是做好资源试点应用工作。按照《江苏省教育援疆双语教学资源建设工作实施方案》的工作部署,第一轮双语资源建设任务完成后,根据新疆双语教学实际,在少数民族比例较大的南疆喀什地区选取2~3个县作为试点,进行试用。

(三)缓解了农村教师数量不足、质量不高的现实难题

新疆部分农村地区,尤其是南疆的偏远农村地区,主要是维吾尔族、柯尔克孜族聚居区,这些地区的青少年在日常生活中主要以本民族语言为主,汉语水平普遍较低,而且由于汉语的声母、韵母和声调与本民族语言的差异,学生学习普通话容易产生语音的相互干扰,部分学生甚至会产生畏惧情绪和自卑心理,严重影响了双语教育质量。现代信息技术集文字、图像、声音于一体,图文并茂、有声有色,能直观形象地展示知识的生成过程,从而活化课程资源,减少了学生学习过程中的枯燥感、突兀感,促进了学生的感性认识,活跃了课堂氛围,激发了学生学习兴趣,提高了双语教育质量。

另一方面,受多种因素的制约,新疆双语教师队伍普遍存在数量不足、质量不高的现实窘境,尤其是2017年以前,对小学的民族教师的要求也比较低,

只需达到相应的MHK等级即可,致使许多双语教师的教学语言能力不过关。"调研发现,在大部分地区,现有'双语'教师一般由掌握单一语言的教师(如纯民语教师或纯汉语教师)转型而来,很难胜任双语教学工作,许多教师都面临较大的语言学习压力(少数民族教师面临提高汉语水平的压力,汉族教师面临提高民族语水平的压力)。"[①]利用现代信息技术学习汉语,不仅突破了时空限制,而且在学习内容方面提供了丰富的课程资源,缓解了新疆地区双语教师数量不足、汉语水平低下的问题,提高了学生学习质量。

(四)实现了双语教育资源共建共享

经过多年实践探索,新疆维吾尔自治区双语教育资源的建设与共享主要有三条教育信息化链路,分别为有线电视链路、卫星数据广播链路与互联网链路[②]。

1.有线电视链路

新疆教育电视台是全国第一家国家正式批准建立的省级教育电视台。自2006年起,新疆教育电视台在乌鲁木齐市、吐鲁番市、昌吉市和阿克苏市的基础上,逐步实现了对全区12个地、州中心城市的电视节目有线传输覆盖。

2.卫星数据广播链路

2004年新疆教育卫星宽带数据正式开播,该平台使用维吾尔语和汉语两种语言,在两个视频频道、一个文件频道播出教学节目和课件,日播出节目达11个小时以上,每年播出教学资源总量为3 000小时左右,使全区中小学师生以及农村党员干部能够共享优质教育教学资源。2011年,新疆教育卫星宽带网的民语直播频道、综合视频频道和文件频道共计播出各类教育教学资源节目5 450小时(约合490.5 G)。

3.互联网链路

新疆维吾尔自治区教育厅与新疆电信公司签订了农村中小学现代远程教育合作协议,农村中小学通过公司提供的网络接入国际互联网,享受其每月15元的优惠包月服务。

---

① 林玲.新疆双语教师队伍建设的困境和思考[J].中国民族教育,2016(01):20-23.
② 新疆维吾尔自治区教育厅.教育信息化助力双语教育资源建设与共享[EB/OL].(2012-09-01)[2023-09-06]. https://web.ict.edu.cn/news/gddt/xxhdt/n20120316_2055.shtml.

2007年，自治区教育厅投入300多万元，建设新疆远程教育网门户网站和传播平台，集新闻宣传、知识传播、资源储存、课堂教学、教师培训和远教管理为一体，直接为中小学校服务。设在该平台上的双向视频系统在全区建立了15个中小学教学直播课堂、500多个直播听课点和1 500个在线点播点，15个教学直播课堂的播出使全区部分"模式二"和所有"模式三"学校能够共享名师授课，实现了真正意义上的教学资源互联互通。

二、信息技术在新疆双语教学实践中存在的主要问题

（一）民族特色双语教育资源严重不足

近年来，新疆维吾尔自治区虽然加大了双语教育数字资源建设，但是双语教育资源总体上数量不足，质量不高，特别是大部分数字化教育资源来源于东部发达地区，与新疆的本土文化、民族特色、学生情况并不完全吻合。以"新疆双语教育资源公共服务平台"为例，该平台虽然汇聚了幼儿、小学、初中各年级、各学科的教育资源，但仅幼儿板块提供了双语教育资源，而且双语资源也不完整，在中班和大班的16个模块中，仅有7个模块能检索到相关资源。在一些少数民族文字教材中，特别是藏语文、维语文、蒙语文教材中，多数选用本民族的诗词、传说、童话等作为课程内容，而很少有汉语文的古诗词和童话内容，只有课外阅读课内容中有少部分汉语文的古诗词，如唐诗等。[1]由于民族特色教育信息化配套资源匮乏，所以大部分教师在教学中就沿用了多年来形成的传统教学方式。

（二）教师信息技术应用能力不强

教师信息技术应用能力主要包括教学设计能力、资源的选择与整理能力等。近年来，新疆维吾尔自治区虽然加大了教师信息技术应用能力培训，但仍有大部分教师习惯于"端坐静听"的灌输式教学，尤其是部分年龄偏大、学历不高、汉语水平较低的教师，信息技术素养欠缺，学习动力不足，往往对信息技术的应用持消极态度，他们很少使用多媒体教学，班班通也多是摆设。"别的老师都说使用多媒体上课学生比较感兴趣，而且我们学校用的是人教版教材，网上

---

[1] 杨改学，张炳林.少数民族双语教学信息化资源建设现状与发展[J].中国电化教育，2013(08)：83-86.

的资源十分多,你随便一搜都能搜出好多。可是民族语的资源根本就没有,我们上课的时候也想给同学们播放一些图片、视频,这样他们既有兴趣听课,理解起来还更容易,可是找不到资源我们也没办法。要让我们自己去做课件还是难,民族语教师连汉语都还没有完全学通,何况计算机、网络那些高科技的东西。而且平时我们也没有时间去钻研那些,本来课时比较多,课后还要批改作业。再说,现在班班通里边大多没有安装哈萨克语输入系统,即便自己做好母语课件,也不是每个班级都能播放,我们一个人要带好几个班,随着年级变化还要换教室,好多班无法显示哈萨克语内容。总之我们还是原来的方式讲课,多媒体那些是用不上的。"[1]

(三)网络资源监管困难

没有网络安全就没有国家安全,没有信息化就没有现代化。党的十八大以来,党中央、国务院高度重视网络安全和信息化工作,新疆维吾尔自治区以"用实网络安全联合保障机制、抓实关键信息基础设施保护、夯实网络安全工作责任"为主,全力维护网络安全。据统计,仅2020年1—6月,新疆维吾尔自治区互联网信息办公室就查处违法违规网站591家,关闭违法违规账号229个,约谈违法违规网站、微信公众号负责人101人次。不法分子通过多种手段、多种形式向教育领域渗透,特别是利用宗教极端思想,编造各种异端邪说,煽动一些涉世不深的青少年盲目追随,甚至走上犯罪道路。尤其是在一些"双面人"的影响下,长期以来,新疆维吾尔自治区的部分网络教育资源中编入了大量极端思想的文章,有部分宣扬民族仇恨、极端思想、分裂思想、暴力恐怖等对学生产生不良影响的内容,致使"新疆双语教育资源公共服务平台""新疆双语教学网"等不得不对所有资源重新审核、重新建设,使本来就脆弱的双语教育资源"雪上加霜"。

---

[1] 张慧.信息技术在新疆双语教学中应用的问题及策略研究[D].重庆:西南大学,2016.

三、信息技术推动双语教育信息化的政策建议

(一)大力开发原创性双语数字化教育资源

原创性资源是指与课程相配套的首次开发的信息化资源。[①]这类资源与教学内容紧密关联,对于创设教学情境、优化教学设计、创新教学方法、提升教学效果都有十分重要的作用。自治区教育厅在2012年就开始与人民教育出版社合作编写双语教育专用教材《语文》(人教版新疆专用),该教材更多地反映新疆地域特色的文化、教育、经济、自然景观和民风民俗,配套系列学生用书、教师用书、同步练习以及电子音像教材、教学参考视频资源、课堂听说训练光盘等。自治区以与人民教育出版社的合作为蓝本,依托人民教育出版社的丰富资源,拓展合作范围,丰富合作内容,合作开发从幼儿园到大学一体化的双语教育数字资源体系。自治区教育厅也可以以"新疆双语教育资源公共服务平台"为基础,充分利用"国家教育资源公共服务平台"中的优质资源,或通过举办资源大赛、向全国征集优秀教育案例等方式,不断拓展新资源,并通过网络和电视点播(新疆教育电视台)的方式向全区免费开放。

(二)加强"三个课堂"教学资源形式的应用

促进信息技术与学科教学深度融合,探索"互联网+"背景下育人方式改革,积极推进"互联网+教育"是加快推进教育现代化的现实需求。新疆维吾尔自治区要以"三个课堂"(专递课堂、名师课堂、名校网络课堂)应用为契机,按照省级统筹规划、区域整体推进、学校按需使用的原则,依托"新疆基础教育资源公共服务平台",建设"三个课堂"应用管理平台,加强对"三个课堂"的统筹管理,并基于现代信息技术构建教学设计、课堂教学、教学研究、专题训练为一体的网络教学体系。各市县按照省级教育行政部门的总体规划,制定"三个课堂"实施方案,按照应用数据管理、在线观摩、活动管理等方式,系统推进"三个课堂"常态化应用。各学校要立足自身发展实际,制定"三个课堂"常态化应用细则,加强"三个课堂"与学科教学的深度融合。通过网络学校、网络课程、网络课堂,全方位推进优质教育资源在全区共享,满足学生个性化的学习需要。

---

① 杨改学,张炳林.少数民族双语教学信息化资源建设现状与发展[J].中国电化教育,2013(08):83-86.

(三)加强教师信息技术应用能力培养

信息技术应用能力是新时代高素质教师应具备的基本素养。然而,单纯的传统培训模式在教师信息技术应用能力提升中效果并不理想。为适应新时代自治区双语教育改革与发展的需要,快速提升自治区双语教师信息技术应用能力,一方面要继续实施全员培训、专项培训,尤其要结合学校实际情况创新培训模式,针对不同学科、不同能力起点的教师开设不同的课程模块,实施订单式培训,有效提升双语教师信息技术应用能力。另一方面,以学校作为主体的校本教研和以教师作为主体的专业研修,对教师的促进作用更为明显。培训途径要从区域"面上培训"到基于校本的"点上培训",培训的方式也要由集中培训转向常态教研。[1]为此,建议自治区农村中小学以"名师课堂"为引领,多层次、多学科、多方式开展名师网络课程与远程协同教研相结合的"双师教学",围绕教学设计优化、教学方式转变、课堂教学组织、课程资源开发等主题进行研讨,通过定向帮扶、一对一指导的方式帮助民族地区双语教师提高信息技术应用能力。

第四节 新疆教育信息化推进城乡教育一体化研究

教育公平既是社会公平的基础,也是实现社会公平的助推器,长期以来都是教育领域关注的焦点问题和难点问题。新疆维吾尔自治区区域之间、城乡之间由于经济水平、历史文化、发展基础等原因的差异,教育之间也存在较大的差距,农村基础教育质量不高,优质教育资源城乡分布不均衡,乡村学校能胜任国家通用语言文字教学的教师数量不足等,都严重制约着城乡教育一体化的发展。

2016年国务院印发的《关于统筹推进县域内城乡义务教育一体化改革发展的若干意见》明确提出,要"提升乡村学校信息化水平,全面提高乡村教师运用信息技术能力,促进优质教育资源共享"。自治区人民政府2018年印发的《自治区关于统筹推进县域内城乡义务教育一体化改革发展的实施意见》进一

---

[1] 朱京曦,陈书琴.欠发达地区中小学教师信息技术应用能力提升的目标与对策[J].中国电化教育,2021(03):125-130.

步提出,要加快农村学校"三通两平台"建设,提高农村教师运用信息技术能力,增强信息技术与教育教学的深度融合,提高双语教育教学质量。

信息技术的发展,突破了教学的时空限制,提供了更加优质、更加多样和更加个性化的学习资源和学习环境,推动了教与学的"双重革命",为人人学习、时时学习、处处学习提供了可能。大力推进信息技术在教育教学中的应用,促进教育内容、教学手段和教学方法现代化,是促进教育公平,实现城乡一体化发展的重要手段。

一、教育信息化促进城乡教育一体化的内在价值

党的十九大报告指出,要"推动城乡义务教育一体化发展,高度重视农村义务教育"。这是以习近平同志为核心的党中央对我国义务教育发展作出的重大时代性战略部署。信息技术作为推动教育现代化、促进教育公平、提高教育质量的内动力,也是解决自治区城乡教育发展不平衡、不充分这个主要矛盾的有效手段。

(一)促进自治区边远农村地区中小学教师转变教育观念

教师的教育观念是教师在教育教学中形成的对相关教育现象的感知和判断,是教师进行教育教学的内在基础,直接影响着教师的教学行为。Beck(1976)认为,观念与事实的矛盾,大多来源于个体不顾事实和彼此间的逻辑关系而作出的错误判断。新疆农村中小学由于交通不便、信息闭塞,教师的教育观念比较落后,专业知识比较薄弱,专业能力还不强,课堂教学中"满堂灌""教师主导"的现象还比较明显。以幼儿教育为例,有调查显示:"新疆农村幼儿教师对幼儿主动学习和幼儿在园生活教育价值的认识普遍不足……农村幼儿教师对幼儿园教育阶段的学习价值认识不足,偏重教授幼儿语言和读写算的学习技能,存在重知识轻能力、重学习轻社会发展的现象。有相当一部分农村幼儿教师对幼儿教育价值的理解还存在一定的偏差,尚未树立正确的幼儿教育观念。"[①]

思想是行动的先导,只有树立先进的教育理念,才能实现课堂教学的改革,推动课程改革的深化发展。信息技术作为现代传媒的重要手段,它可以将

---

① 周欣.新疆农村幼儿教师教育观念与行为现状的调查研究[J].新疆教育学院学报,2020,36(01):30-37.

先进的教育思想、教育理念、教育内容、教育方法和教育技术引入新疆边远地区农村中小学,帮助农村教师树立正确的教育观、教学观和学生观,从而促使新疆农村中小学从"教师主导的课堂"向"学生学习的课堂"转变,从"灌输式"教学向"启发式、探究式"教学转变,帮助学生掌握思考和解决问题的方法,关注学生的情感体验,更好地发挥学生在课堂教学过程中的主动性和创造性,实现教育教学的根本性变革。

(二)有效提升了自治区边远农村地区中小学教师教育教学能力

教师教育教学能力是教师在教书育人过程中必备的核心能力。依据教育部2012年颁布的系列教师专业标准,教师的专业能力主要包括教学设计能力、教学实施能力、班级管理与教育活动能力、教育教学评价能力、沟通与合作能力、反思与发展能力等方面。新疆维吾尔自治区近年来虽然高度重视教师队伍建设,先后通过扩大招聘范围,加大培训力度,从整体上提升了教师队伍素质,但是农村地区,尤其是喀什和和田地区的农村中小学教师队伍整体数量还不充足,素质还不高,主要表现为:教学过于注重知识传授,忽视了对学生学习态度与学习方法的培养,缺乏对学生学习情感的关注;教学中虽然设计了学生参与,但教师对教学重点、难点的把握不足,学生真正能参与、体验的内容相对较少,参与的深度也不足;课程内容与学生生活的联系不紧密,学生对课程内容的理解也比较肤浅;教师忙于常规教学,反思意识不强;等等。如:"有一个教学环节是对形近词辨析,课前教师已将预习资料发给学生,学生在课下完成了练习内容。教学中教师应发现学生还没有掌握哪些词,关键在于让学生掌握形近词辨析的方法,但是这一教学环节教师依然用'我讲,你听;我问,你答;我写,你抄;我灌输,你接受'的方式。"[①]

信息技术是促进教师专业发展的有效手段。一方面,借助"名师课堂""同步课堂"等教育信息传播方式,可以让新疆农村中小学的教师直观了解发达地区中小学名师是如何进行教学设计、组织课堂教学和对学生进行个别化指导的,随后围绕"名师课堂"开展网络专题研讨,在发达地区名师的指导下,通过模拟、创新等方式促进自身教学方式的变革。另一方面,大规模的网络在线课程也为农村中小学教师的自主学习提供了便利,他们可以依据自身的需要,充

---

① 王洋,王阿舒.新课程改革背景下新疆民族中小学汉语教师教学能力调查研究[J].民族教育研究,2017,28(06):95-102.

分利用慕课（Massive Open Online Courses，简称MOOC，中文全称是大规模在线开放课程）、国家中小学智慧教育云平台、新疆基础教育资源公共服务平台、新疆双语教育资源公共服务平台等教育资源，学习教育研究的基本方法，掌握教育研究的基本范式，不断提高自身的科研能力，通过"以研促教"的方式，实现自我发展。

（三）缓解了边远贫困地区农村学生"上好学"的问题

中央政府和自治区政府长期以来都高度重视自治区教育事业的发展，先后通过实施教育保障工程、学前双语教育工程、城乡义务教育经费保障机制、农村义务教育阶段营养改善计划等教育惠民工程，在一定程度上解决了农村义务教育阶段学生"上学难、上学贵"的问题。2012年以来，针对"撤校并点"中出现的新问题，新疆维吾尔自治区一方面在人口较少且交通不便的山区、牧区，留守儿童较多地区，以及双语教育薄弱地区建立了寄宿制学校；另一方面完善了公交服务体系，制定了《新疆维吾尔自治区校车服务方案》，完善了校车运行体系，还有计划地恢复了部分交通不便的边远农牧区学校和教学点，彻底解决了学生"上学难"的困扰。然而，由于城乡教育资源分配不均衡，城市学校相比农村学校在经费投入、师资配置、硬件设备等方面都具有明显优势。如和田地区的于田县，"为数不多的优秀、骨干教师集中在县上的中小学，农村学校和教学点几乎为零"[1]。部分农村中小学教师短缺现象还比较严重，尤其是小学科学、音乐、美术、计算机教师短缺，大量代课教师学历不合格，汉语水平不达标。因此，如何解决农村学生"上好学"的难题是新时代全区教育面临的新挑战。

信息技术通过扩大优质教育资源覆盖面，共享优质资源的方式为城乡教育一体化发展提供了新的动力源。新疆维吾尔自治区紧抓信息化建设，制定了中小学校教育信息化建设标准，完善了"三通两平台"建设和教育资源公共服务体系建设，通过"专递课堂""名师课堂"和"名校网络课堂"，将发达地区和城市学校的优质教育资源辐射到农村中小学，帮助农村中小学开全开齐了国家课程，解决了农村教师汉语基础薄弱，发音不准的现实难题，让更多农村孩

---

[1] 陈炜.教育生态学视角下的新疆农村中小学师资队伍调查研究[J].昌吉学院学报，2018(04)：106-112.

子享受到优质教育资源,催生了教与学方式的变革,提高了农村教育质量,促进了城乡教育一体化发展。

(四)丰富了边远地区农村学校的教育资源

教育资源是实施教育活动的重要载体,直接影响着教育活动的开展,决定着教育活动的质量。长期以来,我国基础教育实施"地方负责、分级管理"的教育方针,乡镇政府不仅是基础教育中的管理主体,也是重要的投入主体。2001年以后,我国虽然确立了"地方负责、分级管理、以县为主"的基础教育管理体制,但受多种因素的影响,城乡教育资源配置仍然存在较大差异,尤其是新疆维吾尔自治区南疆地区、边远农牧区,经济落后、人烟稀少、交通不便、信息闭塞,"大部分农牧区寄宿制学校教育教学设施落后,音、体、美、卫、劳等学科教学器材短缺,计算机、远程教育设施配备率较低,实验仪器设备不足,图书资料缺少,教学手段落后"[1]。"双语"教师数量严重不足、教师队伍素质偏低、进修机会少、教育任务繁杂,课程资源开发意识薄弱,能力不强,致使本来就匮乏的农村学校教育资源更是雪上加霜。

近年来,新疆维吾尔自治区教育厅进一步加大了对南疆地区、边远农牧区的政策支持,尤其是大力推进信息化教育,通过光盘播放点、卫星教学收视点、计算机教室三种模式实现了信息化教育全覆盖,借助"新疆双语教学网""新疆双语教育资源公共服务平台""新疆远程教育网""新疆基础教育资源公共服务平台"等资源平台(见表1-8),通过合作开发、翻译引进、购买等方式,能够使南疆地区、边远农牧区薄弱学校享受同样的优质教育资源。实践证明,现代信息技术"能够使师生共享优质课程资源,能够缓解广大农牧区学校课程资源匮乏、师资力量薄弱的矛盾"[2]。

---

[1] 葛丰交.新时期新疆牧区教育面临的困境与对策研究[J].民族教育研究,2011,22(5):45-50.
[2] 让农牧区学校用上优质教学资源[EB/OL].(2007-11-30)[2023-09-06].http://www.moe.gov.cn/jyb_xwfb/xw_zt/moe_357/s3579/moe_1849/moe_1862/moe_1883/tnull_29448.html.

表1-8　新疆主要教育资源平台建设情况[1]

平台	主要模块	资源范围	资源类型	服务功能	特征
新疆双语教学网	维汉双语电子教材;教学公开课(初、高中的电子教材基本没有显示)	小学、初中、高中阶段语文人教版、新教版教材	文本、图形、图像、音频、视频、动画、课件	网站为维吾尔文、汉文双语版;电子教材提供维汉双语互译;在线学习功能(内容空缺)	资源推送
新疆双语教育资源公共服务平台	维汉、维哈、维柯、维蒙四类双语电子教材及课件(目前双语的电子教材只有幼儿大部分完成、小学、初中大多数无显示)	幼儿、小学、初中各个学科(语文、汉语、数学、英语、思想品德、历史、地理、生物、物理、化学等)	文本、图形、图像、音频、视频、动画、课件	网站为维吾尔文、汉文、哈萨克文三语版;电子教材资源	资源推送
新疆远程教育网	教育新闻;教育信息化资讯;教育政策法规;直播中心;教师教育技术能力培训	远程培训资源;教育资讯	文本、图形、图像、音频、视频	网站为维吾尔文、汉文双版(维吾尔文版不能显示);电子教材资源;远程培训;运营监管;质量测评	资源集成;远程培训;运营监管
新疆基础教育资源公共服务平台	平台活动资讯;同步教育资源;教师空间及社区;MHK模拟测试平台;应用监管平台	学前、小学、初中、高中人教版、人教新疆版各学科教学资源;教师学习交流社区;MHK模拟测试资源	文本、图形、图像、视频、动画、课件	网站为维吾尔文、汉文、哈萨克文三语版(不能完全显示,主要是导航语);资源同步推送;虚拟社区;模拟考试;检测功能	资源集成;开放空间;互动交流;应用监管

[1] 张慧.信息技术在新疆双语教学中应用的问题及策略研究[D].重庆:西南大学,2016.

二、教育信息化促进城乡教育一体化的策略

城乡教育一体化发展是实现教育公平、促进社会公平的重要举措，是全面建成小康社会目标的必然要求。新疆维吾尔自治区党委、人民政府高度重视城乡教育一体化发展，专门制定了《自治区关于统筹推进县域内城乡义务教育一体化改革发展的实施意见》，要求"加快提升乡村义务教育学校'三通两平台'建设水平，提高运用电化教育技术能力，培育一批义务教育信息化示范校，增强信息技术与教育教学的深度融合"，优先发展农村教育事业，破除城乡二元结构。

（一）确立城乡教育一体化发展观

教育公平是社会公平的重要基础。确保适龄儿童都享有优质公平的教育机会，是政府义不容辞的责任。近年来，党中央、国务院把农村教育作为教育工作的重中之重，采取各种措施，努力缩小城乡教育差距。教育部颁布的《关于进一步推进义务教育均衡发展的若干意见》也指出，要把义务教育工作重心进一步落实到办好每一所学校和关注每一个孩子健康成长上来，到2020年，推动义务教育在基本均衡基础上迈向优质发展。因此，各级政府都应站在全面建成小康社会、全面提升国民素质及城乡一盘棋的战略高度，突出推进城乡一体化发展价值导向，坚持以促进乡村振兴为核心和根本方向，牢固树立城乡义务教育一体化发展观，统筹制定好区域城乡义务教育一体化发展规划[1]。

（二）建立政府主导、多方参与的农村学校教育资源配置机制

全面实施乡村振兴战略，优先发展农村教育事业。自治区统筹"全面改薄""三区三州"教育脱贫攻坚等资金，重点支持南疆四地州义务教育学校标准化建设和义务教育均衡发展，优化数字教育资源公共服务体系。各地(州、市)确保所有义务教育学校办学条件达到"20条底线"要求，完善乡村学校信息化基础设施建设。县级政府按照自治区城乡统一的义务教育学校建设标准全面改善农村学校基本办学条件，以促进基础教育信息化均衡发展为重点，加大对乡村学校的硬件投入，配备多媒体教学设备、计算机教室和教师电子备课室等网络条件下的信息终端，实现中小学校宽带接入及网络条件下的信息终端全覆盖，促进县域校际教育资源均衡配置。积极争取发达地区援疆力度，按照

---

[1] 庞丽娟.统筹推进城乡义务教育一体化发展[J].教育研究,2020,41(05):16-19.

"一对一"结对原则,援建一批基础教育示范学校。同时,各级政府要与社会力量展开多元合作,营造良好的社会氛围,积极鼓励教育公司及其他行业组织通过共建、协助、捐赠等方式参与农村学校信息化建设,合理推进农村学校教育信息化建设。

(三)进一步加强农村教师信息技术应用能力培养

为进一步解决新疆维吾尔自治区边远地区、农牧地区中小学教师信息技术应用意识淡薄、能力不足的问题,自治区要把乡村教师队伍建设摆在优先发展的战略位置,严格按照《中小学教师信息技术应用能力标准(试行)》,将信息技术应用能力作为中小学教师考核评价的关键能力,并建立中小学教师信息技术应用能力网络测评系统,通过实际测评,开展精准化的农村中小学教师信息技术应用能力专题培训,以评促学、以评促用,增强培训的针对性和实效性。进一步完善新疆基础教育资源公共服务平台、新疆双语教育资源公共服务平台等公共服务平台,加强案例库建设,开发微课程资源,建设"菜单式、自主性、开放式"选学服务平台,实现教师自主选学,满足教师个性化学习需求。充分发挥援疆学校、援疆教师的示范带动作用,依托"三个课堂""名师工作室"等方式组建"骨干引领、学科联动、团队互助、整体提升"的网络研修共同体,围绕学科课程标准、学情分析、教学设计、学法指导、教学组织等实际问题,利用线上线下资源,开展教学案例研讨、课堂教学实录分析等信息化教学校本研修,培养一批当地农村中小学骨干教师和学科带头人,破解教育教学中的重难点问题,促进学生的个性化发展。

(四)推动城乡教育资源共建共享

以城市或乡镇优质学校为依托,探索学校资源共建共享联盟建设、城乡学校捆绑发展、集团化办学等城乡学校一体化发展机制,做好办学联盟整体部署、统筹管理、整合资源的顶层设计,以建设、交换和共享优质数字教育资源为手段,建设中小学数字图书馆、仿真实验室、教学资源中心等数字资源平台,开展一系列专题化、系列化的网络教研活动,推动信息技术在农村中小学应用常态化。通过"专递课堂""翻转课堂""微视频""同步课堂""在线备课""基于多媒体的教学"等多种形式,为农村学校提供丰富优质的在线教育资源,帮助农村中小学开全、开齐、开好国家课程,搭建人人都能享有优质教育资源的信息化环境,快速提高农村教育质量,逐步缩小城乡教育差距,促进教育公平。

第五节　新疆教育信息化推进地区教育质量提升研究

近年来,新疆维吾尔自治区党委、人民政府高度重视教育事业发展,经过长期不懈的努力,全区教育事业取得了长足发展,已经实现由数量扩张到质量提升,由外延式发展向内涵式发展转变。早在2013年,自治区就启动了《中小学教学质量提升工程实施方案》,并借助现代教育信息技术,快速提高教育质量,促进教育公平,办好人民满意的教育。2016年,自治区全力推进"全面改薄"工作,确立了准确定位"一个观点"("一个观点"指"全面改薄",是继"两基"攻坚、校安工程后,新疆义务教育发展面临的重大机遇),妥善处理"四个关系"("四个关系"指"全面改薄"与标准化建设的关系、全面改善与重点突出的关系、统筹规划与分项推进的关系、总体规划与年度计划的关系)的发展路径,完善制度建设,狠抓项目落实,进一步改善了中小学校的办学条件,提升了教师素质,提高了教育质量,促进了教育均衡发展。

一、利用教育信息化实现了优质教育资源共享

教育资源是"教育过程中所占用、使用和消耗的人力、物力和财力资源,即人力资源、物力资源和财力资源的总和。人力资源包括教育者人力资源和受教育者人力资源等。物力资源是指学校中的固定资产、材料和低值易耗物品等。财力资源是指人力、物力的货币形式,包括人员消耗部分和公用消费部分"[①]。然而,长期以来,由于受自然环境、经济条件、社会发展等影响,全区优质教育资源严重短缺,教育资源配置不均衡,基础教育教学质量整体不高。

为了促进城乡优质教育资源共享,提高农村地区、民族地区教育质量,新疆维吾尔自治区从2002年起就先后实施了"农村中小学现代远程教育工程""自治区双语现代远程教育建设计划""义务教育学校标准化建设""中小学双语现代远程教育建设工程""薄弱学校改造项目"等工程项目,始终坚持把资源建设放在重要位置,建立了卫星教学收视点、教学光盘播放教室、计算机教室和教师电子备课室等,建成了优质资源库。截至2007年,仅教育部通过"农村中小学现代远程教育工程"提供的"以小班教学为主的教学光盘资源已经覆盖小学所有年级和学科,还为农村初中提供了名师名课、示范课、教学实验、教学

---

① 顾明远.教育大辞典[M].上海:上海教育出版社,1998:799.

素材等教学光盘资源,教学多媒体资源覆盖初中9个学科和小学8个学科,共4 129个学时。视频资源覆盖初中11个学科和小学7个学科,以及专题教育(安全教育、少先队活动、远离毒品等)、科学人生、世纪讲坛和学科实验等资源,共2 099小时,教学素材资源7 692条"[①]。近年来,随着教育信息化进程不断加快,自治区已基本实现了中小学宽带接入及网络条件下的信息终端全覆盖,实现了优质教育资源共享。截至"十三五"初期,教学点数字教育资源全覆盖工程全面完成,全区828个教学点能够享用优质教育资源。新疆基础教育资源公共服务平台已开通运行,聚集各类学科资源数超过170万条,以基础教育资源公共服务平台为依托开发建设的"一库五平台"(双语教育资源库、资源管理服务平台、标准化双语交互教学平台、MHK模拟测试平台、应用监管平台以及E学校平台)注册人数达到21.4万人,储存各类教育教学资源15 TB,已成为全区中小学教师获取、共享优质教学资源的主流平台。自治区开展的双语资源电视点播教育(IPTV)的实验,覆盖了6 900个双语班级。自治区优质教育资源匮乏的现象已得到明显缓解,基本实现了数字资源能满足不同地区、不同类型学校教育教学需求,形成了优质教育资源共建共享的新格局。

二、教育信息化助推了学校教学模式改革

教学模式是教育教学活动的基本结构,是在一定的教育思想或教育理论指导下建立的相对稳定的活动程序。随着教学认知理论和信息技术的不断发展,信息技术在教育教学中的应用越来越广泛,尤其是自2005年教育部在甘肃召开全国农村中小学现代远程教育工程应用现场会以来,各地都把现代教育技术的应用作为促进农村教育发展的重要途径,利用数字化技术对教育教学过程和教学资源进行优化,构建学习情境,引导学生在良好的学习环境中自主探索、协同学习、建构知识,以实现教与学的根本变革,具体表现为以下几个方面。

(一)借助光盘教学,缓解学校师资问题

利用光盘教学主要有两种形式:一种是利用光盘资源,以光盘中的教师授

[①] 教育部.同在蓝天下,共享优质教育资源——全国农村中小学现代远程教育工程介绍[EB/OL].(2007-11-30)[2023-09-06]. http://www.moe.gov.cn/jyb_xwfb/xw_fbh/moe_2069/moe_2095/moe_2100/moe_1851/tnull_29185.html.

课为主,学校教师主要配合光盘中的教师帮助学生答疑。另一种是以学校教师为主,光盘教学为辅。教师依据自己的教学设计适时选择光盘中内容进行教学,并让学生在理解的基础上进行表演、讨论等互动活动,激发学生的学习兴趣。早在2006年,人民教育出版社就向新疆捐赠了17 000套人教版汉语教学录像光盘。2008年,新疆维吾尔自治区决定,在伊犁、吐鲁番、巴州、阿克苏、喀什等地州,组织实施"双语"光盘教学推广应用试点工作,加强中小学远程教育资源应用。运用教学光盘,能有效缓解部分学校教师数量不足、质量不高,尤其是部分农村学校和教学点英语、音乐、美术等学科教师短缺,双语教师语言表达能力不足和发音不准的问题,能进一步开阔学生视野,提高教育质量。

(二)利用同步课堂,丰富教学内容

以中国教育卫星宽带网传输平台或发达地区的援疆学校为基础,教师根据自己的教学需要和教学设计,遴选部分教学资源,组织学生收看正在直播的同步教学。如按照《山东省对口支援兵团十二师教育援疆合作协议》和《山东对口支援兵团以教育信息化为重点推进教育援疆合作协议》,青岛市和新疆兵团十二师11所学校缔结友好学校,借助奥威亚云互动技术,共同开展"互联网+同步课堂",远在千里之外的青岛教师可以在课堂上向新疆的学生提问并进行点评,实现了优质教学资源共享。

(三)利用现代信息技术,促进信息技术与学科教学的整合

随着"三通两平台"建设的基本完成,新疆大部分中小学都开展了基于网络环境进行教与学的实践探索。借助信息化教育手段,通过在课前观看视频讲座、阅读电子书籍,课后个性化的学习辅导,引导学生分层发展、分类发展,从而摆脱了传统教学中"粉笔+黑板"的单一教学形态,改变了课程结构,实现了学习决定权从教师到学生的转移。教师还可以通过互动投屏、人机对话等方式,把信息技术与课堂互动结合起来,充分调动了学生学习的积极性与主动性。尤其是借助于慕课、微课、翻转课堂,教师重新调整课内外的时间安排,让学生更专注于基于项目的学习,共同探讨实践中的现实问题,从而获得更深层次的理解,实现教师教学方式与学生学习方式的根本变革。

三、教育信息化提升了教师专业水平

教育部在2002年颁布的《教育部关于推进教师教育信息化建设的意见》中指出,教师信息化是教育信息化的重要组成部分,又是推进教育信息化建设的重要力量……要实现信息技术在中小学逐步普及和应用,建设一支数量足够、质量合格的具有较高信息素养的中小学师资队伍是关键。为全面提升中小学教师信息技术应用能力,促进信息技术与教育教学深度融合,教育部2014年颁布了《中小学教师信息技术应用能力标准(试行)》(简称《能力标准》),《能力标准》作为规范与引领中小学教师有效应用信息技术的准则,是各地开展教师信息技术应用能力培养、培训和测评等工作的基本依据。按照教育部的要求,新疆维吾尔自治区于2013年就实施了中小学教师信息技术应用能力提升工程,教师的信息化素养得到普遍提高,有力推进了教育信息化与学科教学的深度融合。

(一)利用教学光盘,提升边远地区教师的教学能力

教学光盘不仅是课堂教学的重要形式,也是教师备课、专业研修的重要组成部分,能帮助欠发达地区的教师更新教学观念、拓展教学思路、改进教学过程、提升教学水平、掌握先进的教学模式和教学方法。教学光盘"都是国内著名教师的课堂实录,因此对于贫困山区的教师来说,是很好的学习材料。他们通过观看这些材料,了解好教师是怎样教学的,在教学过程中是怎样组织学生的、怎样进行课堂教学评价的……一部分学校在用教学光盘进行教学的同时,组织教师统一观看同步教学录像,集体备课,开展教研活动。大多数分布在教学点周围的学校,在乡镇学区的组织协调下,依托教学点开展连片式教研活动"[①]。

(二)通过专项培训,分层分类提升教师的教学能力

新疆维吾尔自治区为了提高教师的信息技术应用能力,不断加大培训力度,不仅组织教育局局长、中小学校长参加教育信息化领导力提升培训,还利用"国培计划""新网络研修"等方式,提高中小学教师的信息化能力。尤其是2016年,针对南疆四地教师信息技术基础知识薄弱、应用能力不强的现状,自

---

① 王嘉毅,伏金祥,赵明仁.贫困地区如何利用现代教育技术促进农村基础教育发展——天水市利用VCD促进边远山区教育发展的个案研究[J].电化教育研究,2004(12):4-7+20.

治区按照"管理者""骨干教师""种子教师""校本培训"四个梯度,对南疆四地12万名乡村教师进行了信息技术应用培训,促进南疆四地的乡村教师树立教育信息化的基本理念,掌握教育信息技术的基础知识,尝试将信息技术与学科教学初步融合,进一步提升课堂教学质量。正如有学员在研修日志中所描述的:"(通过培训)我深深地体会到计算机辅助教学已经走到了我们身边,随着信息技术的不断发展,多媒体教学、信息技术平台等成为活跃课堂、调动学生学习积极性的一种主要手段。"近年来,自治区通过线上学习与线下实践、全员研修与专题培训相结合等多种方式开展了"中小学教师信息技术应用能力提升工程2.0专题研修",有效提高了全区教师的教育水平与教学能力。

四、教育信息化显著提升了全区教育质量

教育质量是教育水平的高低和教育效果优劣的程度,是全面实施素质教育、落实立德树人根本任务的最直接体现。中共中央、国务院在《关于深化教育教学改革全面提高义务教育质量的意见》中将促进信息技术与教育教学融合应用作为提高课堂教学质量的重要举措,并通过建立各年级各学科的数字教育资源体系、探索基于互联网的教学等举措予以落实。

新疆维吾尔自治区党委、人民政府始终把教育信息化作为提高教育质量的重要手段,尝试通过共建共享优质教育资源,促进教育均衡,提升全区整体教育质量。尤其是"十三五"以来,自治区把加快推进南疆教育和质量提升作为未来五年的重点工作之一,决定采取特殊政策、特殊手段、特殊措施予以推动,并制定了《南疆双语教育质量提升专项行动计划(2016—2020年)》《南疆中小学教学质量提升工程实施方案》《南疆各级各类学校结对帮扶实施方案》等系列文件,为加快南疆教育发展提速提质。在各地各校的具体实施中,新疆生产建设兵团借助录播设备将优质教学资源进行共享,以此推进了双语教学的实施。新疆三师四十九团第一中学通过录播系统将双语教学视频进行实时共享,让更多的学生有机会接触双语教学课堂。石河子第二中学通过加入华东师范大学慕课中心C20慕课联盟,经过3年的不断努力,不仅使"翻转课堂"成为学校办学的重要特色,而且夯实了学生的基础知识、调动了学生学习的主动性和积极性、培养了学生的创造性思维,实现了教学从以教为主向以学为主的转变;和田地区于田县第一中学以信息技术应用为切入点,用现代技术手段弥

补双语师资的短缺与不足,通过4年的实践和探索,学校在双语课堂教学、教学质量提升方面已经取得显著进步。"仅2016年就有34名学生考入内地新疆高中班,小学部2016年共有22名学生考入区内初中班"[①]。

第六节　新疆教育信息化推进地区教育保障水平研究

新疆维吾尔自治区党委、人民政府高度重视教育信息化建设,坚持把推进教育信息化作为促进教育现代化的重要抓手,确立了教育信息化战略地位,以"三通两平台"建设为核心,做好顶层设计、加大教育投入,确保了自治区教育信息化建设的持续发展。

一、新疆教育信息化建设的政策保障

早在2009年,新疆维吾尔自治区教育厅在充分借鉴发达省市教育信息化和网络信息系统建设经验的基础上,组织网络系统工程方面的专家,开展了新疆教育网络系统工程方案的设计和规划,颁布了《关于加强中小学远程教育工作的意见》,对全区中小学远程教育的基础设施建设、资源建设、教师培训等内容提出了明确要求。2010年,教育部等部委联合下发了《关于推进新疆教育实现跨越式发展的意见》《关于推进新疆双语教育工作的实施意见》,提出国家和对口支援省市共同支持新疆实施双语现代远程教育工程,充分利用全国特别是对口支援省市优质资源,为新疆建立双语教育、学前教育、义务教育与高中阶段教育课程资源和教育资源公共服务平台。

2012年,教育部组织召开了第一次全国教育信息化工作会议,会议强调要将教育信息化作为国家信息化的战略重点优先部署,建设教育资源和管理两大公共服务平台,并颁布了《教育信息化十年发展规划(2011—2020年)》。自治区教育厅在2013年颁布了《新疆实施<教育信息化十年发展规划(2011—2020年)>工作方案》,提出要以信息基础设施均衡建设为基础,以优质资源建设和共享为核心,以信息化应用推广为主线,以体制机制和队伍建设为保障,

---

[①] 新疆维吾尔自治区教育厅.新疆:和田地区教育信息化助推学校双语教育质量的提高[EB/OL]. (2016-11-30)[2023-09-06]. https://web.ict.edu.cn/news/gddt/xxhdt/n20161130_38310.shtml.

加快自治区教育信息化进程,让每个教育参与者体验教育信息化带来的成果,积极探索信息化引领和支撑教育改革和发展的有效路径。力争到2020年,基本实现信息化基础设施和宽带网络的全面覆盖,基本建成人人可享有优质教育资源的信息化学习环境,基本形成学习型社会的信息化支撑服务体系,让教育管理信息化水平显著提高,信息技术与教育融合发展的水平显著提升。2015年,自治区党委、政府作出了关于加快信息化建设的重要决策和部署,自治区五部门联合印发了《关于进一步推进中小学和幼儿园教育信息化工作的若干意见》,根据意见,自治区成立了教育信息化领导小组,组建了教育信息化专家机构,制定了《新疆维吾尔自治区教育信息化"十三五"发展规划》《自治区基础教育信息化应用示范校建设实施方案》《自治区基础教育信息化建设应用督导评估工作实施方案(2016—2020)》《自治区县级电教机构设置规则和基本标准(试行)》和《新疆基础教育资源公共服务平台二期建设方案》等政策和规划文件,为自治区教育信息化发展创造了良好的政策环境,并确立了到2020年,自治区教育信息化整体上达到国内先进水平的发展目标。

党的十九大以来,为积极推进"互联网+教育",加快教育现代化和教育强国建设,教育部印发了《教育信息化2.0行动计划》,提出要将教育信息化作为教育系统性变革的内生变量,支撑引领教育现代化发展,推动教育理念更新、模式变革、体系重构。自治区办公厅转发了《教育信息化2.0行动计划》,并要求各地结合实际确定发展目标,推动教育信息化转段升级。如新疆生产建设兵团在《兵团教育信息化2.0行动计划(2019—2022年)》中,提出了到2022年,在全面实现"三全两高一大"发展目标的同时,要构建与现代化目标相适应的"人人皆学、处处能学、时时可学"的信息化教育服务体系,教育信息化总体水平跻身全国先进行列。与此同时,针对教育信息化建设中部分数字教学资源开发与服务能力不强、信息化应用水平不高、信息技术与学科教学融合不够等问题,自治区制定了《新疆维吾尔自治区基础教育信息化督导评估工作实施方案(2019—2022)》《新疆维吾尔自治区基础教育信息化督导评估工作指标体系》,通过加强督导、以评促建等方式促进自治区基础教育信息化建设规范化、制度化,提升自治区基础教育信息化建设和应用水平。

二、新疆教育信息化建设的经费保障

及时足额的投入是保障教育信息化有效运行的基础,也是推进教育信息化创新发展的重要保障。自治区党委、政府以实施农村中小学现代远程教育工程为契机,不断加大教育信息化资金投入力度,重点加强教育信息化基础设施建设。早在2002—2007年期间,中央政府和自治区各级财政累计投入32 181万元(其中中央投入20 396.6万元,地方投入11 784.4万元),由此实现了全区86个县(市)的6 000多所农村中小学具备远程教育"三种模式"(教学光盘播放点2 101个、卫星教学收视点4 785个、计算机教室1 268个)的条件。近年来,自治区确立了教育信息化发展的战略地位,将教育信息化纳入经济社会发展规划和信息化整体规划,明确了政府在教育信息化经费投入中的主体作用,要求各地将不低于5%生均公用经费的信息化建设保障经费纳入地方财政常规预算予以保障,鼓励和支持社会团体、企事业单位参与的多元投入机制。其中,早在2008年,自治区教育厅与中国移动通信集团新疆有限公司就签订了《教育信息化全面合作协议》,移动公司计划三年内投资7 000万元,建设全区教育系统专网,打造全区教育系统的电子公文与信息报送平台。2013年,自治区教育厅与中国移动通信集团新疆有限公司签订《新疆教育管理信息化建设全面战略合作协议》,不断探索"企业投资建平台、学校按需买服务"的教育信息化建设新途径。2010—2013年期间,中央和自治区设立专项经费7.6亿元,实施中小学双语现代远程教育建设计划,建设854个计算机教室和40 715个"班班通"教室。新疆生产建设兵团为推进兵团教育信息化工作,从2015年起,持续投入6亿元,用于教育信息化建设,并要求各师部"落实配套资金、加大投入力度,学校要将校园网络、设备租金、购买服务及日常运维等费用列入学校年度公用经费支出,不得低于8%。"[①]

与此同时,为切实加快全区教育信息化进程,防止因教育信息化建设产生"数字鸿沟",中央和自治区都加大了对南疆地区、边远地区和农牧区的政策倾斜,国家从2008年起,用五年时间投入20.95亿元,新建和改扩建新疆七地州及九县市"双语"幼儿园。2008—2011年,新疆共建设2 237所农村双语幼儿

---

① 佚名.新疆生产建设兵团投入6亿元推进教育信息化[EB/OL].(2015-07-10)[2023-09-06]. https://www.edu.cn/xxh/tpxw/201507/t20150710_1287086.shtml.

园,已经投入资金达20多亿元[1]。2013年以后,自治区教育厅决定把新增教育投入绝大部分用于农村和贫困地区。2012年,新疆维吾尔自治区设立了普通高中建设专项资金,新疆维吾尔自治区财政每年投入1.5亿元,用于推进普通高中建设,重点是加大对和田、喀什地区普通高中建设的支持力度。目前,已投入普通高中建设专项资金50.05亿元,其中南疆四地州投入36.44亿元[2]。在积极争取中央和自治区资金支持的同时,南疆各地也加大自身在教育信息化中的投入。如2017年,和田地区投资1.9亿元打造智慧教育云平台,在各级各类学校建设952间直(录)播教室,利用教育专用网络将优质课堂教学资源推送到每一所学校和班级。中国教育发展基金会、北京哆米教育科技有限公司还与和田地区签署了"教育信息化2.0公益行动"项目捐赠协议,共惠及790所中小学校近35万名师生。

三、新疆教育信息化建设的师资保障

信息技术应用能力是新时代教师必备的专业能力,是教育信息化可持续发展的基本保障,是促进信息技术与教育教学深度融合的关键。新疆维吾尔自治区高度重视教师信息技术应用能力的培养。依据教育部《中小学教师继续教育工程方案(1999—2002年)》,新疆加大了中小学教师岗位培训、计算机培训、骨干培训等活动力度,1999—2002年期间,参与岗位培训的教师比例达到31.2%[3],帮助教师掌握了运用计算机的基本能力,能开展不同程度的计算机辅助教学。

2013年,教育部颁布了《关于实施全国中小学教师信息技术应用能力提升工程的意见》,明确提出将教师信息技术应用能力作为教师资格认定、资格定期注册、职务(职称)评聘和考核奖励等的必备条件,列入中小学办学水平评估和校长考评的指标体系。2014年,教育部进一步颁布了《中小学教师信息技术应用能力标准(试行)》,将教师应用信息技术能力划分为"应用信息技术优化

---

[1] 佚名.新疆已投20多亿元资金新建和改扩建双语幼儿园[N].中国教育报,2012-3-21.
[2] 张雪红.新疆南疆地区教育快速发展[N].新疆经济报,2015-06-09.
[3] 教育部.关于检查辽宁等七省(自治区)实施"中小学教师继续教育工程"情况的通报[EB/OL].(2001-02-22)[2023-09-06]. http://www.moe.gov.cn/s78/A10/jss_left/moe_600/moe_976/201001/t20100131_89029.html.

课堂教学的能力"(基本要求)和"应用信息技术转变学习方式的能力"(发展性要求)两部分,要求各地以此为基础,开展全员培训和能力测评,切实提升广大教师信息技术应用能力。以政策为引领,自治区实施培训、考核和认证一体化的教师教育技术能力建设工作,将教育技术能力评价结果与教师资格认证、教师继续教育、教师职称评聘、职务晋升等挂钩,利用"国培计划"和新疆远程教育网网络研修等手段,大力推进教师信息化能力培训。据统计,"十二五"期间,自治区"组织全区地市级、县区级88名教育局局长,分7期参加了教育部组织的'教育局局长教育信息化专题培训班',切实提高了各级教育行政管理部门负责人的信息技术应用能力和信息化工作管理水平。2 200名中小学校长参加了'中小学校长信息技术应用能力提升项目'远程培训活动。组织各类中小学教师信息技术能力培训,参训人次达20万,着力提升教师的信息技术应用能力,有力推动了教育信息化工作向前发展"[1]。自治区还通过组织教师开展教育信息化小课题研究活动、双语课件大赛、中小学双语教学说课大赛和说课展示活动、教育信息化应用推进会等方式促进信息技术与课堂教学的融合,其中在"一师一优课,一课一名师"活动中,全区有57 000名汉语教师参与,晒课37 332节。研发少数民族语言晒课平台,全区有5 000多名少数民族语言教师参加晒课活动[2]。2016年,自治区在实践探索、总结凝练的基础上,采取"管理者""骨干教师""种子教师""校本培训"的四个梯度模式,对南疆四地州12万名乡村教师进行了首轮信息技术应用培训,通过以赛促用、以赛促研、专项培训等方式提高了全区中小学教师信息技术应用能力,初步实现了信息技术课堂教学应用的常态化。

2019年以来,针对部分农村教师信息技术应用能力薄弱、教学创新能力不足的问题,以及大数据、人工智能等对教师信息素养提出的新要求,教育部颁布了《关于实施全国中小学教师信息技术应用能力提升工程2.0的意见》,要求到2022年,构建以校为本、基于课堂、应用驱动、注重创新、精准测评的教师信

---

[1] 新疆维吾尔自治区人民政府办公厅.新疆维吾尔自治区教育信息化"十三五"发展规划[EB/OL].(2012-08-03)[2023-09-06].https://www.xinjiang.gov.cn/xinjiang/gfxwj/201708/1ffdcbb995524ee5ae72a9a2fe97f594.shtml.
[2] 新疆维吾尔自治区人民政府办公厅.新疆维吾尔自治区教育信息化"十三五"发展规划[EB/OL].(2012-08-03)[2023-09-06].https://www.xinjiang.gov.cn/xinjiang/gfxwj/201708/1ffdcbb995524ee5ae72a9a2fe97f594.shtml.

息素养发展新机制,通过示范项目带动各地开展教师信息技术应用能力培训(每人5年不少于50学时,其中实践应用学时不少于50%),基本实现"三提升一全面"的总体发展目标。自治区进一步加大教师信息技术应用能力培养的力度与效度,尤其以南疆边远地区、农牧区为重点,因地制宜开展教师信息化教学示范培训,推动教师主动适应人工智能时代教与学方式的变革,推动乡村教育现代化。

四、新疆教育信息化建设的督导保障

督导评估是促进教育信息化建设的重要手段。早在2008年,新疆维吾尔自治区教育厅为深入了解全区教育信息化建设与应用情况,就开展了全区教育信息化建设情况调查。近年来,为进一步做好新疆维吾尔自治区教育信息化工作,促进信息技术与课堂教学的深度融合,推动教育信息化转段升级,为全区教育现代化建设提供重要保障,自治区全面加强了党对教育信息化工作的领导,要求地方教育行政部门把教育信息化摆在重要的战略地位,加快教育信息化基础设施建设,提高教育信息化管理水平、应用能力。早在2016年新疆维吾尔就制定了《自治区基础教育信息化建设应用督导评估工作实施方案(2016—2020年)》,开展了基础教育信息化督导评估工作。在前期实践的基础上,2019年,自治区人民政府教育督导委员会对2016年方案进行了修改,形成了《新疆维吾尔自治区基础教育信息化督导评估工作实施方案(2019—2022)》。新方案围绕"规划、建设、管理、应用"四个方面设计了《新疆维吾尔自治区基础教育信息化督导评估工作指标体系》,设置了体制建设及经费保障、基础建设、信息技术应用、技术保障及安全4个一级指标,24个二级指标,30个评估要点。方案规定:各县(市、区)教育行政部门每年要对辖区所有学校开展自评,完成自评报告,并经过县(市、区)人民政府审核报地(州、市)教育行政部门;地(州、市)教育行政部门抽取不少于40%的县(市、区),对所辖县(市、区)自评表和自评报告进行初评,并将抽检报告报送自治区人民政府教育督导委员会办公室;自治区人民政府教育督导委员会办公室对地(州、市)教育行政部门报送的资料进行专家评审,并随机抽取不少于10%的县(市、区)进行现场督导。同年9月,自治区电化教育馆就选取了喀什、和田两个地区的6县(叶城县、莎车县、英吉沙县、巴楚县、墨玉县、皮山县)教育信息化管理部门和70余所中小学,从教育信息化体制建设、经费保障、基础建设、信息技术应用、技术保障等方面进行了综合督导与评估。

五、新疆教育信息化建设的监管保障

为了防止"三股势力"在教育领域的渗透,尤其是"三股势力"利用以互联网为核心的新媒介在南疆边远地区、农牧区等地散布民族分裂主义思想,破坏民族团结,污染互联网教育生态,新疆维吾尔自治区党委、人民政府自教育信息化建设伊始,就高度重视对信息化资源的监管,通过理顺信息化管理体制,明确行政管理部门职能,在2007年就成立了新疆中小学远程教育中心,强化对全区中小学远程教育工作的指导力度。同时,各地(州、市)也相继成立了中小学远程教育中心或教育信息化管理中心。全区所有远程教育项目学校均配备项目管理教师,93个县(市、区)设置了电教站或配备了电教专干,形成了中小学远程教育工作区、州、县及项目学校各司其职、各负其责、齐抓共管的"四级联动"工作机制,为中小学远程教育工程实施与管理提供了组织保障。[①]

自治区以教育厅为中心,建设了纵向衔接、横向贯通的"教育行政专网",通过整合各级各类教育业务管理系统,为全区各级教育行政部门提供统一的一站式服务。通过完善新疆教育管理公共服务平台,建立"一站式"服务平台和配套服务机制,面向社会公众及时权威发布各类公共教育信息和提供各类便民服务。建立覆盖全体学生的电子档案系统,做好学生成长记录与综合素质评价,并根据需要为社会管理和公共服务提供支持。[②]同时,自治区制定了网络与信息安全建设管理规范,加大不良信息监管力度,提高对各种非法入侵行为的预防和应急响应能力,形成全方位的教育信息化安全保障体系。

[①] 佚名.加强教育信息化推动 新疆义务教育均衡发展[EB/OL].(2011-08-12)[2023-09-06].https://www.ict.edu.cn/news/gddt/xxhdt/n20110812_1702.shtml.

[②] 新疆维吾尔自治区人民政府办公厅.新疆维吾尔自治区教育事业发展"十三五"规划[EB/OL].(2017-08-13)[2023-11-16]. http://www.cqjyzbw.com/upload/201804/08/201804081041447331.pdf.

第七节　新疆教育信息化推进地区教育服务与贡献研究

以教育信息化带动教育现代化,是我国教育事业发展的战略选择。新疆维吾尔自治区党委、人民政府高度重视教育信息化建设,确立了教育信息化发展的战略地位,加大了教育投入力度,逐步提高教育信息技术装备水平,圆满完成了"三通两平台"建设,不断完善中小学教育信息化平台和数字化校园建设,通过分层次、有步骤地对全区中小学教师进行信息技术应用培训,不断提高教师信息化素养,逐步实现"三个课堂"应用的常态化,实现了优质教育资源共享,缩小了新疆地区同东部发达地区之间、自治区城乡之间和校际之间的教育差距,促进了自治区教育事业的长效、健康发展。

一、利用教育信息化促进民族地区学校课程开发

学校是教授儿童各种知识与技能,传播社会主流价值观念,落实社会行为规范的重要场所。1999年,《中共中央、国务院关于深化教育改革全面推进素质教育的决定》中明确指出:"调整和改革课程体系、结构、内容,建立新的基础教育课程体系,试行国家课程、地方课程和学校课程。"学校课程就成为学校教育体系的重要组成部分,在试图消除教育与生活、学校与社会、学生与家长、知识与实践之间的隔阂或对立,打通他们之间的联系,帮助学生理解知识的丰富多样性,提高学生的实际生活能力,培养他们的自信自主和独立批判的精神等方面具有独特的地位与价值。[①]

近年来,自治区已完成"三通两平台"建设,并以新疆电化教育馆、新疆教育电视台为中心,根据新疆的区情和教学实际,通过翻译制作、合作开发、购买引进、争取援疆等方式搭建了基础信息资源平台,实现了优质教育资源共建共享。但是,在利用信息技术,立足学校自身实际,开发具有时代特征、校园文化、符合学生身心特点的各种活动中,学校课程资源明显匮乏。以维吾尔族服饰为例,其在2008年就被列入第二批国家级非物质文化遗产名录。在学校课程中开设"民族服饰"类校本课程,对于维吾尔族学生保护和传承民族传统文化,提升民族认同与国家认同具有重要的意义和价值。但是传统的校本课程

---

① 朱慕菊.走进新课程:与课程实施者对话[M].北京:北京师范大学出版社,2002:218.

主要以大段的文字来描述服装的样式、色彩与图案,即便是旁边配有图像,也没有完整呈现服饰的色彩、图案、形状、纹理等视觉特征。应用信息技术,借助文字、图像、视(音)频等多元表征后的课程内容可以促使学生充分调动多种感官,多维度地接受信息刺激,从而更有效地培养学生对于不同种族群体文化的感受性及对不同事物的宽容性,增强其文化理解与沟通能力[1]。新疆生产建设兵团各级中小学校坚持以科学技术应用、信息技术素养提升为核心,以培养学生创新能力和实践能力为目标,以科技创新活动为载体,以参加各类机器人、人工智能科技创新比赛为契机,广泛开展人工智能教育、机器人科技创新实践等科技创新教育活动和机器人教学活动。[2]该活动已由第一届的4个项目100多名学生参加,发展到2019年的11个项目380多名学生参加。据统计,截至2017年,新疆生产建设兵团已有298所中小学开设了机器人课程,该课程在推动新疆生产建设兵团机器人科学技术普及、鼓励青少年探索高新技术领域、提高师生应用信息技术和通用技术能力等方面起到了重要作用。

二、利用教育信息化开展民族地区学校教师培训

网络远程培训具有优质资源覆盖面广、效益高、组织形式灵活多样等特点,能极大地缓解教师培训中工学矛盾、经费短缺、过目即忘等问题,是大面积提高教师信息化水平和综合素质的重要举措。

自2003年教育部实施全国教师教育网络联盟计划以来,以现代远程教育为载体,通过资源整合,创新教师培训模式,搭建学历教育与非学历教育相沟通、城乡一体的教师教育网络体系已成为新时代教师培训的工作重点。自治区也积极利用新疆广播电视大学直播课堂视频系统对中小学教师进行新课程培训;利用新疆教育电视台卫星频道开播《汉语强化培训教程》,提升民族地区教师汉语水平;利用西安交大教育网络平台和中国电信新疆公司教育网络平台,组织各种教师培训活动,使远程直播课堂覆盖到边远的乡(镇)。

从2006年起,教育部开始推动网络远程培训试点,网络远程培训就成为"国培"的重要形式。新疆维吾尔自治区从2007年起,利用新疆中小学远程教育

---

[1] 徐红梅,罗江华.信息技术在民族文化课程开发中的应用研究[J].民族教育研究,2009,20(05):124-128.
[2] 姜小薇.兵团中小学机器人大赛开赛[N].兵团日报,2019-05-26.

网组织开展了一系列立体化、多层次的教师远程培训活动,运用"集中加远程"的培训模式,扩大了全区教师培训的覆盖面,每年保持区级培训教师90 000人次以上,其中远程培训72 000多人次,实现了教师培训的历史性跨越。与此同时,各地(州、市)也充分利用"新疆远程教育网"视频直播的功能,进行学术讲座、会议直播、课堂教学直播、各类比赛、亲情传递等活动,扩展了视频直播的内涵,延伸了远程教育的触角,对进一步推动"新疆远程教育网"的建设起到了积极的促进作用[1]。网络远程培训"用20%经费,培训了80%教师,为广大的农村教师创造了接受高质量培训的机会"[2]。

2010年,教育部联合财政部实施了"中小学教师国家级培训计划",开展国家级农村中小学教师远程培训。以此为契机,新疆教育厅联合财政厅组织实施了"国培计划(2011)——新疆农村中小学教师远程培训项目",项目以农村中小学教师学科教学能力提升为重点,共遴选10 000名义务教育阶段18个学科教师参加由北京大学网络学院、中国教师研修网、全国中小学教师继续教育网、新思考网等组织的远程培训,该培训借助现代远程教育手段,搭建了网络研修平台,通过网络在线学习、在线交流研讨、专家辅导答疑等方式,着力解决农村中小学教师在教育教学中面临的主要问题,大幅度提高了农村教师教育教学能力和专业发展水平。新疆生产建设兵团还专门建设了中小学教师远程培训平台,开设了"义务教育阶段新课标培训""示范性远程培训(国培计划)""中西部农村义务教育阶段教师远程培训(国培计划)"专题项目,内容基本覆盖了中小学的所有学科。2015年,自治区依据教育部教师工作司制定的《"国培计划"——教师工作坊研修实施指南》,开展了农村教师工作坊研修,旨在通过"种子"教师的引领,将集中面授与网络研修相结合、线上学习与线下实践相结合、主题研修与自主选学相结合、专家引领与团队协作相结合、问题解决与案例研讨相结合、行动研究与成果评价相结合,打造信息技术环境下教师学习共同体,建立骨干教师常态化培训模式。

此外,各州市还积极利用援疆项目开展教师培训,如和田地区利用首都教育远程互助工程(和田教师培训)项目,通过"教师走网"机制,利用在线实时辅

---

[1] 佚名.加强教育信息化 推动新疆义务教育均衡发展[EB/OL].(2011-08-12)[2023-09-06]. https://www.ict.edu.cn/news/gddt/xxhdt/n20110812_1702.shtml.
[2] 佚名.教师教育信息化全面推进[EB/OL].(2012-09-01)[2023-09-06]. http://www.moe.gov.cn/jyb_xwfb/xw_zt/moe_357/s6211/s6588/s6592/201209/t20120901_141391.html.

导、问题解答、创建共享微课、开设互动课等方式,为受训教师提供精准化、个性化、多样化的在线教育服务;以"一对一实时在线辅导""问答中心""双师微课""一对多在线辅导(互动课堂)"四大功能模块为核心,实现北京优质资源跨学校、跨区域的精准匹配,全方位提升教师教育教学能力。①

三、利用教育信息化实现优质教育资源共享

随着2009年新疆基础教育通过国家"两基"验收,新疆基础教育发展的重心由规模扩张向内涵发展转变。在新的历史时期,在巩固和发展新疆基础教育已经取得的成果的基础上,不断扩大优质教育资源覆盖面,提高教育质量,是解决好"上好学"问题的关键,也是满足人民群众对高质量教育的需要和办好人民满意教育的重要举措。

新疆维吾尔自治区党委、人民政府一直高度重视教育信息化工作,先后通过"农村远程教育"项目、"现代远程教育工程"项目等,构建以基础教育资源建设为中心,通过有线电视、卫星数据广播和互联网三条链路实现优质教育资源传输的现代教育体系,全面解决教师数量不足、教学水平不高、优质资源交流不畅等问题。近年来,为推进义务教育均衡发展和中小学标准化建设,自治区和各地都加大了教育信息化投入力度,加强和完善了边远地区、农牧区中小学校的"三通两平台"基础,学校教育信息化条件进一步夯实,网络教学环境大幅改善,让农村的孩子享受到了优质教育资源,实现了农村孩子与城市孩子同在一片蓝天下,共享优质教育资源。

在加强自身优质教育资源建设的同时,自治区还鼓励各州市加强"互联网+教育",通过"援疆帮扶"的方式积极引进优质教育资源。如:伊犁州新源县的44所学校和扬州市的37所学校实施了网上教学应用实践共同体项目,成都与喀什部分学校开启了5G同步课堂,北京与和田启动了学校对口支援与合作项目,等等。通过网上结对,将优质中小学的教辅材料、备课资源库、网上图书馆、音视频教学资源、同步课堂等内容向对口牵手学校开放。与此同时,自治区内也开展了多种形式的结对帮扶活动,如乌鲁木齐市教育局制定了《乌鲁木齐市与喀什地区中小学结对帮扶实施方案》,就是利用信息化手段,通过开通

---

① 佚名."首都教育远程互助工程"和田项目在京启动[EB/OL]. (2019-09-11)[2023-09-06]. https://www.chinanews.com/gn/2019/09-11/8953947.shtml.

专递课堂,提供了适合喀什地区中小学民族双语教学急需课程和短缺课程;通过名师课堂,利用远程教育平台诊断、导学等方式,向喀什地区的小学学校直播数学、科学、汉语、体育、音乐、美术课程,向初中学校直播初中数学、物理、化学课程。[①]

四、利用教育信息化推动教育管理现代化

教育管理现代化是教育现代化的重要环节。以教育信息化促进教育管理现代化就是以信息系统、数据资源、基础设施为基本要素,利用信息技术转变管理理念、创新管理方式、提高管理效率,支撑教育决策、管理和服务,推进教育治理现代化的进程。[②]为了加强全区教育管理信息化工作,新疆维吾尔自治区早在2013年就召开了全区教育管理信息化工作会议,颁布了《新疆实施<教育信息化十年发展规划>工作方案》,以推动政府转变教育管理职能、提高管理效率和建设现代学校制度为手段,构建新时代教育管理体系,促进教育决策科学化、管理精准化、服务个性化。

(一)推动教育决策由经验驱动向数据驱动转变

教育决策是为实现教育目标,借助科学的理论和方法,从众多预选方案中选择一个最佳方案或就某一方案作出的决定。教育决策的科学性与民主性一直是各级政府倡导的基本要求与核心目标,然而受各种条件的限制,以往的教育决策通常基于有限的数据样本进行数据抽样调查,容易受决策主体能力不足、决策结构僵化失调、决策流程封闭滞后等问题的影响,决策的效率和有效性受到很大挑战。教育大数据通过对日常教育活动或行为数据的收集、分析和反馈,实现基于"全数据"的精准决策。[③]新疆依托"全国教师管理信息系统",为每位教师建立了电子档案,伴随式收集,高效采集、有效整合教师信息,由此形成全区教师基础信息库,以此作为教师工作决策的重要基础支撑。诸如在教师培训中,根据教师的基础信息和学分银行,分析教师的培训需求,为

---

① 佚名.新疆:乌鲁木齐远程直播"专递课堂"受到喀什对口帮扶学校的欢迎[EB/OL].(2016-10-21)[2023-09-06]. https://www.ict.edu.cn/news/gddt/xxhdt/n20161021_37376.shtml.
② 教育部.关于加强新时代教育管理信息化工作的通知[EB/OL].(2021-03-15)[2023-09-06]. http://www.moe.gov.cn/srcsite/A16/s3342/202103/t20210322_521669.html.
③ 曾巍.教育信息化促进教育治理水平提升[J].教育研究,2017,38(03):117-120.

遴选培训对象、设计培训项目、开发培训课程、评估培训效果等提供有力支撑，真正做到缺什么补什么，促进教师个性化发展。

（二）推动教育管理由单向管理向协同治理转变

新疆维吾尔自治区地广人稀、农牧区交通不便、信息闭塞。自治区通过"三通两平台"建设和信息技术在中小学的广泛应用，从服务与管理等方面推动政府职能的转变。在服务方面，通过建立各地州市基层教育行政部门统一共享的信息发布渠道和资源管理平台，完善政务公开制度，加强数据的集中管理和共享，实现数据动态汇聚和实时更新，重点推动不同教育阶段学籍数据的互联互通，推进教育数据向社会开放，增加了教育管理的透明度，节省了成本，提高了效率。在管理方面，深化"放管服"改革，妥善解决好政府、社会与学校的关系，形成政府依法管理、学校依法自主办学、社会广泛参与的格局。在双语课程开发中，新疆维吾尔自治区政府与人民教育出版社合作编写双语教育专用教材《语文》（人教版新疆专用）及其相关教辅资料。在民办教育发展中，新疆维吾尔自治区专门出台了《自治区关于进一步促进民办教育发展的意见》，从法人登记、税费政策、收费管理、用地优惠、教师待遇、自主办学等21个方面鼓励社会组织或个人开办民办学校或捐资助学。在继续教育数字资源建设中，打通各类学校、行业企业、社区教育界限，推动建立继续教育数字资源的共建共享机制。在学校自主办学中，像克拉玛依市出台了《关于进一步下放中小学办学自主权的实施意见》，下放了教师招聘权和薪酬分配权，建立了由校长负责的教师招聘机制，实施了校长职级制等。

（三）推动管理流程由相互割裂向相互集成转变

我国基础教育虽然实行"以县为主"的管理体制，但是部门之间按照专业分工分类管理，条块分割、职能交叉、多头管理的现象比较严重。管理职能界定不清、资源分散、设置不合理，导致日常管理繁琐、效能不高，影响了教育教学活动的正常开展。教育信息技术有助于构建一个网络化、数字化、智能化相结合的教育管理体系，打破部门壁垒，优化原有的管理体系，简化业务流程，实现跨部门的协同联动。如新疆依托教育部教育服务与监管体系信息化建设工作部署，建立教育综合管理平台，包含17个教育主题数据库和21个业务管理信息系统（学生学籍管理系统、学生管理信息系统、学生资助管理信息系统、学生体质健康标准数据管理与分析系统、师资管理系统、教师管理专项业务管理系统、学校管理信息系统、教育规划与建设地理信息系统、教育统计管理信息系统、教育决策支持系统、纪检与监察管理系统、语言文字工作管理与服务平台、科技评价与专利服务系统、国家教育考试考务管理与安全保障系统、涉外信息管理系统等)。整合各级各类教育业务管理应用系统，为各级教育行政部门提供全区统一的一站式管理信息系统，加强事务处理、业务监管、动态监测、评估评价与决策分析等功能，提高教育管理效率与决策水平。[①]

(四)推动公共服务由被动响应向主动服务转变

传统的公共教育服务是自上而下的一元化供给模式，表现为政府是唯一供给、管理和权力主体，包揽了所有的公共教育服务事项。这种一元化的公共教育服务体系带来诸多问题：政府供给能力不足，导致公共服务供给匮乏；政府供给成本偏高，导致公共财政负担过重；政府供给效率低下，导致公平与效率矛盾加剧；教育资源单一供给，导致短缺与浪费现象共存。[②]教育信息化通过协调教育管理信息、优化教育信息供给模式、再造管理服务流程等措施，扩大公共教育服务供给范围，提升公共教育服务的品质和效率。新疆教育厅通过不断完善教育管理信息网站的信息服务系统，建立了"一站式"服务平台，不仅及时向社会公众发布各种公共教育信息和提供各种便民服务，还通过建立学生电子档案系统，做好学生成长记录与综合素质评价，为学生的升学、就业与发展提供支持。通过建设全区教育电子政务系统，实现与各地州市公文流转系统的衔接，推进无纸化办公，全面提高公共服务电子化水平。

---

① 新疆维吾尔自治区教育厅.新疆实施《教育信息化十年发展规划》工作方案[EB/OL].(2013-12-27)[2023-09-06]. https://ict.edu.cn/uploadfile/2013/1227/20131227051738606.pdf.
② 曾巍.教育信息化促进教育治理水平提升[J].教育研究,2017,38(03):117-120.

第二章

西藏自治区教育信息化推进教育现代化研究

1987年,邓小平同志提出中国社会主义现代化建设的"三步走"战略,30年后,2017年,党的十九大报告进一步明确了全面建设社会主义现代化强国的"两个阶段"战略部署,总体目标就是要在21世纪中叶把我国建成社会主义现代化强国。要达成这一目标,就必须完成教育现代化转型,从传统的教育型社会转变为学习型社会,不断提高人民的科学文化素质,成为人力资源强国。2019年《中国教育现代化2035》提出,推进教育现代化的总体目标是:到2020年,全面实现"十三五"发展目标,教育总体实力和国际影响力显著增强,劳动年龄人口平均受教育年限明显增加,教育现代化取得重要进展,为全面建成小康社会作出重要贡献。在此基础上,再经过15年努力,到2035年,总体实现教育现代化。教育现代化的目标是为了实现人的现代化和社会的现代化。因而,教育现代化的研究不仅需要从历史发展的角度研究教育现代化进程与成效,更需要从地区发展的角度研究由此带来的对社会、经济和人自身发展的重要影响。西藏自治区地处高原地带,地广人稀,是我国最特殊的少数民族自治区之一,其发展在整个国家的发展中具有十分重要的地位。西藏现代教育的发展肇始于1951年西藏的和平解放,同年签订的《中央人民政府和西藏地方政府关于和平解放西藏办法的协议》,其中第九条规定:"依据西藏的实际情况,逐步发展西藏民族的语言、文字和学校教育。"至此,西藏教育迈出了现代化的第一步。

　　教育信息化是教育现代化的显著特征和重要标志,以教育信息化带动教育现代化是破解民族教育发展难题、实现民族教育跨越式发展的战略选择。随着"三通两平台"工程的推进,西藏自治区教育信息化建设有了显著变化,特别是网络接入水平以及硬件建设,部分民族自治区接近全国平均水平[1],但由于底子薄、发展缓慢,与全国其他地区尤其是东部沿海地区相比还有很大的差距,特别是民族教育资源的建设仍相对滞后,以及教师信息化应用水平低下。在民族地区教育信息化建设中,网络、环境、硬件建设是民族地区教育信息化发展的基础,民族资源建设是民族地区教育信息化发展的核心,民族信息化人才的培养是民族地区教育信息化发展的关键。

---

[1] 2018年,全区中小学(不含教学点)互联网接入率达到94.9%。2019年9月,西藏自治区的基础设施、接入网络学校的比例分别位于全国第21位、14位。

第一节　西藏自治区教育发展现状调查研究

西藏和平解放前,在黑暗、残酷、野蛮的封建农奴制下,西藏从未有过一所供劳动人民子女上学的学校。90%的藏家儿女无法获得受教育的权利,教育大权掌握在僧俗农奴主阶级手中。在1951年西藏和平解放前夕,全区儿童入学率不足2%,文盲率高达95%,只有贵族子弟有资格接受教育,整个西藏没有一所现代意义上的正规学校。可以毫不夸张地说,解放后西藏真正的人民教育从零开始[①]。

一、各级各类学校稳健增长

1951年3月,原中国人民解放军昌都地区教育委员会在昌都人民和当地爱国人士的资助下创办了第一所新型学校即昌都小学,至此拉开了西藏现代化教育的序幕。如今,西藏已经建成涵盖幼儿教育、小学教育、中学教育、职业教育、高等教育、成人教育、特殊教育等具有地方特色和民族特点的现代教育体系。1959年西藏封建农奴制被彻底废除,民主改革取得重大胜利。到1965年西藏自治区正式成立时,公办小学发展到87所,民办小学1 735所,普通中学4所,在校生已达67 840人,建立了全区第一所中等师范院校——拉萨市师范学校(2006年升格为拉萨师范高等专科学校),建立了全区第一所高等院校——西藏民族学院。

二、西藏教育经费投入与地区生产总值同趋势高速增长

据不完全统计,1951年至2019年,国家累计投入西藏教育经费约1 709亿元[②③],有力地推动了西藏教育事业发展。特别是近20年以来,西藏自治区教育经费投入与自治区生产总值(GDP)同趋势高速增长,二者年均增速均位于全国前十。1998年,西藏自治区生产总值为91.5亿元,到2019年,西藏自治区生产总值为1 697.82亿元。这20年自治区人均GDP增长超13倍,从1998年的3 666元增长至2019年的48 902元,西藏经济高速发展。而西藏自治区教育经

[①] [本刊通讯员].西藏教育凯歌[J].人民教育,1975(10):42-45.
[②] 中华人民共和国国务院新闻办公室.西藏和平解放60年[M].北京:人民出版社,2011.
[③] 西藏自治区统计局,国家统计局西藏调查总队.西藏统计年鉴[M].北京:中国统计出版社,2019.

费投入年均增长率相比地区生产总值同比高6个百分点。2018年,西藏教育经费投入252.85亿元,较20年前增长超40倍,在全国各省教育经费投入增长率排名第一,见表2-1。通过SPSS对二者进行相关性分析发现,西藏自治区生产总值与教育经费二者相关性高,在1%的显著水平下,二者相关系数R^2为0.987。

表2-1　西藏自治区1998—2019 GDP、人均GDP、教育经费情况

年份	GDP /亿元	GDP增速 /%	人均GDP /元	人均GDP增速 /%	教育经费 /亿元	教育经费增速/%
1998年	91.5	—	3 666	—	6.13	—
1999年	105.98	15.83	4 180	14.02	7.61	24.14
2000年	117.8	11.15	4 572	9.38	8.15	7.10
2001年	139.16	18.13	5 324	16.45	10.30	26.38
2002年	162.04	16.44	6 117	14.89	14.12	37.09
2003年	185.09	14.22	6 893	12.69	18.75	32.79
2004年	220.34	19.04	8 103	17.55	23.45	25.07
2005年	248.8	12.92	9 114	12.48	30.17	28.66
2006年	290.76	16.86	10 396	14.07	27.69	−8.22
2007年	341.43	17.43	12 083	16.23	42.06	51.90
2008年	394.85	15.65	13 588	12.46	49.41	17.48
2009年	441.36	11.78	15 008	10.45	59.74	20.91
2010年	507.46	14.98	17 027	13.45	66.23	10.86
2011年	605.83	19.38	20 077	17.91	82.61	24.73
2012年	701.03	15.71	22 936	14.24	99.61	20.58
2013年	815.67	16.35	26 326	14.78	120.67	21.14
2014年	920.83	12.89	29 252	11.11	153.02	26.81
2015年	1 026.39	11.46	31 999	9.39	192.03	25.49
2016年	1 151.41	12.18	35 184	9.95	185.87	−3.21
2017年	1 310.92	13.85	39 267	11.60	238.76	28.46
2018年	1 548.39	18.11	45 476	15.81	252.85	5.90
2019年	1 697.82	9.65	48 902	7.53	—	—

注:数据来源于1998—2019年教育经费统计年鉴、2018西藏统计年鉴、2019西藏统计年鉴、国家统计局官网https://data.stats.gov.cn/

特别在进入21世纪以来,西藏自治区教育经费投入与GDP快速增长的同时,其财政性教育经费占地区生产总值比值也呈稳步上升趋势,且均超过全国平均水平,二者变化如图2-1所示。1998年西藏财政性教育经费5.85亿,占地区生产总值6.39%,且以此比例为基点逐年稳步上升,在2005年经历突发性回落,而后又以超过10%的比例逐年增长。到2017年,财政性教育经费占自治区GDP比例高达16.33%,为同年全国平均水平(4.11%)的近4倍。

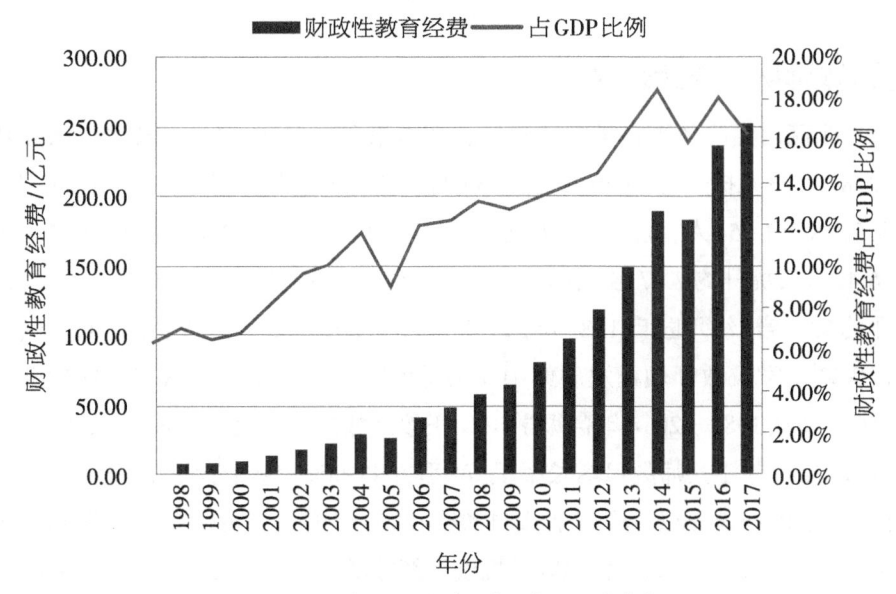

图2-1 西藏财政性教育经费及与GDP的关系

三、西藏自治区居民的受教育权利与质量得到进一步保障

曾经,寺院垄断着西藏教育,仅有极少数僧吏学校,绝大多数学生是贵族子弟,广大农奴和奴隶被剥夺了受教育的权利,适龄儿童入学率不到2%,青壮年文盲率高达95%,现代科技更是一片空白。[1]到1985年西藏小学入学率为46%,2018年达99.5%,而2018年文盲率则下降到35.2%,下降了近60个百分点,见表2-2。鲍曼和安德森曾论证40%的识字率是促进经济发展的基本条件。M.布劳格也进一步对此问题进行了论证,得到40%的识字率和10%的小学入学率是一个国家经济发展的一个转折点的结论。[2]可见,西藏教育的投入是西藏经济的持续推动力之一。

---

[1] 中华人民共和国国务院新闻办公室.西藏和平解放60年[M].北京:人民出版社,2011.
[2] M·布劳格.教育经济学导论[M].韩云,孙玉萍,赵一栋,译.北京:春秋出版社,1989.

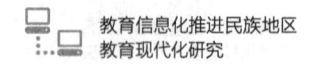

表2-2 西藏小学学龄儿童入学率及文盲率变化情况

单位:%

项目	1951年前	1985年	1995年	2005年	2015年	2018年
小学学龄儿童入学率	2	46	70.4	95.9	99.7	99.5
文盲率	95	—	—	43.5	37.3	35.2

注:数据来源于2019年西藏统计年鉴、国家统计局官网 https://data.stats.gov.cn/

四、教师队伍逐步扩大

西藏自治区各级各类学校专任教师数量逐步提升:高等学校专任教师从1988年723人提升至2 629人,提升3.64倍;中等职业学校自1988年626人提升至2018年1 754人,提升约2.80倍;普通中学自1988年2 268人提升至2018年16 493人,提升约7.27倍;小学自1988年8 045人提升至2018年22 415人,提升约2.79倍;幼儿园自1988年317人提升至2018年5 659人,提升17.85倍。特殊教育学校教师规模发展集中在21世纪以来的20年,2018年专任教师为246人。从1988—2018年各级学校专任教师数量发展规律来看,中等职业学校、幼儿园专任教师数量增长率呈"∧"型,即1988—1998年发展较快;高等学校及普通中学增长率呈"V"型,即1998—2008年增长最快,如图2-2所示。小学在1988—2018年专任教师数量规模呈稳健增长趋势,详细数据见表2-3。

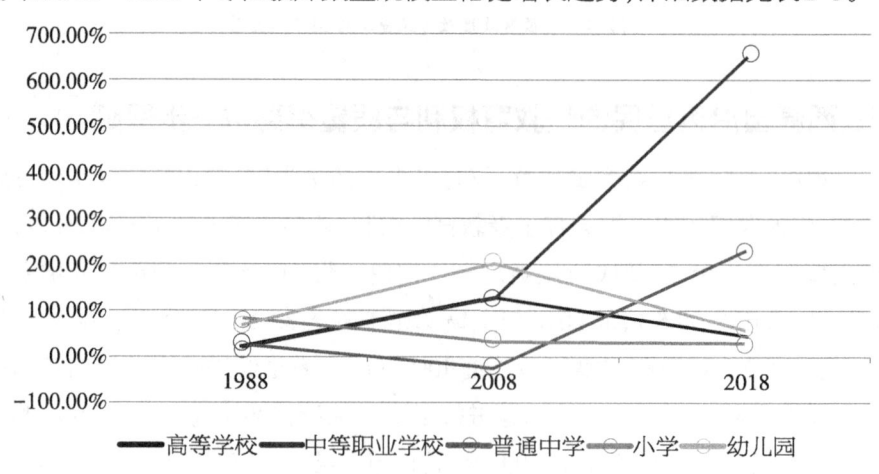

图2-2 各级各类学校专任教师数量增长率变化情况

表2-3 各级各类学校专任教师情况

学校类型	内容	1988年	1998年	2008年	2018年
高等学校	专任教师数/人	723	843	1 877	2 629
	生师比	2.4	4.13	15.67	14.92
中等职业学校	专任教师数/人	626	765	541	1 754
	生师比	5.54	7.29	38.82	13.01
普通中学	专任教师数/人	2 268	3 616	10 752	16 493
	生师比	10.33	11.02	17.16	11.6
小学	专任教师数/人	8 045	13 908	18 087	22 415
	生师比	18.00	22.31	17.24	14.54
幼儿园	专任教师数/人	317	343	757	5 659
	生师比	8.35	13.36	19.38	21.80
特殊教育学校	专任教师数/人	—	—	31	246
	生师比	—	—	7.00	3.7

五、人才培养情况

自1965年以来，西藏自治区平均每万人口中大中小学生数量显著增加。大学生、中专生、中学生、小学生分别由1965年的16人、3人、8人、487人增长至2018年的113人、68人、567人、968人。同时，从大中小学生占学生总数百分比来看，21世纪前10年为重要转折点。自2008年以来，其大中小学生占学生总数百分比均较稳定，大学生比例在5%～7%、中专生比例在3.5%～4%、中学生比例在33%左右、小学生比例在56%～57%，见表2-4。

表2-4 各类学校学生占比情况

年份	大学生	中专生	中学生	小学生	大学生比例	中专生比例	中学生比例	小学生比例
1965	16	3	8	487	—	—	—	—
1978	12	26	99	1 469	0.7	1.6	6.2	91.5
1988	8	16	110	682	1.0	2.0	13.5	83.6
1998	14	23	163	1 271	1.0	1.6	11.1	86.4
2008	102	73	643	1 086	5.4	3.8	33.8	57.0
2018	113	68	567	968	6.6	4.0	33.0	56.6

注：数据来源于2019年西藏统计年鉴

西藏自治区学校数量因自治区人口分布差异,存在地区间差异。根据2017年数据,遵循人口分布差异,西藏自治区学校整体分布很不均衡,主要集中在南部和东部,昌都、日喀则学校数量超过500所。其次,山南市、拉萨市、那曲市的学校数量在300~400所之间。再次,林芝市的学校数量为152所,在100~200所之间。最后,阿里地区的学校数量在100所以内。见表2-5。中小学学生人数详细数据见表2-6、表2-7。西藏自治区高等院校主要集中在拉萨市。

表2-5 西藏自治区学校信息统计

地区	学校数/所	班数/个	在校生数/人	专任教师数/人
阿里地区	90	522	22 073	1 743
那曲地区	305	2 715	119 193	6 862
日喀则市	506	4 003	155 673	10 602
拉萨市	341	3 207	193 483	12 995
山南市	345	1 788	65 902	5 642
林芝市	152	1 122	53 181	4 350
昌都市	500	3 112	135 316	8 058

表2-6 普通中学数据情况

地区	学校数/所	招生数/人	在校生数/人	专任教师数/人
拉萨市	26	14 035	39 498	3 793
日喀则市	31	16 259	45 386	3 993
昌都市	19	13 641	36 196	2 676
林芝市	11	4 344	12 312	1 195
山南市	18	6 085	18 887	1 809
那曲市	19	12 146	32 379	2 459
阿里地区	9	2 478	6 449	647

表2-7 小学教育数据统计

地区	学校数/所	招生数/人	在校生数/人	专任教师数/人
拉萨市	72	11 158	61 108	4 084
日喀则市	224	13 549	74 117	5 168
昌都市	191	13 820	73 136	4 429
林芝市	61	3 557	18 882	2 004
山南市	90	4 216	24 255	2 245
那曲市	139	11 562	64 178	3 573
阿里地区	32	1 915	10 658	943

注：数据来源于2019年西藏统计年鉴

第二节 西藏自治区教育现代化现状调查研究

一、西藏自治区教育现代化评价指标体系设计的立足点及内涵

第一，通过收集西藏自治区年鉴等相关资料和文献，在参考已有研究成果的基础上，进一步研究西藏自治区教育现代化情况及对当地社会经济发展的贡献，从整体上勾画出西藏自治区教育现代化发展情况。第二，通过收集相关资料和文献，研究西藏自治区教育信息化的发展情况。第三，在参考已有研究成果的基础上，对本次研究的内容编制问卷，即"教育信息化推进民族地区教育现代化（教师卷）"问卷（见附录），研究教育信息化推进西藏自治区教育现代化的具体情况。

教育现代化是指与教育形态的变迁相伴的教育现代性不断增长与实现的过程[1]，是社会现代化的重要组成之一，其核心是促进人的现代化。那么如何对教育现代化进行评价呢？国内外学者和有关组织从不同的角度对此进行了探讨。其中，从"投入—过程—产出"角度对教育现代化进行评价的模式相对广泛地应用于理论与实践的研究中。国际上比较权威的是世界银行、联合国

---

[1] 褚宏启.教育现代化的路径——现代教育导论[M].第2版.北京：教育科学出版社，2013:31.

教科文组织以及世界经济合作与发展组织构建的教育发展指标(即教育现代化指标)。其中,在世界银行发布的《世界发展报告》中,教育指标是由教育投入、受教育机会、教育效率、教育成果、性别与教育五部分组成。联合国教科文组织发布的教育指标体系包含教育供给、教育需求、入学和参与、教育内部效益、教育产出五个方面。世界经济合作与发展组织构建的教育指标由教育成果(产出)、教育的影响、投入教育的资源、教育机会、参与及发展、学校的学习环境和学校组织组成。国内学者刘晖等以"环境—保障—投入—过程—产出"为理论依据,从四个维度构建了城市教育现代化指标体系,包括教育投入指标、教育规模、教育成就、教育质量。[①]在实践方面,上海、江苏、广东也依从此逻辑构建了本地区的教育现代化指标。这种指标的构建模式更加注重投入产出的效益研究,同时让研究具备一定的可比性。

西藏自治区受自然资源和社会经济发展影响,与东部发达地区相比,地区教育水平发展有限。新中国成立以来,国家以"输血式"的方式不断加大对自治区的教育投入以推进地区教育现代化的进程,而在这个过程中西藏自治区的投入与产出效益一直是学者关注的重点之一。由于本研究的重点是以量化的方式来衡量教育现代化与区域社会发展的关系,并识别出显著的影响因素,因而在建立西藏自治区教育现代化指标时以"投入—过程—产出"为基本模式进行构建,并在指标上突出一定的量化性和可比性。成媛、龚春燕、罗云等也曾尝试遵循"投入—过程—产出"模式,针对具有一定相似特点的区域,如西部地区、边远地区、民族地区等进行教育现代化指标的构建,且在一定程度上突出了地域特点,重点强调了资源投入与配置、教育的普及与公平维度的建设。[②③④]

由于本研究并非专注于西藏自治区教育现代化指标的设计,而是探讨教育现代化与教育信息化的关系,因而在进行教育现代化指标设计时更多从定量角度出发,并综合考虑指标的通用、可比性,以及地域的特殊性。综合考虑

---

① 阎立钦,曾天山,张芃,等.关于发达地区基础教育现代化发展水平若干指标的思考[J].教育研究,2001(10):19-24.
② 成媛.西部地区教育现代化指标体系的构建[J].北方民族大学学报(哲学社会科学版),2010(6):133-136.
③ 龚春燕,田腾飞,陈瑞生,等.贫困地区教育现代化评价指标体系设计研究[J].教育发展研究,2015,35(01):48-52.
④ 罗云,武建鑫.民族地区教育现代化评价指标体系研究[J].教育发展研究,2015,35(01):43-47.

研究中样本数据的有限性、可得性以及样本数量与研究工具之间的关系,提高研究结果的效度,借鉴前人的研究成果,以联合国教科文组织教育指标为基础并结合西藏自治区教育发展的特殊性,重点强调教育的教育投入、教育普及与城乡教育一体化、教育质量、教师现代化观念等维度,以此构建西藏自治区的教育现代化指标,见表2-8。

表2-8 西藏自治区教育现代化量化指标

维度	指标
教育投入	财政性教育经费 财政性教育经费占GDP比重 小学生师比 中等学校生师比 高等学校生师比
教育普及与 城乡教育一体化	学龄前儿童入学率 初中入学率 高中入学率 男女受教育比率 小学毕业率 中学毕业率
教育质量	非文盲率 平均每万人口的大学生数
教师现代化观念	对现代教育的理解程度 对教育现代化内容理解程度

注:由于平均受教育年限为人类发展指数计算的重要指标,为保证回归方式回归效果,在此不予考虑

二、西藏自治区教育现代化发展情况

(一)教育投入

从21世纪西藏自治区教育现代化整体发展情况来看,在经费投入以及人力资源投入方面均有所提高。其中,财政性教育经费及财政性教育经费占GDP比重分别从2003年的17.7亿元、占比9.56%提高至2017年的216亿元、占比16.5%,教育经费显著提高。截至2019年底,西藏自治区在职教职工56 513人,比1965年增加了5万余人;专任教师51 903人,中青年教师成为主体,高学历

教师比例增加，学前、小学、初中、高中、中职、高校教师学历合格率分别为99.62%、99.94%、99.91%、98.68%、96.41%、99.69%。小学及中等学校师生比分别提高近6个百分点和2.5个百分点，师资力量逐步增强。同时，以2010年为时间节点，通过独立样本t检验发现除中等学校师生比（t检验伴随概率为0.824＞0.05，不显著）外，西藏自治区无论是经费投入还是人力资源（小学教师及高等院校教师数量）投入，2010年后各指标均显著增高。

（二）教育普及与城乡一体化

21世纪以来，西藏自治区教育普及与教育机会均等各项指标发展良好。第一，从教育普及程度来看，各级学校的入学率、升学率、毕业率均有所提高。以2010年为界点，通过独立样本t检验发现，2003—2010年小学入学率为96.28%，2010年后小学入学率为99.45%，t检验伴随概率为0.016。2003—2010年小学毕业率为82.62%，2010年后小学毕业率为89.41%，t检验伴随概率为0.013，由此可见西藏自治区小学入学率与毕业率2010年后均显著高于2010年前，发生了质的提高；而中等及以上学校虽然在数量指标上有所提升，但这种提升并不显著。第二，从性别角度看男女受教育机会，女性与男性受教育差异逐步缩小，受教育的女性数量逐步提高。女性与男性受教育差异系数从2003年的0.75提高至2017年的0.83，独立样本t检验伴随概率为0.002小于0.05，说明这种提高是显著的。综上，21世纪以来西藏自治区小学教育得到长足发展，中等及以上学校教育有待进一步加强。同时，21世纪以来受教育的女性数量逐渐增长，男女受教育机会逐步均等。

（三）教育质量

西藏自治区非文盲率以及高等教育受教育者数量自21世纪以来实现了跨越式的增长。非文盲率由2003年的45%提高至2017年的65%，超过一半人口数。平均每万人口中的大学生数也由原来的39人发展到现在的111人。以2010年为界点，通过独立样本t检验发现，2010年前非文盲率均值为56.64%，2010年后的非文盲率均值为63.32%，独立样本t检验伴随概率为0.026，小于0.05；2010年前平均每万人口中的大学生数均值为77.85人，2010年后均值为107.63人，独立样本t检验伴随概率为0.019，由此说明西藏自治区2010年后非文盲率及高学历人才数显著优于2010年前，教育产出实现跨越式增长。

(四)教师对教育现代化的理解

通过问卷调研发现,在被问及"现代化教育是什么"时,西藏自治区教师认识存在一定的偏差,也对教育现代化本质上认知不足。更多的教师从属性方面进行认定,即认为"现代教育是教育自由化、民主化、多元化、人本化、科技化、本土化、国际化及未来化"的占比最多,比例达40.9%。认为"让教育从传统迈向现代,与现代社会同步发展"的教师次之,占比30.1%。从技术手段层面上来赋予现代教育以意义的教师占比22.2%。而认为现代教育是使所有人得到充分、自由发展的教师比例仅为6.7%。教师在教育现代化内容理解上认知基本清晰,自治区91.5%的教师认为应做到教育观念的现代化,85.8%的教师认为应做到教育管理的现代化。教育装备现代化、教育内容现代化、师资队伍现代化分别被83.4%、83.4%、80.4%的教师选取,见表2-9、表2-10。

表2-9　21世纪来西藏自治区教育现代化指标统计值

维度	指标	2017年	2010年	2003年
教育投入	财政性教育经费投入/亿元	216.00	64.16	17.70
	财政教育经费占GDP比/%	16.5	12.64	9.56
	高等学校生师比/%	6.63	7.06	9.34
	小学生师比/%	12.59	11.27	6.57
	中等学校生师比/%	8.41	6.24	5.93
	高校生师比/%	6.63	7.06	9.34
教育普及与城乡一体化	小学学龄儿童入学率/%	99.50	99.20	91.80
	小学毕业生升学率/%	92.00	93.50	82.90
	初中毕业生升学率/%	73.70	46.30	72.10
	女性与男性受教育比/%	0.83	0.81	0.75
	小学毕业率/%	0.92	0.86	0.77
	中等学校毕业率/%	0.91	0.89	0.81
教育产出	非文盲率/%	0.65	0.65	0.45
	平均每万人口中的大学生数/人	111.00	104.00	39.00

注:数据来自国家统计局的统计年鉴、2018年西藏统计年鉴,有的经计算而得

表2-10 2010年前后西藏自治区教育现代化指标对比

		年份等级	均值	F统计量	伴随概率	t统计量	伴随概率
投入	教育经费	1.00	34.475 7	14.915	0.002	-4.733	0.000
		2.00	137.547 5	—	—	-5.037	0.001
	财政教育经费占GDP	1.00	0.110 6	0.713	0.414	-4.586	0.001
		2.00	0.152 0	—	—	-4.671	0.000
	小学师生比	1.00	0.084 7	7.466	0.017	-6.080	0.000
		2.00	0.123 2	—	—	-5.811	0.000
	中等学校生师比	1.00	0.070 8	3.824	0.072	-0.226	0.824
		2.00	0.071 7	—	—	-0.213	0.837
	高等学校生师比	1.00	0.055 7	15.455	0.002	-5.221	0.000
		2.00	0.074 3	—	—	-5.518	0.000
教育普及与城乡一体化	小学学龄儿童入学率	1.00	96.285 7	13.960	0.002	-3.556	0.004
		2.00	99.450 0	—	—	-3.311	0.016
	小学毕业生升学率	1.00	92.600 0	1.340	0.268	0.716	0.487
		2.00	91.150 0	—	—	0.687	0.510
	初中毕业生升学率	1.00	55.542 9	0.167	0.689	-0.569	0.579
		2.00	58.475 0	—	—	-0.571	0.578
	女性与男性受教育比	1.00	0.765 4	0.000	0.985	-3.771	0.002
		2.00	0.830 3	—	—	-3.790	0.002
	小学毕业率	1.00	0.826 2	8.786	0.011	-3.424	0.005
		2.00	0.894 1	—	—	-3.240	0.013
教育产出	中等学校毕业率	1.00	0.929 6	6.930	0.021	0.093	0.927
		2.00	0.927 3	—	—	0.088	0.933
	非文盲率	1.00	0.566 4	0.768	0.397	-2.517	0.026
		2.00	0.633 2	—	—	-2.444	0.034
	平均每万人口中的大学生数	1.00	77.857 1	21.101	0.001	-3.387	0.005
		2.00	107.625 0	—	—	-3.155	0.019

注：1.年份等级中1.00代表2010年前，2.00代表2010年后

2.由于平均受教育年限为人类发展指数计算的重要指标，为保证回归方式回归效果，在此不予考虑

三、西藏自治区教育现代化对西藏发展的贡献

(一)教育现代化政策对社会发展的影响

现代教育或教育现代化的目标是为了促进人与社会的发展。1990联合国开发计划署(United Nations Development Programme,UNDP)在《人类发展报告》中首次提出"人类发展"的概念,并提出经济增长对于满足人的基本目标是必要的,但更重要的是要研究如何在不同社会中将增长转化为人的发展,同时在报告中提出社会发展的衡量指标即人类发展指数(Human Development Index,HDI),是一个用来测量人类社会基本发展的平均成就的指标。[①]

2010年《国家中长期教育改革和发展规划纲要(2010—2020年)》是21世纪以来针对教育现代化的纲领性文件,因而在时间维度上选用此事件作为窗口事件进行测量。其次,实效维度是基于对西藏自治区教育现代化历史数据,通过皮尔逊相关性检验、多元线性回归等方式研究教育现代化各指标与西藏自治区人类发展指数的关系。若教育现代化指标对西藏自治区HDI存在正向显著性影响,则认为在实效层面教育现代化对西藏自治区社会发展有利好。

1.时间维度:教育现代化政策发布对西藏自治区社会发展的影响

为进一步考察在时间维度上《国家中长期教育改革和发展规划纲要(2010—2020年)》对西藏自治区社会发展的影响,在此假定,若政策发布节点年前后存在显著的增长差异,同时在政策发布后的一定的实施期内增长是没有差异的,也就是说这种持续性的差异是由节点事件引起的,也即说明政策的有效性。为达到此研究目的,引入金融学中事件分析法的原理。事件分析法一般采取时间发生的前后短期时间作为"窗口时间",兼顾消息提前泄露的情形,采用事件前期为估计窗口,对比事件发生前后的收益率及异常收益率。由于研究对象样本数据的单一性,无法使用事件研究法的测算方式,在此利用其原理,将2010年作为事件窗口,2002—2010年作为估计窗口,通过独立样本t检验的方式研究2010年前后差异,并按年份逐步排除以寻找显著差异发生的时间点。

2.政策有效性分析

以2010年《国家中长期教育改革和发展规划纲要(2010—2020年)》为事

---

① 联合国开发计划署.1900人类发展报告[M].北京:中国财政经济出版社,1991:145.

件窗口,对比2010年前后的西藏自治区社会发展。如表2-11所示,通过独立样本t检验发现2010—2017年西藏自治区人类发展指数均值为0.601 3,大于2002—2010年西藏自治区人类发展指数均值0.525 0,且发现其t检验值的伴随概率为0.000,小于0.05,说明2010年后西藏自治区社会发展指数显著大于2010年前数据。同时,以2010年为窗口时间,分别对教育指数、寿命指数、收入指数三个维度指标进行前后对比发现,2010年后指标均值均显著大于2010年前。为检测窗口事件年2010年后西藏自治区社会发展增长是否短期内无差异增长,以事发后中间年限2013年作为节点对2010年后人类发展指数进行独立样本t检验。通过检验发现,通过上述节点分割的前后2个时段数据,2010—2013年人类发展指数均值为0.585 0,2013—2017年人类发展指数均值为0.617 5,虽然2013年后西藏自治区人类发展指数均值大于2010—2013年,但其t检验值的伴随概率为0.124,大于0.05,说明这种差异为非显著性的差异,即2010年为2010年前后差异的发生点,且2010年后短期内无显著性增长波动。综上可得以下结论,2010年前后西藏自治区人类发展指数发生显著增长,且2010年后短时期增长较为平稳,说明《国家中长期教育改革和发展规划纲要(2010—2020年)》发布对西藏自治区人类发展指数存在滞后显著影响。同时通过上文分析,2010年前后西藏自治区"人类发展指数"发生显著增长。但政策发生后存在延时性效益,即2010年经过短期无差异增长后是否在某一节点出现差异性增长,那么这一节点可简单视为政策延时效益的发生年。在此选择2014年作为数据节点对2010—2014年、2014—2017年数据进行前后时段的独立样本t检验。发现2014—2017年的人类发展指数均值为0.633 3,大于2010—2014年西藏自治区人类发展指数均值0.582 0,且t检验的伴随概率为0.002,小于0.05,说明这种差异是显著的。也就是说,在2010—2017年间,政策发布后的前4年内增长和后3年内增长有显著性的差异,说明2014年西藏社会经济发展进入了新的阶段,政策在时间维度上对西藏自治区人类发展指数显著影响的滞后期为4年。

表2-11 人类发展指数发展按时间对比

指数类型	时段	均值	标准差	条件	方差方程齐性检验 F	方差方程齐性检验 Sig.	均值方程t检验 t	均值方程t检验 Sig.
人类发展指数	2002—2010	0.525 0	0.028 28	假设方差相等	0.002	0.964	−5.278	0.000
	2010—2017	0.601 3	0.029 49	假设方差不相等	—	—	−5.278	0.000
教育指数	2002—2010	0.342 5	0.028 16	假设方差相等	0.392	0.541	−3.450	0.004
	2010—2017	0.401 3	0.039 07	假设方差不相等	—	—	−3.450	0.004
寿命指数	2002—2010	0.733 7	0.015 98	假设方差相等	3.465	0.084	−6.272	0.000
	2010—2017	0.772 5	0.007 07	假设方差不相等	—	—	−6.272	0.000
收入指数	2002—2010	0.567 5	0.042 00	假设方差相等	0.357	0.560	−6.041	0.000
	2010—2017	0.706 3	0.049 55	假设方差不相等	—	—	−6.041	0.000
人类发展指数	2010—2013	0.585 0	0.012 91	假设方差相等	1.720	0.238	6	0.124
	2013—2017	0.617 5	0.034 03	假设方差不相等	—	—	3.846	0.152
人类发展指数	2010—2014	0.582 0	0.013 04	假设方差相等	0.024	0.882	−5.085	0.002
	2014—2017	0.633 3	0.015 28	假设方差不相等	—	—	−4.855	0.010

(二)西藏自治区教育现代化实践对西藏自治区社会发展的影响

1.模型建立

将西藏自治区教育现代化各指标与其人类发展指数进行回归建模,以证明二者之间的关系。为确定各指标变量是否满足回归要求以及变量形式,首先对西藏自治区教育现代化各指标与西藏自治区人类发展指数进行相关性分析。通过皮尔逊相关分析发现，基于历史数据，财政性教育经费、财政性教育经费前5年投入平均值、财政性教育经费占GDP比重、小学师生比、中等学校师生比、小学学龄儿童入学率、男女受教育比、小学毕业率、非文盲率、平均每万人口中的大学生数与西藏自治区HDI存在显著正相关。具体指标详见表2-12。为考察各变量形式，对各变量与西藏自治区人类发展指数进行线性相关分析，变量均与HDI具有显著线性关系，且满足建立多元线性回归的条件，从而建立线性回归方程模型如下：

$$HDI = c + \beta_1 x_1 + \beta_2 x_2 + \beta_3 x_3 + \beta_4 x_4 + \beta_5 x_5 + \beta_6 x_6 + \beta_7 x_7 + \beta_8 x_8 + \beta_9 x_9 + \varepsilon \quad \text{（式2-1）}$$

HDI——人类发展指数

x_1——财政性教育经费

x_2——财政性教育经费占GDP比重

x_3——小学师生比

x_4——中等学校师生比

x_5——小学学龄儿童入学率

x_6——小学毕业率

x_7——男女受教育比

x_8——非文盲率

x_9——平均每万人口中的大学生数

表2-12 西藏自治区教育现代化指标与HDI相关性

指标	皮尔逊相关性	显著性（双侧）	结论
财政性教育经费	0.885**	0	显著相关
财政性教育经费前5年投入平均值	0.885**	0	显著相关
财政性教育经费占GDP比重	0.857**	0	显著相关
小学师生比	0.926**	0	显著相关
中等学校师生比	0.828**	0	显著相关
高等学校师生比	−2.34	0.401	不相关
小学学龄儿童入学率	0.831**	0	显著相关
小学毕业生升学率	0.029	0.919	不相关
初中毕业生升学率	0.258	0.354	不相关
男女受教育比	0.653**	0.008	显著相关
小学毕业率	0.828**	0	显著相关

续表

指标	皮尔逊相关性	显著性（双侧）	结论
中等学校毕业率	−0.005	0.987	不相关
非文盲率	0.737**	0.002	显著相关
平均每万人口中的大学生数	0.823**	0	显著相关

2.模型回归结果

在回归建模时考虑到教育投入具有延迟性，当期投入未必会引起迅速改变。因而将教育现代化的投入指标划分当期以及向前平移期均值2类。鉴于教育投入的3大类指标财政性教育经费、财政性教育经费占GDP比重、师生比，财政性教育经费占GDP比重、师生比为相对数据且在5年内变化不大，所以仍以当期数据计算，但财政性教育经费变化相对较大，则使用当期和平移期两种方式测量。在选择平移时间点时，以测算出的21世纪中平均教育年限5.03年为测算期进行平移，假如平移后影响因子发生改变则再向前平移进行检测，若无发生改变则向后平移。通过逐步回归法计算发现，这些因素中，小学师生比、财政性教育经费以及非文盲率对西藏自治区社会经济发展存在显著影响。同时教育经费投入延迟期为5年，虽与政策延迟期存在差异，但考虑到政策发布前的前瞻纰漏效应，认为其基本符合规律。利用SPSS软件进行逐步多元线性回归，有2个模型对因变量解释较好。

如表2-13所示，其中，模型1，调整后的可决系数为0.882，说明模型能够被解释88.2%。DW值为2.155，与2接近。F统计量为53.15（$p<0.05$）说明回归方程有效。(1)在回归方程中入选的各变量的t统计量的伴随概率均小于0.05，说明入选因素对西藏地区人类发展指数有显著影响，即小学生师生比、教育经费投入是西藏自治区人类发展指数的显著影响因素。(2)常量系数为0.409，也就是说在没有小学师生比及教育经费投入的情况下，其西藏地区人类发展指数为0.409，处于低水平的人类发展阶段，若加入教育指标将有助于西藏自治区HDI向更高级别发展。(3)在标准化系数中小学师生比的系数为0.619、前5年平均年教育经费的标准系数为0.367，说明在该模型中小学生师生比比教育经费对人类发展指数影响更大。

模型2，调整后的可决系数为0.957，说明模型能够被解释95.7%。DW值为2.155，与2接近。F统计量为157.561（$p<0.05$）说明回归方程有效。该模型

入选指标为财政性教育经费前5年投入平均值以及非文盲率。模型中常量值为0.303，说明如果没有教育指标，其他因素影响下西藏自治区人类发展指数为0.303，也就是处于低水平的人类发展阶段，若加入教育指标将有助于西藏自治区HDI向更高级别发展，教育经费的标准化系数大于非文盲率，肯定了教育经费投入的重要性。

同时根据非标准化系数，平均财政教育经费投入每提高1个单位，西藏自治区HDI将在5年后提高0.01个单位。每提高1个单位的非文盲率，将提高0.367个单位的HDI。当其他条件不变，非文盲率达到100%时，西藏自治区HDI将达到0.669，距离高水平的人类发展水平还有一段距离，因此提高教育投入进而提高整体的教育水平仍是西藏自治区发展的重点。

表2-13 须考虑时间延期的回归模型

模型		非标准化系数 系数B	非标准化系数 标准误差	标准系数 试用版	t统计量	伴随概率Sig.	可决系数 可决系数R^2	可决系数 调整后的可决系数$ADJR^2$	F统计量 F统计量	F统计量 伴随概率Sig.
1	常量	0.409	0.029	—	14.011	0	—	—	—	—
1	中小学师生比	1.286	0.348	0.619	3.690	0.003	0.899	0.882	53.15	0
1	前5年平均年教育经费	0	0	0.367	2.190	0.049	—	—	—	—
2	常量	0.303	0.028	—	10.949	0	—	—	—	—
2	前5年平均年教育经费	0.001	0	0.704	11.719	0	0.963	0.957	157.561	0
2	非文盲率	0.367	0.048	0.461	7.670	0				

DW检验值=2.155

（三）西藏自治区教育现代化对自治区经济发展的贡献

据不完全统计，1951年至2019年，国家累计投入西藏自治区教育经费约1709亿元，有力地推动了西藏自治区教育事业发展。特别是近20年，西藏自治区教育经费投入与西藏自治区生产总值（GDP）呈同趋势高速增长，二者年均增速均位于全国前十。1998年，西藏自治区生产总值为91.5亿元，到2019年西藏自治区生产总值为1697.82亿元。这20年自治区人均GDP增长超13倍，从1998年的3 666元增长至2019年的48 902元,西藏经济高速发展。而西藏自治区教育经费投入年均增长率相比生产总值同比高6个百分点。2018年,西藏自治区教育经费投入252.85亿元,较20年前增长超40倍,见表2-14,在全国各省教育经费投入增长率中排名第一。通过SPSS对二者进行相关性分析发现,西藏自治区生产总值(GDP)与西藏教育经费二者相关性高,在1%的显著水平下,二者相关系数K为0.987。

表2-14 西藏自治区1998—2019年GDP、人均GDP、教育经费统计表

年份	GDP/亿元	GDP增速/%	人均GDP/元	人均GDP增速/%	教育经费/亿元	教育经费增速/%
1998	91.5	—	3 666	—	6.13	—
1999	105.98	15.83	4 180	14.02	7.61	24.14
2000	117.8	11.15	4 572	9.38	8.15	7.10
2001	139.16	18.13	5 324	16.45	10.30	26.38
2002	162.04	16.44	6 117	14.89	14.12	37.09
2003	185.09	14.22	6 893	12.69	18.75	32.79
2004	220.34	19.04	8 103	17.55	23.45	25.07
2005	248.8	12.92	9 114	12.48	30.17	28.66
2006	290.76	16.86	10 396	14.07	27.69	-8.22
2007	341.43	17.43	12 083	16.23	42.06	51.90
2008	394.85	15.65	13 588	12.46	49.41	17.48
2009	441.36	11.78	15 008	10.45	59.74	20.91
2010	507.46	14.98	17 027	13.45	66.23	10.86
2011	605.83	19.38	20 077	17.91	82.61	24.73
2012	701.03	15.71	22 936	14.24	99.61	20.58
2013	815.67	16.35	26 326	14.78	120.67	21.14
2014	920.83	12.89	29 252	11.11	153.02	26.81
2015	1 026.39	11.46	31 999	9.39	192.03	25.49
2016	1 151.41	12.18	35 184	9.95	185.87	-3.21
2017	1 310.92	13.85	39 267	11.60	238.76	28.46
2018	1 548.39	18.11	45 476	15.81	252.85	5.90
2019	1 697.82	9.65	48 902	7.53	—	—

注:数据来源于1998—2019年教育经费统计年鉴、2018年西藏统计年鉴、2019年西藏统计年鉴、国家统计局官网https://data.stats.gov.cn/

西藏和平解放以来,西藏自治区教育经费高速增长。西藏自治区城乡居民可支配收入也与其同趋势高速增长,该指标从1965年的141元,增至2019年的19 501元,年均增速为11.49%。哈佛大学经济学教授克劳迪娅·戈尔丁曾利用中学入学率来探讨教育水平与人均收入的关系,通过对114个国家数据的分析,得到教育水平与收入正相关的结论。西藏和平解放以来,由于国家对西藏自治区教育的大力支持,使其初中入学率逐步攀升,至2000年,西藏自治区初中入学率达90%以上,并逐年稳中有升。为进一步探索西藏自治区教育经费与城乡居民可支配收入的发展关系,在此对1982—1990年、1991—2000年、2001—2010年、2011—2019年4个时段的,具备初中水平的受教育居民毕业10年间可支配收入年均增长率变化进行研究,发现4个时段年均增长率均以10%左右增速增长,且稳步上升。到2011—2019年中学生毕业后其年均可支配收入增长率为12.64%,较20世纪80年代增长率(9.46%)增加了3个多百分点,较20世纪90年代增长率(11.98%)增加了近1个百分点,较21世纪前10年增长率(11.24%)增长了1个多百分点,见表2-15。虽然在社会经济高速发展趋势下居民收入增加为必然现象,但教育因素对其的贡献也不可忽略。

表2-15 城乡居民年均可支配收入对比表

年份	年均可支配收入/元	初中入学率/%	年均增长率/%
1982年	366	44.9(1985年)	—
1990年	754	—	9.46
1991年	845	67.7(1995年)	—
2000年	2 339	—	11.98
2001年	2 548	91.7(2005年)	—
2010年	6 647	—	11.24
2011年	7 522	84.9(2015年)	—
2019年	19 501	92.2(2018年)	12.64

注:数据来源于2019年西藏统计年鉴

1951年和平解放以来,国家对西藏教育投入与西藏自治区经济增长密切相关。为进一步证实西藏教育投入对西藏自治区经济增长存在正向影响,以及评估其贡献程度,笔者引入生产函数模型对其进行量化论证。

美国著名数学家柯布和经济学家道格拉斯共同研究了产出与投入的关

系，并提出生产函数模型，即C-D型生产函数。经济学家马克布劳格也曾提及生产函数是确定的"投入—产出"空间的一条边界，即在现有的技术水平条件下，从每一种实物投入组合中能够获得最佳的实物产出。本研究选用C-D型生产函数作为研究西藏教育经费投入对经济发展的基础模型。C-D型生产函数如：

$$Y = AK^{\alpha}L^{\beta} \quad (式2-2)$$

其中，Y为社会总产品产量或国内生产总值，K为社会资本量，L为社会总劳动量，A为技术进步因子。在规模不变的情况下，资本量和劳动的产出弹性之和为1，即$\alpha + \beta = 1$。

利用柯布-道格拉斯模型来分析西藏教育经费投入对西藏自治区经济增长的影响，加入教育因素的生产函数，模型如为：

$$Y = AK^{\alpha}L^{\beta}E^{\lambda} \quad (式2-3)$$

其中，E为教育投入，α、β、λ分别为社会整体物资资本、社会整体劳动力和社会整体教育投入的产出弹性。对上式取自然对数可得：

$$\ln Y = \ln A + \alpha \ln K + \beta \ln L + \lambda \ln E \quad (式2-4)$$

由于影响经济增长的因素较多，且教育具有正外部性的特点，教育投入与经济增长两者之间的关系不能简单地进行多元回归处理。为避免出现伪回归现象影响研究结果，因而在研究教育投入与经济增长的内生性长期均衡关系时加入时间变量T。同时鉴于数据的易得性，在对西藏自治区教育经费投入对西藏经济影响进行研究时分别选取西藏自治区生产总值（GDP）、全社会固定资本投入、三大产业年末就业人数、教育经费总投入分别代表G、K、L、E，为研究因素间长期影响关系，建立如下回归模型：

$$\ln G_t = \alpha_0 + \alpha \ln K_t + \beta \ln L_t + \lambda \ln E_t \quad (式2-5)$$

其中，α_0为常数，G、K、L、E分别表示经济增长总量、社会资本量、社会总劳动量、教育投入对经济影响的长期因素。α、β、λ分别表示三个变量的贡献系数。

根据上文，选取年西藏教育经费总投入E、全社会固定资产投入K、三大产业年末就业人数L和西藏自治区生产总值G为指标进行分析。综合考虑数据的易得性，选取1998—2017年20年数据作为原始数据进行研究，见表2-16。

表2-16 模型原始数据表

年份	G/亿元	E/亿元	L/万人	K/亿元
1998年	91.50	6.13	120.22	42.75
1999年	105.98	7.61	123.91	56.60
1998年	117.80	8.15	124.18	66.50
2001年	139.16	10.30	126.33	85.77
2002年	162.04	14.12	130.20	108.99
2003年	185.09	18.75	132.81	138.62
2004年	220.34	23.45	137.32	168.44
2005年	248.80	30.17	143.60	196.19
2006年	290.76	27.69	148.20	232.35
2007年	341.43	42.06	158.15	271.18
2008年	394.85	49.41	163.50	309.93
2009年	441.36	59.74	169.07	379.42
2010年	507.46	66.23	173.39	463.26
2011年	605.83	82.61	185.55	549.27
2012年	701.03	99.61	202.06	709.98
2013年	815.67	120.67	205.54	918.48
2014年	920.83	153.02	213.68	1 119.73
2015年	1 026.39	192.03	234.73	1 342.16
2016年	1 150.07	185.87	254.36	1 655.50
2017年	1 310.92	216.36	265.36	2 051.04

以 LnK、LnL、LnE、LnG 为基础，在上述检验协整关系基础上建立协整方程，该模型代表教育投入与经济增长间长期均衡关系。通过 Eviews 软件计算获得下式，其中，括号中数值为 T 检验量，T 检验量绝对值大于 1% 的临界值，说明结果显著。

$$\ln G_{t-1} = 0.431\,827 \ln K_{t-1} + 1.513\,25 \ln L_{t-1} + 0.848\,829 \ln E_{t-1} - 2.534\,191 \quad （式2-6）$$

[4.264 02][−7.448 44][−10.142 1]

$R^2 = 0.302\,687$ $DW = 1.880\,663$

从上式模型中可得,在1%的显著水平下,西藏教育投入增长率变动对西藏自治区GDP增长率的变动影响显著,即在其他影响因素不变的情况下,西藏自治区教育投入每增加1%,西藏自治区GDP就增长0.848 829%。由此说明,西藏和平解放以来,西藏自治区教育经费投入对于促进西藏自治区经济发展具有长期正效应影响。同时,从业人数的弹性系数为1.513 251,表示从业人数增长率的增加也能促进经济总量增长率的增加,即从业人数增长率每增加1%,经济总量就增加1.513 25%。固定生产投入增长率与生产总值增长率成反比,但并不明显。

四、西藏自治区教育现代化存在的问题

(一)教育投入仍需加强

第一,通过分析发现,教育经费投入对西藏自治区社会发展影响有延迟效应。当期的教育投入对改变该地区人类发展指数是不显著的。只有一定时期内持续稳定的投入才能对其产生一定的显著正向影响,而财政性教育经费效益的滞后期为5年。第二,研究同时发现,将财政性教育经费占GDP比重纳入回归方程时,其影响并不显著,这与西藏自治区经费投入来源有关,即该地区更多地依靠中央政府"输血式拨款"。第三,在用不同的回归方程解释西藏自治区HDI时,发现在部分模型的回归分析中,中小学师生比与财政性教育经费投入同时进入回归方程,在统计意义上部分解释方程中,教育经费的投入对提高西藏自治区HDI的贡献程度更高。虽然这并不能代表中小学师生比对于HDI的影响优于经费投入,但也说明在保证一定教育投入水平下,要提高西藏自治区HDI,提高一定水平的师生比也是相对较好的选择。

(二)教育普及仍需加强

在教育普及与机会均等指标中选取了各级学校的入学率与毕业率以及女男受教育比6个指标。在对各指标变量相关性分析时,研究者发现,学龄前儿童入学率、小学毕业率及女男受教育比与西藏地区HDI呈显著正向相关,但在多元线性回归方程中其作为影响因素t统计量的伴随概率均大于0.05,利用逐步回归法时被排除在外。而小学毕业生升学率、初中毕业生升学率、中等学校毕业率在相关性分析中并不显著相关。虽然统计数据结果如此,却并不能说

明其被排除因素对提高西藏自治区HDI的增长是没有影响的。HDI由平均教育年限、预期寿命、收入三部分综合计算而得,而各级学校的入学率直接与平均受教育年限相关,间接与受教育者未来收入有关,因而进一步提高学龄前儿童入学率,保障男女入学机会均等,保证教育起点公平,提高中等、高等院校入学率又将有利于西藏自治区人才结构优化。

(三)人类发展水平仍有待提升

在回归方程中,相对于平均每万人口中的大学生数,非文盲率作为显著影响因素,多次出现在不同的回归模型中。也就是说,目前提高非文盲率是西藏自治区提高地区人类发展指数的重要举措。但提高非文盲率并不意味着地区人类发展一劳永逸。在回归模型中,当其他条件不变,非文盲率达到100%时,西藏自治区HDI将达到0.669,这一水平仍处于中等发展水平,与高水平的人类发展水平还有一段距离。同时,由于统计原因,平均每万人口中的大学生数没有进入回归模型中,但在相关分析中,其仍与HDI存在显著的正向相关性,因而在保障西藏自治区居民基本文化水平基础上,增加教育投入进而提高整体的教育水平,增加西藏自治区居民的受教育年限,仍是发展的重点。

(四)教育质量有待提高

在基础教育教学质量方面,调查显示46.4%的教师认为通过在学校的学习,学生的创新能力和实践能力得到提高。也有53.6%的教师认为学生的创新能力和实践能力处于较低水平。可见,西藏义务教育小学学生的实践能力、创新能力均弱于学习能力,尤其是学生的创新能力较弱,整体综合素质有待提高。在高等教育质量方面,由于特殊的地域条件以及生源质量、政治、经济等多种因素,在就业政策发生改变的转折期,西藏高校学生学习观念转变较慢,学习目标不明确,仍然是应付考试式的被动学习,缺乏学习的自觉性、主动性和创造性,学习动力明显不足。在职业教育方面,西藏作为边疆民族地区,需要大量的现代农牧业、现代服务业方面的技能型、管理型人才,但是目前职业教育人才培养与区域经济发展需求存在一定的偏差。

(五)教师教育现代化观念有待提升

通过问卷调研发现,西藏自治区对现代教育及教育现代化内涵的理解存在偏差。对此问题,不同经济属性地区的认知存在一定的差异。城市地区的教师在教育现代化的5个方面上认知比较平均,但是对师资队伍现代化的认识存在一定的不足。乡镇地区与城市地区的教师认识基本相似,但对于农村地区的教师而言,其认为的教育现代化的内容更多的是在教育管理现代化上。

第三节　西藏自治区教育信息化现状调查研究

教育信息化是教育现代化的显著特征和重要标志,以教育信息化带动教育现代化是破解民族教育发展难题、实现民族教育跨越式发展的战略选择。1979年,西藏自治区教育信息化与全国同一时期起步,经过多年建设,西藏自治区教育信息化经历了电化教育萌芽阶段(1985年以前)、前信息化阶段(1985—2003年)、农远工程阶段(2003—2012年)、三通两平台建设阶段(2012—2018年)、互联网+教育创新发展阶段(2018年至今)。由于建设资金、双语信息化教学资源、师资力量以及信息化专业人才短缺,西藏自治区发展相对缓慢,教育信息化整体水平相对较低,与全国其他地区尤其是东部沿海地区相比差距较大,而且区域内部发展极不均衡,还不能很好地服务于自治区教育现代化的发展需要。

一、教育信息化推进西藏自治区教育现代化问卷设计

课题组编制"教育信息化推进民族地区教育现代化"问卷,此次问卷包括22个题目,涉及西藏自治区教师的基本情况,对教育现代化、信息化的态度,现代化信息化现状,教师信息技术能力等方面。并将调查问卷制作成网络问卷,通过问卷星平台发布问卷。最终在西藏自治区回收教师问卷共450份,有效问卷445份,有效率为98.89%。调查对象的基本情况,包括西藏自治区的教师的性别、学历、地区、职称、学校名称、学校所在地经济情况、学校性质等基本信息,调查情况见表2-17。

表2-17 教师问卷样本统计情况

分类		样本数/份	百分比/%	累积百分比/%
地区分布	拉萨市	69	15.5	15.5
	那曲市	11	2.5	18.0
	阿里地区	2	0.4	18.4
	日喀则市	51	11.5	29.9
	昌都市	60	13.5	43.4
	林芝市	252	56.6	100.0
	合计	445	100.0	—
性别分布	男	198	44.5	44.5
	女	247	55.5	100.0
	合计	445	100.0	—
学历分布	专科	13	2.9	2.9
	本科	404	90.8	93.7
	硕士	28	6.3	100.0
	合计	445	100.0	—
职称分布	初级	118	26.5	26.5
	中级	224	50.3	76.9
	副高级或相应级别	98	22.0	98.9
	正高级或相应级别	5	1.1	100.0
	合计	445	100.0	—
按发展程度的区域分布	城市	358	80.4	80.4
	乡镇	67	15.1	95.5
	经济较发达的农村地区	5	1.1	96.6
	农村欠发达地区	15	3.4	100.0
	合计	445	99.9	—
学校性质	小学	33	7.4	7.4
	初中	111	24.9	32.3
	高中	284	63.8	96.2
	九年一贯制学校	8	1.8	98.0
	完全中学	4	0.9	98.9
	十二年一贯制学校	5	1.1	100.0
	合计	445	100.0	—

二、西藏自治区教育信息化建设现状

（一）建立健全教育信息化发展体制机制

西藏自治区政府高度重视教育信息化建设,体制机制建设卓有成效。2016年10月成立西藏自治区教育厅网络安全与信息化领导小组,并于2016年12月在西藏自治区教育信息化工作会上首次印发《西藏自治区教育信息化"十三五"规划》和《关于加快西藏教育信息化发展的意见》。2017年制定《全区2017年县域义务教育均衡发展县学校教育信息化项目建设方案》,2018年制定《西藏自治区教育信息化建设三年行动计划(2018—2020年)》《2018年西藏自治区教育信息化建设攻坚行动》以及《西藏自治区教育厅教育信息化项目管理办法(试行)》等政策文件。这些文件对西藏自治区教育信息化的主要任务进行了确切的描述与分工,较为系统、科学地规划了西藏自治区教育信息化的发展蓝图,为自治区教育信息化的发展创造了良好的政策环境。

（二）"三通两平台"建设得到长足发展

"十一五"以来,西藏自治区教育信息化主要围绕"三通两平台"建设任务开展,并取得较为显著成效。2014年,西藏自治区实现"教学点数字教育资源全覆盖"。2015年,自治区中小学多媒体计算机教室覆盖率达100%。截至2018年,自治区建成中小学多媒体计算机教室875间,配备中小学(包括教学点、幼儿园)交互式教学终端(电子白板、一体机)10 324套。共有678所中小学(包括教学点、幼儿园)接入宽带网络,157所学校建成中心机房,461所学校建成校安系统,242所学校完成校园综合布线,5 247名教师和17 617名学生开通了网络学习空间,3所试点学校建设了智慧校园。2018年,自治区启动教育管理公共服务平台与教育资源公共服务平台融合建设项目,完成"珠峰旗云两台一标"项目招标建设工作。

（三）教师信息化能力得到提升

西藏自治区各级政府和教育行政部门高度重视信息技术在现代教育中的应用,通过"国培计划""专项计划""校本培训"等方式着力提升自治区中小学教师的信息化应用能力。2015—2018年组织"一师一优课、一课一名师"活动省级培训会、西藏自治区中小学幼儿园教师信息技术应用能力提升培训会、西藏自治区中小学教师工作坊项目、中国移动—中小学校长"信息技术应用能力提升工程"远程培训工作等培训活动。其中2016年完成拉萨等6市1地区的中小学及幼儿园教师信息化能力培训的地区性覆盖,西藏自治区教师信息化能力得到显著提升。

(四)创新教育信息化建设发展模式

西藏自治区以"珠峰旗云平台"为核心,创新性构建"4+1"特色"互联网+教育"模式,旨在加快落实西藏自治区教育信息化全覆盖和可持续发展,促进向教育信息化2.0时代转型。珠峰旗云平台包含国家中小学网络云平台资源、中国教育电视台4频道电视课程资源、学而思资源等6个优质教学平台资源以及藏语文教材、课文朗读及课文动画等藏语教学资源。2019年西藏自治区开展西藏教育珠峰旗云平台应用专题培训11场,共计培训2 800余人次,目前已有763所、8 840个班级实现"珠峰旗云"平台资源配置到班。

(五)形成"互联网+教育"多元协同共建模式

西藏自治区教育信息化建设主体呈现多元化特征。组团式援藏建设力量及社会力量成为自治区教育信息化建设的有生力量。第一,组团式援藏项目中各地区创新模式,以互联网为载体探讨"互联网+教育"援藏新模式。2017年广东省中山市与西藏自治区林芝市两地共享教学资源,以"交互录播"实现一校对多校、多区域、多角度的高清流畅的远程互动教学,推动两地优质教学资源的共建共享。第二,企业及社会力量持续关注自治区教育信息化建设。2016年,自治区教育厅与中国移动、联通、电信、铁通等四大通信运营商签订了战略合作框架协议,并组织开展了教育信息化专题讲座培训。

(六)基于多媒体环境的教学模式目前是民族地区中小学教师授课的主要教学模式

基于多媒体环境(如投影+幕布、交互式白板等)的教学模式为民族地区主要的信息化教学模式。民族地区中小学教师采用的信息化教学模式排序为:基于多媒体环境(如投影+幕布、交互式白板等)的教学模式,占比53.0%;基于"互联网+教育"的教学模式,占比22.7%;基于移动设备(如智能手机、平板电脑等)的教学模式,占比17.6%;没有采用信息化教学模式,占比6.6%。同时,民族地区中小学教师运用信息化手段的教学环节分布不均衡:课前备课、制作多媒体课件、评价等环节运用信息化技术的,占比84.7%;课中讲授环节运用信息化技术(交互式电子白板、微课等)的,占比71.5%;课后全课程监管环节运用信息化技术的,占比45.2%;布置和批改作业环节运用信息化技术的,占比17.3%;课后学习环节鼓励学生运用信息化终端(如平板电脑、微课等)的,占比16.9%。可见,教师们在课前、课中教学环节中应用信息技术相对较多。

(七)教师信息化教学实践应用性与参与信息化教学培训相对不足

首先,教师所在学校运用信息化进行教学的覆盖广度相对较低,均值为2.75。曲线峰度为-0.418,说明不同学校开展信息化教学的范围是存在差异的。同时偏度为-0.212,存在极小值,即存在几乎没有开展电子备课等信息化教学实践的学校。其次,民族地区中小学教师在参加培训上均值为1.77,参加频次相对一般,峰度为-0.513,说明教师参加培训的机会不均衡,偏度为0.156,表明有经常参加培训的教师。

三、西藏自治区教育信息化发展中的问题

西藏自治区教育信息化建设虽取得了一定成就,但其发展仍相对滞后,且自治区内城乡发展不均衡。项目组于2018年向拉萨等6市1地区中小学教师发放网络问卷,回收有效问卷445份。调研发现,西藏自治区教育信息化建设中教师教育信息化观念不强、"三通两平台"建设滞后、教师信息化能力不均衡等问题仍延缓着自治区教育信息化建设进程。

(一)教育信息化观念不强,内生动力不足

西藏自治区中小学教师教育信息化观念有待进一步加强,内生动力不足。一是西藏自治区中小学教师对教育信息化战略意义理解不足,对其能够促进自治区教育现代化进程的信心不足。在调查中发现,认为教育信息化能够推动自治区教育现代化进程的教师仅占65.4%,有限支持的教师占比32.8%,不支持的教师占比0.4%,认为无所谓的教师占1.4%。同时,不同职称层次教师对此问题的态度呈现显著差异,初级职称教师更为认同此观点,而副高级及以上职称教师反而略显信心不足。二是教师对教育信息化的理念及形式认知相对有限。通过选取"微课"等10个与教育信息化相关名词让教师进行选择,各个名词的选取率均较低。最高的为"微课"占比20.7%,其次为"互联网+教育"占比16.1%。而对于"基于创客的教育""一站式服务""智慧校园""数据服务"

"云端课堂"等名词的认知率均在10%以下。由于对教育信息化战略作用、理念认识的偏差以及客观条件限制,西藏自治区中小学教师在教育信息化实践应用层面效果并不理想,在信息技术有助于课堂教学质量提升这一问题上仍存在近8成教师持中立或反对意见。同时,认为"互联网+教育"的教学模式很有效果的教师仅占比27.4%。

(二)"三通两平台"建设滞后,优质信息化教学资源不足

一是信息化基础环境建设制约教育信息化发展。西藏自治区多为农牧区,学校的电力紧张,经常会出现断电或者是电压不稳等情况,严重影响网络的稳定性以及教育信息化设备的使用。二是"三通两平台"建设滞后。截至2019年9月,自治区投入的基础设施、接入网络的学校比例分别位于全国第21位、14位,仍然处于全国建设进度的中下水平。特别是自治区边远、高海拔、边境地区的情况尤为显著。三是自建型优质信息化教学资源不足。在"一师一优课、一课一名师"活动中西藏自治区晒课总数为12 617个,占全国总数的0.69%。2019年自治区部优数仅为32个,位居全国各省市末位。四是藏语教学资源、民族特色文化教学资源短缺。根据问卷调查结果,32.1%的中小学教师认为目前西藏自治区教育信息化最大的问题为教学信息化资源不足,特别是藏语教学信息化资源的缺乏。目前自治区藏语教学资源主要集中在语文学科,其他学科覆盖率低。

(三)教师信息化能力有限,教育信息化培训机会不均衡

一是西藏自治区教师信息化能力有限,缺乏将信息技术与教学内容有效结合的创新融合能力。根据问卷调查发现,在调查样本中,大多数教师主要采用基于多媒体环境(如投影+幕布、交互式白板等)的传统信息化教学模式(占比53%),而没有采用信息化教学方式的教师仍占比6.6%。二是信息化能力培训机会有限。信息化培训是提升教师信息化能力的关键方式之一。目前,西藏自治区中小学教师参加教育信息化培训频次普遍较低。在调查的样本中,经常参加信息化能力培训的教师仅占9.4%,偶尔参加信息化能力培训的教师占58.4%,而没有参加过信息化能力培训的教师占32.1%。三是教育信息化培训机会不均衡。西藏自治区城乡间以及不同职称间中小学教师教育信息化培训机会差距明显。在调查样本中,仅50.57%的乡镇及农村教师参加过教育信

息化培训,与城市教师比例相差21.49%。同时,初级职称教师获得培训机会也相对不足,与中级职称、副高及以上职称教师比低近10个百分点,但其恰恰是持"教育信息化能够推动自治区现代化进程"这一观点最多的人群。

(四)信息化基础设施建设缺乏长效投入保障

自治区教育信息化硬件设施建设的资金除了政府拨款之外,部分资金还来源于社会爱心人士的捐款,学校基础硬件设备能够基本满足教学的使用,但专项资金投入缺乏后续性,硬件的投入与专项资金的不足带来了后期设备维护更新跟不上的问题。由于教育经费欠缺,政府投资比例较低,社会捐赠的信息化设备也缺少后续的维护,资金投入缺乏持续性严重制约了教育资源建设的速度和质量。教育信息化硬件设施投入后,该方面的资金投入缺乏后续性,设备维护与更新不及时,导致设备年久失修,处于报废边缘。教育经费的投入并不是一次性的,而是需要持续不断地关注与维持,虽然西藏自治区教育信息化满足了基本需要,但长效的保障机制并未落实。

(五)教师信息化教学创造性不足

在教学过程中,西藏自治区学校大部分教师已使用信息化教学资源开展教学,但各校教师受传统教育的影响,只是对已有的数字化教育资源进行下载、展示,整体运用信息化教学的创新性不足。大部分教师没有自己制作数字化教育资源的经历,当前教育资源类型较为单一,不能满足教师、学生多样化的需求。而且绝大多数的教育资源在内容上只为教学服务,对学生自主学习并未有太多的支持。教师组织情景式学习、协作式学习等信息化教学组织形式比例偏少,从整体上看,教师开展信息化教育的创新性不足。大多数教师在教学中仅能够使用教学课件、音视频、图片等信息化教学形式。对于教学课件来说,教师一般下载后稍加修改便应用于课堂教学,对音视频、图片来说,教师亦仅仅利用交互式电子白板展示,并没有对其进行其他方面的修改与应用。该调研结果与上文问卷调查中的调查结果一致。信息环境下的学习空间是开放且广博的,教师需对已获得的信息化资源根据班级内学生实际学习情况,进行适当修改或自主开发,以做到高效地利用,从而更加有利于学生素质的培养和知识能力的提高。此外,教育信息化资源开发必须建立在一定的硬件基础之上,信息化硬件设施建设的滞后,亦直接影响了数字化教育资源的建设。

第四节　西藏自治区教育信息化促进教育现代化实践研究

一、教育信息化促进西藏自治区教育投入效益增加

西藏自治区教育经费投入更多地依靠中央政府"输血式拨款",因此教育投入有较大压力。教育投入是保障教育现代化的重要因素。教育信息化在教育投入方面具有独特的优势,且为西藏自治区教育现代化提供了基础保障。"十一五"以来,西藏教育信息化主要围绕"三通两平台"建设任务开展,并取得了较为显著的成效,2014年西藏自治区实现"教学点数字教育资源全覆盖",随着教育信息化的持续推进,逐步显现出边际效益递减的趋势。

(一)提升资金投入效益

第一,教育信息化的核心在于信息化教育资源。而信息产品、物质产品和能量产品最大的区别就是:信息产品边际成本为零,因为信息可以无限复制,而且复制成本可以忽略不计。正因为如此,信息时代实现了低成本解决教育普及问题,而教育资源的信息化是最关键的。西藏自治区教育资源建成后,可以通过网络免费提供给自治区内想得到教育的人群使用,产生规模效应。目前,5 247名教师和17 617名学生开通了网络学习空间,8 840个班级实现"珠峰旗云"平台资源配置到班,实现了资源的免费使用。第二,利用长尾效应发展个性化教育。"因材施教"是孔子两千多年前提出的,"因材施教"的教育理念得到各个时代的认可,是超越时代的,适用于各个时代。在互联网领域,长尾效应尤为显著。利用网络的边际成本为零的特征和长尾效应,可以实现更优的教育方式,让计算机系统对每个网络学员的个性资料、学习过程和阶段情况等实现完整的系统跟踪记录。同时,教学服务系统可根据记录的个人情况,针对不同学员提出个性化学习建议,网络教育让个性化教学有了有效的实现途径,是实现大规模的"因材施教"的教育方式,适应了信息时代的发展,推动了自治区教育的发展,能培养更多的优秀人才。个性化教学是西藏自治区进入教育信息化2.0时代的重要战略,因而西藏自治区促进教育普及的关键在于信息化教育资源的建设。

(二)丰富高质量教师资源

教育信息化使得西藏自治区教师资源丰富。对口支援省市、高校和教育部直属单位要帮助西藏加快推进教育信息化平台建设,在有效对接国家平台的基础上,着力建设具有当地特点的教育资源平台和管理平台。帮助加强教育资源建设,指导受援方制定优质教育资源开发建设方案,帮助开发建设适合西藏自治区教学实际的学科教学、教师培训等数字资源。推动对口支援城市优质学校与受援学校依托互联网探索远程同步课堂和植入式课堂等新型对口支援方式,促进优质教育资源共享。帮助开展教师信息化应用培训,提高教师使用现代信息化教学设备的能力、提高信息化应用水平。帮助受援学校促进信息技术与教学深度融合,组织专家重点指导,培育一批能够发挥示范辐射带动作用的骨干学校、教师和课程,推广"一校带多点、一校带多校""优质学校带薄弱学校、优秀教师带普通教师"的教学教研组织模式,扩大优质教育资源覆盖面。特别在2020年疫情之后,教育信息化的投入效益凸显。如山东援藏教师领队要求全体援藏教师统筹抓好疫情防控和网上授课工作,做到两手硬、两不误,协同受援学校制定开学及疫情防控工作方案,推行微视频同步导学、QQ语音在线讲解、答疑和屏幕分享在线指导……引导学生正确认识疫情,学会在磨难中成长,在危难中自立自强。广州市黄埔区怡园小学对接西藏自治区林芝市第一小学开展"易美课堂活动",如图2-3所示。

图2-3 西藏自治区"易美课堂活动"

二、教育信息化促进教师教育现代化观念形成

西藏自治区教师对教育信息化助推教育现代化持有较强信心。首先,整体认可度相对较高。西藏自治区中小学教师认为教育信息化能够助推教育现代化的均值为1.37,相对较低。其偏度为1.660大于0,曲线右偏,存在极大值,即仍有教师持非常支持意见。峰度为3.987大于0,说明教师对此问题的态度较为统一。其次,中小学教师对"教育信息化助推教育现代化"的基本理念和实施策略了解的程度一般,均值为2.41,在一般到非常清楚之间。曲线偏度为-0.295小于0,曲线左偏,存在极小值,说明有个别教师理解程度较低。峰度为-0.419小于0,说明教师对这一问题的理解程度内部差异较大,且教育信息化的科研实践促进教师教育现代化新观念正在形成。

(一)教育信息化的实践应用可以促进教师教育现代化观念的形成

使用电子备课等信息化教学方式的普遍性影响教师对教育现代化的认知程度,二者呈显著弱相关,根据卡方检验,期望频次均大于5,χ^2=88.638,p=0.000<0.05,Cramer's v=0.048。其中,在大多数教师应用信息化教学方式的学校中,教师更倾向于认为"教育现代化是教育自由化、民主化、多元化、人本化、科技化、本土化、国际化及未来化",其调整残差为6.3;在少数教师应用信息化教学方式的学校中,教师则不倾向于选择"教育现代化是教育自由化、民主化、多元化、人本化、科技化、本土化、国际化及未来化",其调整残差为-3.9;在几乎没教师采用信息化教学方式的学校中,教师不倾向于选择"教育现代化是教育自由化、民主化、多元化、人本化、科技化、本土化、国际化及未来化",其调整残差为-4.8,该类学校教师更倾向于选择"教育现代化是在硬件和软件同时不断变革、创新和完善以适应现代化需要的过程",其调整残差为3.5。

(二)信息化教学质量提升显著影响其对"教育信息化助推教育现代化"理念

首先,通过皮尔逊相关分析,发现教师对采用信息技术有助于课堂教学质量提高的观点认可程度与教育信息化助推教育现代化的观点认同程度呈弱正相关,其皮尔逊相关系数R^2=0.334,p=0。其次,教师认同"互联网+教育"的教学模式对教学效果有帮助的程度与教师对教育信息化助推教育现代化的观点认同程度呈弱正相关,其皮尔逊相关系数R^2=0.155,p=0.001。再次,认为电子

设备(手机、平板)对学生提高学习能力有帮助的程度与教师对教育信息化助推教育现代化的观点认同程度呈弱正相关,其皮尔逊相关系数 $R^2=0.124$,$p=0.009$。

(三)培训与实践均能促进教师对"教育信息化助推教育现代化"的理解并提高其信心

第一,培训较实践更能促进教师对"教育信息化助推教育现代化"的基本理念和实施策略的理解。根据回归方程分析发现 $R^2=0.275$,$F=18.214$,$p=0$,说明方程有效。比较二者标准化系数,开展电子备课等信息化教学实践的普遍性标准化系数为0.156,教师参加信息化培训频次的标准化系数为0.2,可见在对命题的理解上培训更胜一筹。第二,实践较培训更能提高教师对"教育信息化助推教育现代化"观点的认同。根据回归方程分析发现 $R^2=0.138$,$F=4.33$,$p=0.014$,说明方程有效。比较二者标准化系数,开展电子备课等信息化教学实践的普遍性标准化系数为0.096,教师参加信息化培训频次的标准化系数为0.083,可见实践在促进教师对"教育信息化助推教育现代化"观点的认同方面更胜一筹。

三、教育信息化推进西藏自治区教育普及

21世纪以来,西藏自治区教育普及与教育机会均等各项指标发展良好。从教育普及来看,各级学校的升学率、毕业率均有所提高。但教育的目的是促进人的全面发展,目前在自治区一些中小学校中,音乐、体育、美术、英语和计算机等课程很难按照国家课程标准开齐开全开好,严重影响了义务教育的质量和学生的健康成长。随着教育信息化的普及和完善,其在弥补薄弱地区优质教育资源匮乏、推进教育普及等方面呈现出越来越多的可能性。

西藏自治区促进教育普及的关键在于信息化教育资源的建设。西藏自治区教育信息化经历了电化教育萌芽阶段(1985年以前)、前信息化阶段(1985—2003年)、农远工程阶段(2003—2012年)、三通两平台建设阶段(2012—2018年)、互联网+教育创新发展阶段(2018年至今)。在不同阶段,教育信息化都对西藏自治区教育普及作出了突出贡献。截至2019年底,西藏中小学建设多媒体教室9 484间,覆盖率达73%;建设计算机教室789间,覆盖率达84%;全区中小学校教师拥有计算机比例达100%,每百名学生拥有的信息化终端数

量为8.22台,在全国处于中等水平。同时,西藏教育信息化工作依托西藏教育珠峰旗云平台,该平台于2019年4月初步建成。平台集教育管理公共服务和教育资源公共服务于一体,已实现数据互联互通、资源共享共用,可将国家及内地省市优质资源引入平台,内容涵盖小学、初中、高中各学科。西藏教育信息化基本架构目前已初步形成,涵盖学前教育、中小学教育、职业教育、高等教育、继续教育。2020年底全区学校宽带网络通达率达100%,交互式多媒体教学终端覆盖率达100%,班级信息化教学环境普及率达100%,网络学习空间开通率达80%。西藏自治区教育信息化的建设逐步经历基础设施、教育资源、个性化教学的发展,进而逐步实现受教育权、受教育量的最优化。

（一）前信息化阶段（1985—2003年）

1959年原西藏自治区筹备委员会成立,并在各专署设立电影队。1965年自治区成立中央代表团,给拉萨一小、日喀则一小、江孜一小赠送幻灯机、投影机等一批教学仪器设备。随着1978年4月全国教育工作会议在北京召开,会议上邓小平指出:"要制定加速发展电视、广播等现代教育手段的措施,这是多快好省发展教育事业的重要途径,必须引起充分重视。""教育部和各地教育行政部门要采取切实有效的措施,比如充分利用广播、电视,举办各种培训班、进修班,编印教学参考资料等,大力培训师资。"[①]同年,教育部下发了《关于电化教育在工作的初步规划（讨论稿）》,为中国电化教育事业的重新起步和发展奠定基础。随着国家的建设步伐加快,1979年西藏自治区召开了第一次电教工作座谈会,虽说20世纪50至70年代是物质匮乏、条件艰苦的时期,但西藏电化教育在这一段时间的工作一直受到中央和当地政府的关注。1984年,西藏自治区投资2 700多万元修建了电化教育馆。1985年7月,西藏自治区电化教育馆成立,主要围绕三机一幕（电视机、幻灯机、投影机、投影幕）开展工作。1988年,第二次援藏会议决定投资5 000多万元发展电化教育。建馆4年来,自治区电教馆在区内外举办了不同类型的电教培训班,为各地、市教育部门培训了一批电教骨干。各级各类学校又通过这批电教骨干举办了不同层次的培训班,使一大批教师学到了电化教育的基本知识,掌握了电化教育的操作技术。1997年3月27日,西藏首届电教教材、电教设备展示会暨向拉萨市部分学校赠送教学投影片仪式在自治区电教馆举行。在西藏自治区信息化建设的起

---

① 南国农.中国电化教育（教育技术）史[M].北京:人民教育出版社,2013:60.

步阶段,自治区重点在于建设以地方各类教育电视台、发射台、卫星地面接收站为中心,以放像点、巡回教学点为网点的电化教育网络基础设施,以及开展以声像材料为载体的电化教育应用实践。通过录音、电视、幻灯片等信息技术解决民族地区教师培训、双语教学师资短缺、科目开设不齐、民族地区学生视野局限等问题,并取得一定成效。

(二)普及阶段(2003—2010年)

2003年起,国家实施了西藏自治区农村中小学现代远程教育工程。2003年,国家启动实施"农村中小学现代远程教育工程",西藏教育厅从2005年起每年拿出25万元建设全区服务体系,2008年又投入3 100多万元实施中小学教育电视"班班通"工程,至2010年项目结束后,全区共建成计算机网络教室133间,卫星教学收视点983个,教学光盘播放系统1 763个,在984所学校建设了教育电视"班班通"。自"十一五"以来,西藏教育信息化主要围绕"三通两平台"建设任务,开展基础设施建设、教育信息化应用能力提升培训、数字资源开发、资源平台建设等活动。开发了小学藏语文、数学、科学三个学科的藏汉双语多媒体教学资源,集中采购了39类中小学各学科汉语授课教学光盘66.7万余张、3种440套优质教育教学资源库。开展了各类教育信息化培训工作,累计培训中小学教师及技术人员14 498人次。而西藏大学在1997年6月成立网络中心,2006年成立了藏文信息技术研究中心,2011年被国家发展和改革委员会批准为"藏文信息技术国家地方联合工程研究中心",有效推进了藏语进入网络世界的步伐。2002年,中央广播电视大学西藏学院成立,填补了西藏自治区电大教育的空白。

(三)全面推进阶段(2011—2020年)

"十二五"期间,西藏自治区通过全面改善贫困地区义务教育薄弱学校教育信息化项目、国家双语教育补助资金基础教育信息化建设项目、自治区基础教育信息化建设等项目,累计投入资金约3.5亿元,完成教学点数字教育资源全覆盖项目建设,实现796所中小学校接入互联网,配备交互式多媒体教学终端9 347套,建成计算机教室758间、配备计算机34 224台,小学生机比100∶9.87,师机比5∶1,初中生机比100∶8.34,师机比3∶1。初步完成了省级管理平台的建设工作,完成了中小学生学籍管理系统、教师信息管理系统、应用支撑服务平台等8个国家信息系统的定制备案。完成了《藏语文》《幼儿汉语学习三百句》等四套电子教材的推广工作，共向7地市发放4 850套电子教材。截至2018年，全区建成中小学多媒体计算机教室875间，配备中小学(包括教学点、幼儿园)交互式教学终端(电子白板、一体机)10 324套。共有678所中小学(包括教学点、幼儿园)接入宽带网络，157所学校建成中心机房，461所学校建成校安系统，242所学校完成校园综合布线，5 247名教师和17 617名学生开通了网络学习空间，3所试点学校建设了智慧校园。

(四)深度变革阶段(2020年至今)

2018年4月，教育部发布教育信息化2.0行动计划。结合区域实际，西藏自治区启动实施"西藏教育珠峰旗云"行动计划，打造了西藏教育珠峰旗云平台。西藏教育珠峰旗云平台于2019年4月初步建成，集教育管理公共服务和教育资源公共服务于一体。目前，全区1 975所学校及教育行政机构共44 388名教职工注册使用了珠峰旗云平台。教育信息化平台使用的主场在学校。为提高师生教育信息化素养，西藏教育珠峰旗云平台启用后，西藏自治区电教馆开展了11期35个班次平台应用的集中培训，培训涉及学校管理员、各级教育行政部门的专业技术骨干2 838人。开展教育信息化应用地市级培训7次、县区级培训84次、校级培训968次，覆盖西藏教育系统39 700余人，大大提升了师生教育信息化的应用水平和素养。当前，西藏教育珠峰旗云平台已实现了数据互联互通、资源共享共用，完成了平台与国家数字教育资源服务平台、学而思优质教育资源、统编三科教材数字资源的对接工作，将国家及内地省市优质资源引入平台，内容涵盖小学、初中、高中各学科，为西藏广大师生提供了高质量的教育教学资源。面对"停课不停学"的考验，教育信息化发挥了积极作用。西藏教育珠峰旗云平台向全区各级各类学校开通了国家教育云平台、素质教育网、中国教育电视台4频道空中课堂、人教云课堂等渠道，提供了形式多样、内容丰富的优质教育资源，保障全区各级学校能顺利开展线上教学活动。根据"西藏教育珠峰旗云"行动计划，西藏与全国同步实现教学应用覆盖全体教师、学习应用覆盖全体适龄学生、数字校园建设覆盖全体学校，信息化应用水平和师生信息素养普遍提高，实现"互联网+教育"大平台的"三全两高一大"发展目标。

综上，西藏自治区教育信息化助推教育普及主要从以下几个方面展开工作。一是整合了优质教育资源,有序推进教育云平台建设,扩大优质资源覆盖面,形成资源开发利用共同体,将各项教育管理及教学应用整合至高速的教育专网中,实现优质资源在全区各地同类学校共建共享,从而提高办公效率,提升教学质量。二是建设了一支素质过硬、可靠稳定的电教队伍,为西藏自治区各地教育信息化可持续发展奠定了坚实基础。同时,通过组织课件、优质课等各类教学竞赛活动,营造教育信息化应用氛围,提升教师教育信息化能力、素养和教学水平。三是加快了中小学信息技术课程建设,通过学习让学生了解和掌握信息技术的基本知识和技能,激发学生学习信息技术的兴趣,培养学生收集、处理和应用信息技术的能力以及利用计算机进行自主学习、探讨的能力,为广大师生校外交流搭建更加广阔的网络空间。

四、教育信息化推进西藏自治区教育公平与城乡教育一体化

习近平主席在致首届国际教育信息化大会的贺信中指出:"中国坚持不懈推进教育信息化,努力以信息化为手段扩大优质教育资源覆盖面。我们将通过教育信息化,逐步缩小区域、城乡数字差距,大力促进教育公平。"国务院2016年发布的《关于统筹推进县域内城乡义务教育一体化改革发展的若干意见》,从国家政策层面上第一次全面系统地提出县域内城乡义务教育一体化发展的指导思想、工作目标和实践举措。习近平总书记在中国共产党第十九次全国代表大会的报告中提出,"推动城乡义务教育一体化发展,高度重视农村义务教育""努力让每个孩子都能享有公平而有质量的教育",这是党中央在新时代对我国教育事业提出的新要求。教育的发展和质量的提高,是和一支稳定的、训练有素的、积极性高又可靠的教师队伍分不开的[1],实现教师队伍的现代化也是城乡教育一体化的重要标准之一[2]。美国学者詹姆斯·S.科尔曼认为造成教育不均等的主要原因之一为教师特征间差异。[3]西藏自治区各地区、校际间办学软件存在不均衡的问题,由于城市学校发展空间大、待遇较高、生活水平也较高,所以,许多教师都愿进入城市学校,做城市学校授课教师,而不愿

---

[1] 雅克·哈拉克.投资于未来——确定发展中国家教育重点[M].尤莉莉,徐贵平,译.北京:教育科学出版社,1993:11.
[2] 韩清林,秦俊巧.中国城乡教育一体化现代化研究[J].教育研究,2012,33(08):4-12.
[3] James S.Coleman.Equality and Achievement in Education[M].Colorado:WestviewPress,1990:24-25+87.

意去城市之外的学校教学,这就加深了城乡学校间教师资源的不均衡。信息技术可以突破时空的限制,实现信息的高速传递与共享,实现大数据的分析和应用,这就说明了教育信息化能够解决当前义务教育阶段城乡之间优质教育资源不均衡不充分的问题。在推动城乡义务教育一体化过程中,可以通过弥补教育资源、教师能力、学生发展多方面的差距,促进教育起点、教育过程、教育结果三个层次的公平。在此从教师的角度进行研究,探究在教师信念、教学行动、教学效果上的城乡差异,以及推进教育公平的路径。调查显示,无论城市、乡镇还是农村地区的教师对"教育信息化促进教育现代化"的基本理念和实施策略了解的程度无显著差异(p=0.29),对"互联网+教育"的教学模式对教学工作是否有帮助的认可度无显著差异(p=0.26)。同时,在信息化环境建设中,自治区农村地区与城市、乡镇之间相差比例并不大,但在使用信息化教学模式上,农村地区更偏爱移动设备教学。目前,西藏自治区教师对教育现代化的内涵及意义的认识与理解存在偏差,同时,自治区教师虽然对教育信息化促进教育现代化的基本理念和实施策略了解程度一般,但其普遍支持"教育信息化助推教育现代化"这一观点,见表2-18、表2-19。根据研究中构建的教师信息化教学实践行为模型进一步发现：第一,培训不能直接促进教师对于教育现代化的理解,只有通过普遍的实践应用才能够促进教师对教育现代化内涵的深刻理解。但是培训与普遍的实践应用均能直接增强教师对"教育信息化助推教育现代化"这一观点的认同。第二,自治区教师对"教育信息化促进教育现代化"基本理念和实施策略的了解程度能够积极引导教师的信息化教学行为,其中对其了解程度最高的人群更倾向于选择"互联网+教育"的教育模式,而非多媒体教学模式。第三,虽然基于"互联网+教育"的教学模式更能激发教师对教学效果的认同,但遗憾的是,目前并不是西藏自治区教师选择的主流模式。第四,教学效果的提升能够进一步促进教师对"教育信息化助推教育现代化"理念的理解并增强其信心,最终实现从"刺激—意念形成—行为选择—效果生成—重新理解并增强信心"过程的循环。

表2-18 信息化教学环境

		教师电子备课、制作多媒体课件	教师运用信息技术(交互式电子白板、微课等)进行课堂讲授	教师运用信息技术进行学习辅导	学生运用信息终端(平板电脑、微课等)进行课后学习	教师运用信息技术布置和批改作业
城市	计数	308	255	163	63	63
	SCH_ZONE内的占比	86.0%	71.2%	45.5%	17.6%	17.6%
乡镇	计数	54	48	30	7	11
	SCH_ZONE内的占比	80.6%	71.6%	44.8%	10.4%	16.4%
农村欠发达地区	计数	11	12	5	5	3
	SCH_ZONE内的占比	73.3%	80.0%	33.3%	33.3%	20.0%
合计		373	315	198	75	77

表2-19 信息化教学模式

			您是否采用了以下信息化教学模式			
			基于多媒体环境(投影+幕布、交互式白板等)的教学模式	基于"互联网+教育"的教学模式	基于移动设备(智能手机、平板电脑等)的教学模式	没有采用信息化教学模式
学校所在地	城市	计数	305	133	104	35
		SCH_ZONE内的占比	85.2%	37.2%	29.1%	9.8%
	乡镇	计数	57	23	13	11
		SCH_ZONE内的占比	85.1%	34.3%	19.4%	16.4%
	经济较发达的农村地区	计数	4	1	1	0
		SCH_ZONE内的占比	80.0%	20.0%	20.0%	0.0%
	农村欠发达地区	计数	10	4	7	1
		SCH_ZONE内的占比	66.7%	26.7%	46.7%	6.7%
合计			376	161	125	47

五、教育信息化推进西藏自治区教育质量提升

(一)信息化教学有助于提高课堂教学质量

随着社会经济发展,少数民族对于教育文化需求日益增长,具体表现在三个方面:一是教育层次变得多样,尤其是对中高端需求明显增加,对基础教育、中等教育和高等教育的教育质量提出新要求;二是教育延伸度拉长,从义务教育拓展到高等教育,尤其是高质量的高等教育;三是教育内涵变得丰富,从知识普及教育向实践教育、素质教育等方向延伸。这种教学模式主要是利用互联网的先进技术,搭建一所西藏自治区与全国甚至全球一体化的"网络数字学校",促进名校和普通学校结对帮扶,导入优质教育资源,促进教师能力水平的培育提升,创新智能教育模式,平衡各个地区之间的教育资源,实现优质资源共建共享,促进教育公平,从而提高孩子们上网学习和交流的能力,帮助孩子们增长知识、开阔视野、启迪智慧,有效地激发了孩子们的求知欲和好奇心。

(二)全面普及信息化教学,提升教学质量

随着西藏自治区数字校园建设的不断推进,大部分学校已基本具备网络教学条件。通过访谈了解到,拉萨市97所中小学已全部实现了互联网的接入,其中大概有80%进行了宽带校校通建设,网络已覆盖了教学区、办公区、图书室和宿舍区,网络带宽基本达到10 Mbps,甚至部分学校达到20 Mbps或50 Mbps。随着教育信息化基础设施的普及,西藏自治区基础教育质量得到提升。通过问卷调查发现:在实际的课堂教学过程中,教师普遍认为采用信息技术辅助教学有助于课堂教学质量的提高,均值为3.89,但曲线峰度为21.69,教师内部意见差异性不大,偏度为-4.401,曲线左偏,存在极小值,说明有少部分教师认为采用信息技术对教学质量提升起到反作用。

(三)教育信息化资源多元化,促进学生全面发展

西藏自治区整合多级课程,多角度促发展,将在线教学课程与全民抗疫情况、安全教育、生命教育、心理健康教育、劳动教育相结合,培养学生德智体美劳全面发展,协调各方力量,补短板、促落实。在疫情防控特殊时期,教育厅统筹内部教学科研人员、外聘专家等力量集中录制"五育"系列课程,保障疫情期间"停课不停教、停课不停学"。西藏教育"空中课堂"陆续上线,西藏大学医学

院拉巴桑珠博士主讲的《科学防疫、快乐成长》，西藏民族大学心理健康教育中心高虹老师主讲的《疫情下的心理：随时随地、安顿身心》，自治区人民检察院第九检察部副主任宋雪红主讲的《努力做好预防校园犯罪和被害预防——立志成为防疫小战士守法小卫士》等课程向青少年学生普及科学防疫、心理健康、法律等知识，"五育"并举，培养学生全面发展。自治区教育厅联合强基办下发《"抗疫保学护航育才"的倡议书》，动员广大驻村队为农牧区孩子在线学习提供力所能及的网络、打印机、电脑等硬件支持和居家学习指导，以弥补农牧区学生学习条件不足的短板。

（四）线上就业指导，保障高校毕业生就业

西藏自治区各高校积极优化就业指导工作，精准服务、精准指导、精准帮扶。西藏大学发布《西藏大学疫情防控期间就业招生工作预案》，持续开展《大学生就业指导》课程在线教学，通过校园网、西藏大学就业创业网等在线渠道持续向毕业生精准推送招聘信息、就业政策，推动在线就业招聘工作。西藏民族大学联合共青团中央青年发展部、共青团西藏自治区委员会、智联招聘，启动2020届毕业生春季空中双选会，搭建网上招聘平台。西藏职业技术学院上线《就业政策与形势》公益直播讲座，分析西藏自治区就业创业形势，宣传就业政策，指导学生提前做好就业规划。

六、教育信息化推进西藏自治区教育保障水平

西藏自治区党委、政府高度重视教育信息化建设，体制机制建设卓有成效，并从多方面为自治区教育信息化保驾护航。

（一）鼓励多元投入，丰富教育投入形式

西藏自治区教育信息化资金除了政府拨款、专项拨款外，还来源于企业、组团援藏单位等社会力量，形成了多元投入格局。西藏电信公司为全面落实"到2022年要实现教学应用覆盖全体教师、学习应用覆盖全体适龄学生、数字校园建设覆盖全体学校，信息化应用水平和师生信息素养普遍提高"这一目标，率先在区内进行"云改"，采用全光网络方式组建连接区、地、县三级教育单位及全区所有学校的First教育专网，实现学校与教育单位之间的互访、远程教育、平安校园、智慧教学、教育教学资源统一管理、视频会议等功能。而这些场

景的应用正得益于西藏电信公司的智慧教育工程。其中,昌都平安校园、日喀则两所援藏学校智慧校园、那曲教育云平台、那曲航嘉中学"云端上的西藏班"、林芝朗县常态化云录播等项目的实施正在逐步满足广大师生上网、网络监控和过滤及线上互动的需求。

(二)信息化培训和组团援藏为师资队伍注入活力

第一,利用"组团式"教育援助,形成"牵手"格局。教育人才"组团式"援藏"百校手拉手"活动主要包括强化学校课程领导力、提升师资队伍水平、优化学校课程体系、丰富科研师训资源、提升教育教学质量、捐资助学,以及赴兄弟联谊校进行跟岗培训、交流活动等,同时运用"组团式"教育援藏工作平台拓展"百校手拉手"活动形式,在上海、山东等地开展实地考察和现场学习交流,促进"手拉手"学校全方位、多层次合作与交流。整个过程以交互录播的形式实现一校对多校、多区域、多角度的高清顺畅的远程互动教学,既是优秀教学经验的交流,又是优质教学资源的共享,有效地加强了两地校际间的教研交流,推动了两地优质教学资源的共建共享。如日喀则市上海实验学校、日喀则市第一高级中学、日喀则市桑珠孜区第二初级中学、日喀则市第三高级中学与对口援藏省市的36所优质学校结成友好学校,与日喀则市14所县(区)级学校建立帮扶关系,有力推动了日喀则市基础教育质量的整体提升。第二,"互联网+支教"活动将使西藏自治区教育管理及教育教学工作迈上新的台阶,促使自治区教育工作者要不断学习新思想、新知识、新观念,开阔教育视野,创新教学模式,缩小与发达地区的教学水平差距。如中山市教育体育局与林芝市教育体育局联合开展了首次"互联网+支教"两地四校网络示范课。广东中山、西藏林芝设立会场,网络示范课遴选了纪念中学、第一中学和杨仙逸中学三所师资优良的学校作为授课点,西藏林芝第一中学作为听课点。授课点教师运用信息化技术分别进行了语文和数学课程展示,通过互动直播系统,使数千公里外的林芝第一中学师生如身临授课现场。课后,来自中山、林芝两地的教师、教研员就课程进行了网上互动评课等远程教学交流活动。

(三)教育管理与监督方式多元化

西藏自治区依托珠峰旗云平台实现教育信息化管理。平台集成了各类课程资料、教学视频以及别具特色的藏语教学辅导材料,师生可以免费使用,学习西藏乃至全国一流教师的课程与教研资料,使偏远地区的师生获取教育资源的成本大大降低。平台上除了有电子教材,还配有相应视频、语音资料。珠峰旗云平台还是远程授课的直播平台。拉萨拉鲁小学教师为山南市浪卡子县和那曲市申扎县的学生开展远程连线课,老师可以远程提问,幻灯片和讲课画面切换流畅。西藏教育基建项目管理系统,采用统一的数据标准和规范,服务西藏教育厅及全区各级各类教育基建项目的全流程管理,覆盖从基建项目申报、审核、审批到项目建设、竣工、验收的全生命周期,同时服务于自治区教育厅的各类基建数据分析与图形化展示。

七、教育信息化推进西藏自治区教育服务

(一)促进民族地区课程开发

在西藏自治区,教育信息化如同氧气一样稀缺而珍贵。教育信息化不仅对传统学校教学手段、方式的变革产生了重大影响,而且引起了传统教学观念、教学目的、课程内容与教材、师生关系以及教学评价与管理的改变,甚至成为教师从事教学实践与研究的不可或缺的工具。特别是将信息技术与西藏民族文化课程更深层次地整合,将信息技术全面渗透在西藏自治区文化课程资源建设、课程实施、课程管理、评价等过程中,可以更好地满足学生对本土文化数字化学习的需求。在帮助学生获得更高的本土文化课程学习效率、丰富学习体验的同时,还帮助学生逐渐形成较好的信息素养,提升他们的信息技术应用能力。西藏自治区积极推动西藏教育资源公共服务平台建设,其中珠峰旗云平台教育资源公共服务平台里已经建设了包括藏语文教材课文朗读及课文动画等资源。西藏教学资源网鼓励自治区开展小学藏语文数字教育资源的开发与应用研究,鼓励教师开发、分享、交流本土化民族课程资源,涵盖幼儿园、小学、中学、高等院校,如图2-4所示。

图 2-4 西藏教学资源网截图

(二)促进教材及教学资源供应的多元化

西藏自治区形成"自建+网络+援助"的多措并行的教学资源供应渠道,极大地丰富了西藏自治区教学资源供应的多元化。首先,西藏自治区加强教育信息化教学资源的建设。其次,自治区利用网络平台集成优质教学资源。平台汇聚了国家中小学网络云平台资源、中国教育电视台4频道电视课程资源、人教同步教材数字资源、人教电子教材、藏语文数字资源、学而思资源等。同时,平台还汇集了22个学习平台的内容,包括:学堂在线、中国大学MOOC、优学院、人民网公开课等学习平台。其中,国家中小学网络云平台资源包括:防疫教育、品德教育、课程学习、生命与安全教育、心理健康教育、家庭教育、经典阅读、研学教育、影视教育、电子教材等资源,所有资源均为免费使用。最后,组团援藏项目还为西藏自治区带来了中东部地区优秀的教育资源。

(三)促进制度不断完善

西藏自治区党委、政府高度重视教育信息化建设,体制机制建设卓有成效。2016年10月,西藏自治区教育厅网络安全与信息化领导小组成立,并于

2016年12月在西藏教育信息化工作会上首次印发《西藏自治区教育信息化"十三五"规划》以及《西藏自治区教育厅关于加快西藏教育信息化发展的意见》。2017年制定《全区2017年县域义务教育均衡发展县学校教育信息化项目建设方案》，2018年制定《西藏自治区教育信息化建设三年行动计划(2018—2020年)》《2018年西藏自治区教育信息化建设攻坚行动》以及《西藏自治区教育厅教育信息化项目管理办法(试行)》等政策文件。文件对自治区教育信息化的主要任务进行了确切的描述与分工，较为系统、科学地规划了西藏自治区教育信息化的发展蓝图，为自治区教育信息化的发展创造了良好的政策环境。

第五节 关于教育信息化促进西藏自治区教育现代化的建议

一、做好顶层设计，落实教育信息化优先发展战略

针对西藏自治区基础教育信息化建设相对滞后、发展不均衡的现状，自治区政府和教育厅要进一步完善教育信息化建设的顶层设计。第一，制定西藏自治区未来五年教育信息化行动计划，明确自治区未来五年教育信息化发展的方向、重点和责任目标，落实《教育信息化2.0行动计划》，充分落实基础教育信息化优先发展战略。第二，建立多元投入的经费保障机制，探索投、建、养一体化PPP运作模式。坚持政府投入的主导地位，充分发挥政府资金引导作用，通过贴息、担保、资本注入、以奖代补、有偿使用等方式鼓励社会资本参与自治区教育信息化基础设施及优质教学资源建设运营。同时将自治区级财政预算单列教育信息化经费，整合改薄工程、扶贫工程等资金，加强信息化基础设施建设。第三，建立教育信息化发展指标体系，把教育信息化建设作为教育督导的重要组成部分，纳入各级政府绩效考核体系。第四，建立网络信息安全保障机制，落实网络安全责任制，按照谁主管、谁负责，谁使用、谁负责的原则，建立健全内容审核、应急处置等管理制度，杜绝"双泛主义""民族分裂"思想的"问题资源"通过网络渗透，促进自治区基础教育信息化建设安全、优先和可持续发展。

二、持续投入，提升自身造血能力

虽然西藏自治区教育事业与之前相比，有了极大发展，同内地在教育方面的差距也在逐渐缩小，但总体上，西藏的教育事业还有较大发展空间。特别是西藏的一些边远农牧区、高海拔地区，基础差、底子薄、教育环境不利，这些都非一朝一夕之功可以改变。同时，我们也必须清醒地认识到，目前西藏自治区教育信息化与全国其他地区相比还处在较低水平，同国家要求、时代发展、人民对美好生活的向往都还有较大的差距。即便在西藏自治区内，也存在不同地区教育发展不均衡的问题，特别是一些基层学校办学条件标准化程度较低，教学设备陈旧老化，亟须更新添置，部分学校布局不合理、不科学。为此，就必须把不断改善西藏教育的发展环境和提高教育质量水平作为教育援藏工作的出发点，坚持国家帮助与西藏自力更生相结合，将"输血"转为"造血"，将长期援藏化为长期建藏，使教育保障机制不断完善，基础教育公共服务体系更加健全，教育发展成果更公平地惠及西藏各族人民群众。同时，虽然西藏农牧区中小学校园网建设水平以及网络普及率还无法达到发达地区的水平，但已初具规模，其中不少中学的条件已超过周边兄弟省市学校。西藏农牧区的教育信息化建设，可以采用一边建设一边使用的方法，然后不断引进新的思路来推进农牧区教育信息化建设，从而拉近与城市学校之间的距离，消除数字鸿沟。西藏自治区的教育长期稳定发展，归根到底，需要依靠西藏内部力量，从西藏建设的需要和有利于长期发展的角度考虑，西藏专门人才的培养应坚持以区内培养为主、区外为辅的原则。

三、尊重民族文化，开发民族信息化教学资源

发展西藏自治区教育，最重要的就是培养西藏各族人才，满足藏族等少数民族同胞的文化需要。藏族的历史和文化，作为中华民族历史文化中的一颗明珠，要保护好、传承好。西藏自治区信息化教学资源应根植于自治区独特的文化土壤，同时让西藏文化走出西藏，与中华大家庭其他民族一样，向世界传播自己独特的声音。因此，积极开发优质藏语信息化教学资源，就是要把严格执行党和国家的教育方针、政策与贯彻落实党和国家的民族政策、制度密切结合，切实尊重和保障西藏各族人民的文化教育权利。

目前，西藏自治区在尊重和保障少数民族学生使用本民族语言，接受本民

族语言教育的同时,也在推行国家通用语言文字。在西藏部分城镇小学和农牧区的小学里,实行藏、汉语文同步教学,以藏语讲授主要课程的模式。到了中学阶段,开设藏语文课(包括内地西藏中学),其他课程以汉语文来讲授。在高等院校和中等专业学校的招生考试中,把藏语作为考试科目之一,并将成绩计入总分。由此,藏语文在使用中得到弘扬。在信息化资源建设时加强双语教学资源建设,进一步保障信息化教学资源的修订工作。对于不同层次的教育,也应有比较灵活的要求,防止一刀切,从而对民族语言的习得提出不同要求,以确保双语教育科学、稳妥地推进。

四、落实珠峰旗云行动计划,建立共享共建机制

一是依托珠峰旗云行动计划,通过专项计划精准对接农牧区等薄弱地区和薄弱学校,加强中小学计算机网络教室、多媒体教室、电子阅览室和语音室建设,实现"三通"全覆盖,确保基础教育阶段所有教室具备数字教学功能,具备远程课堂同步教学功能。二是以珠峰旗云教学平台为载体,进一步优化整合自治区内外优质教学资源、技术资源、数据资源、人力资源、经费资源和政策资源,促进科目类别齐全的汉藏双语教学资源的建设以及平台配置资源到班率的提升,争取提前实现"三高"目标。三是从实践角度出发,深入开展"一师一优课,一课一名师"活动以及"三个课堂"的应用,推广"优质学校带薄弱学校、优秀教师带普通教师"模式。四是充分利用"组团式"援藏项目以及社会力量,与东、中部地区学校及教育机构结对子,建设"互联网+教育"的教学实践共同体,以实践促进自治区教师信息化理念变革,进而激发教师参与的原生动力。

五、重视"教师教育信息化助推教育现代化"理念培养与训练,以理念带动教师教学信息化实践过程

教师教育信息化助推教育现代化理念能够影响民族地区中小学教师信息化教学行为的选择以及其对信息化教学效果的认可程度,因而在民族地区教育信息化建设中既要关注软硬件的投入,也要关注教师之于教育信息化的作用,关注他们教育现代化理念的培养与训练,特别是注重城乡教师间的差距。因而,有必要重新反思传统教育信息化的理论前提以及实现的路径。理念的

发展不仅是一个认知过程,而且包含着情感、态度、价值观的变化。而这种变化恰恰是实现人的现代化的基本途径之一。因而,在以后的信息化教学培训及实践应用中不仅要注重强化教师知识认知、能力提升,更要让教师主动调整自己教学理念,以适应教育信息化背景下教育现代化实现过程中观念、价值观的变化,进而主动增强教育信息化助推教育现代化的理念,这一点对于民族地区中小学农村教师而言更为重要。通过培训与实践强化教师对教育现代化内涵及意义的深刻理解,强调现代教育育人功能与社会功能的双重意义。优化教师信息化教学的实践路径,形成"理念—行为—结果—理念深化—理念塑造"的循环过程。其次,强化教师对教育信息化促进教育现代化信念的训练与培养,即加深教师对教育信息化促进教育现代化基本策略的理解并增强这一命题的信心,以教育现代化实现为靶向,逐步转变传统的教学模式,积极开发民族信息化教学资源,充分发挥"互联网+教育"教学模式优势。

六、重塑"培训—理念—行为"教育信息化培训体系,按需分层制定精准培训计划

培训是教育信息化外部刺激的重要表现形式之一,重构民族地区教育信息化培训体系,将教育信息化助推教育现代化理念的培养和训练与信息化教学应用知识和技能的培养有效融合。特别注重民族地区农村中小学教师教育信息化助推教育现代化理念的养成,缩小理念鸿沟,以行为为导向,以理论为引领,构建教育信息化助推教育现代化的理念、信息化教学行为培训体系,同时转变培训形式,将培训与实践应用有效结合。这对于促进民族地区教育现代化的实现十分必要。同时制定按需培训计划,在"国培计划""专项计划"以及"省培计划"的基础上,进一步向自治区农村地区倾斜,强化精益管理思想,分层次按需培训,制定针对中小学教师的精准信息技术应用能力提升计划。通过专项培训、送教入校、网络教研等方式开展教学应用、能力提升、深度融合三个层级培训。建立教师个人信息化学习与应用档案积分制,将培训、日常应用以及"一师一优课、一课一名师"等活动相结合,实现"认知—应用—成果"的有效转换,并将其作为教师信息化能力评聘考核的重要依据,以数据为驱动,促进西藏自治区教师信息化能力提升。转变培训形式,形成集中培训与实践应用的互补机制,精准优化外部刺激模式。引信息化专家入校,将统一集中培

训转变为以实践应用为中心的周期性培训,在实践中提升民族地区中小学教师教育信息化水平。

七、形成多元协同治理新格局,构建教育信息化城乡命运共同体

受同伴效应影响,当教师受到其他人或群体影响时,会改变个人的初衷并与多数人行为及思想倾向保持一致。应当充分利用教师的从众心理,深化实施"互联网+教育"信息化教学模式,开发民族教育信息化资源,同时扩大群体范围,丰富群体结构,充分利用专递课堂、同步课堂等项目,主动与企业、社会力量等联系,与东、中部地区学校及大型教育机构结对子,建设集政府、学校、企业、社会力量为一体的"互联网+教育"的教学实践共同体,尊重地区差异,根植民族地区本土文化,以实践促进民族地区中小学教师信息化理念与方法变革。但城乡教育一体化绝不是城乡的同质化、一致化,而是差异化、互补化,是城乡教育的双向流动、互惠协调和共同发展。充分利用教师的从众心理,扩大信息化教学方式应用群体范围,丰富群体结构,将城乡教师有效结合,促进民族地区教育信息化城乡命运共同体形成,尊重城乡文化差异,根植本土文化场域,共同促进城乡教育一体化发展。引入腾讯、阿里巴巴等大型信息化企业,以数据驱动,完善民族地区教育管理平台功能,做好数据监测分析,确保统计数据权威可靠,为政府、教育管理者、教师、家长、企业提供数据支持,进而提升信息化教学效果的可视性,让教师更加明确信息化教学的优势,从而更好地促进民族地区教育信息化促进教育现代化理念的养成。

八、共享优质教育资源,推动城乡义务教育一体化

共享优质教育资源,以信息化手段共享名师、学科带头人、教学能手及其上的示范课、观摩课,实现异地课堂,共享各学校教科研课题、论文、经典案例等,消除城乡义务教育的差距。利用网络教学平台对乡村学生实施异地同步教学,信息技术的发展使异地课堂的教学模式得以实现,能够有效地克服教学资源分配不均、师资短缺的困难,实现优质教师资源高度共享。基于数据分析和个性化学习供给实施城乡义务教育一体化,并不意味着完全消除城乡教育之间应有的差异。无论是在生态环境上还是在生活环境上,城镇和乡村之间都存在着很大的差异,学生在学习新知识时,学习材料与其生活经历的相关性

也在很大程度上影响着学生的学习兴趣。只有考虑到城乡之间的现实客观差异,寻找到适合各自学生的学习路径以及教学方法才能切实提高学生的学习水平,缩小教育差距。基于数据分析的个性化教学,包括优质资源推送、个性化诊断、数据监测、精准扶智等,可以有区别、分层次地教学,可以发挥学生的长处,弥补短板和不足,激发学习兴趣,建立学习信心,增强学生适应未来的能力,促进学生的全面发展,促进更深层的教育公平,从而推进深层次的城乡义务教育一体化发展。

第三章

云南省教育信息化促进教育现代化研究

云南省教育事业的发展和国民素质提高是全省经济、文教事业发展的必要条件，也是影响民族团结、政治稳定、边防巩固的重要力量之一。教育部科学技术司原司长雷朝滋指出，没有信息化就没有现代化，我们要以教育信息化全面推动教育现代化建设，要以教育信息化支撑和引领教育现代化。云南省教育信息化对促进教育现代化发展有其重要意义。2019年5月23日，云南省召开全省教育大会，明确提出以教育现代化支撑云南现代化。

第一节 云南省教育现代化现状调查研究

一、云南省民族地区教育现代化的现状

（一）问卷设计

通过收集相关资料，在参考已有研究的基础上，对本次研究的内容编制了2份问卷，即"教育信息化推进民族地区教育现代化调查问卷（教师卷）"和"教育信息化推进民族地区教育现代化调查问卷（校长卷）"。

问卷发布到"问卷星"网站，校长与教师通过手机、计算机等工具完成对问卷的填写。此次问卷中，教师卷包括题目22个，校长卷包括题目21个，教师卷除多一个题目外，其余题目均一致。问卷内容涉及云南省校长及教师的基本情况，对教育现代化、信息化的态度，现代化信息化现状，教师信息技术能力等方面。

（二）调查对象的基本情况

"教育信息化推进民族地区教育现代化调查问卷"被制作成网络问卷，通过"问卷星"平台生成问卷链接。最终回收问卷309份，以校长为问卷主体的为46份，有效问卷45份；以教师为问卷主体的为263份，有效问卷253份。共计298份，有效率96.44%。调查对象的基本情况，包括云南民族地区的校长和教师的性别、学历、年龄、教龄、学校所在地、学校性质等基本信息，校长的基本调查情况见表3-1，教师的基本调查情况见表3-2。

表3-1 调查对象为校长的基本情况

基本信息		人数/人	比例/%
性别	男	27	60.00
	女	18	40.00
学历	专科	3	6.67
	本科	41	91.11
	硕士	1	2.22
年龄	30~40岁	5	11.11
	41~50岁	23	51.11
	51~60岁	17	37.78
教龄	6~10年	1	2.22
	10年以上	44	97.78
担任校长年限	1~5年	12	26.67
	6~10年	8	17.78
	10年以上	25	55.56
学校所在地	城市	29	64.44
	乡镇	14	31.11
	经济较发达的农村地区	1	2.22
	农村欠发达地区	1	2.22
学校性质	小学	31	68.89
	初中	4	8.89
	高中	3	6.67
	九年一贯制学校	3	6.67
	完全中学	4	8.89

表3-2 调查对象为教师的基本情况

基本信息		人数/人	比例/%
性别	男	65	25.69
	女	188	74.31
学历	专科	19	7.51
	本科	216	85.38
	硕士	16	6.32
	博士	2	0.79
年龄	20~30岁	79	31.23
	31~40岁	92	36.36
	41~50岁	66	26.09
	51~60岁	16	6.32
教龄	2年及以下	34	13.44
	3~5年	44	17.39
	6~10年	47	18.58
	10年以上	128	50.59
职称	初级	91	35.97
	中级	107	42.29
	副高级或相应级别	50	19.76
	正高级或相应级别	5	1.98
学校所在地	城市	81	32.02
	乡镇	137	54.15
	经济较发达的农村地区	7	2.77
	农村欠发达地区	28	11.07
学校性质	小学	65	25.69
	初中	19	7.51
	高中	50	19.76
	九年一贯制学校	104	41.11
	完全中学	10	3.95
	十二年一贯制学校	5	1.98

(三)现代化基础建设情况

1.校长、教师对所在学校现代化的满意度

通过收集相关资料进行调研,并对问卷信息进行整理分析,结果如图3-1、3-2所示:有9%的校长、16%的教师对所在学校现代化表示非常满意;有58%的校长、50%的教师对所在学校现代化表示满意;有31%的校长、32%的教师对所在学校现代化表示一般满意;有2%的校长、2%的教师对所在学校现代化表示不满意。通过分析可以发现,校长、教师虽然是不同的主体,但在对于所在学校教育现代化的看法上,比重上基本是一致的,这表明,校长及教师对所在学校教育现代化建设水平的满意度一般,虽然大部分主体表示满意,但是并未达到很高满意度。

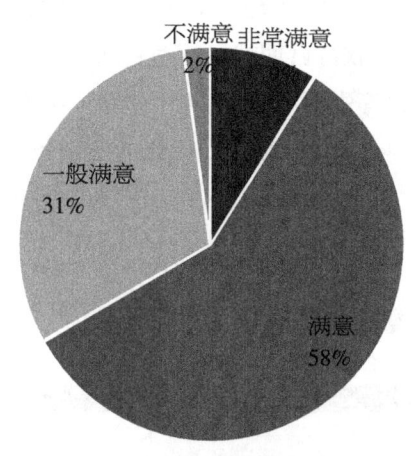

图3-1 校长对本校现代化的看法

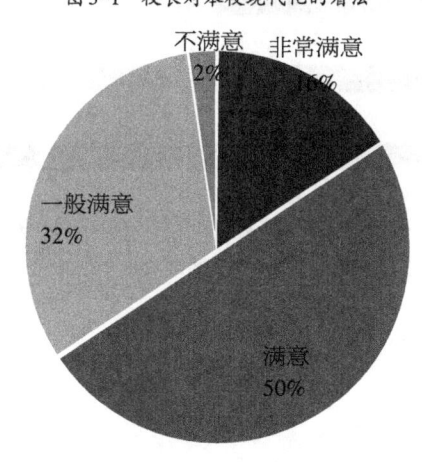

图3-2 教师对本校现代化的看法

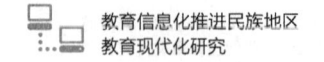

2.教师对现代化教育的认识

探寻教育观念、教育内容、师资队伍、管理、装备在促进教育现代化进程中的重要性。通过收集相关资料进行分析,对问卷信息进行整理分析,结果如图3-3所示,94.47%的教师认为教育现代化的内容应该包括教育观念现代化;90.12%的教师认为教育现代化的内容应该包括教育内容现代化;90.90%的教师认为教育现代化的内容应该包括教育管理现代化;88.54%的教师认为教育现代化的内容应该包括教育装备现代化;87.35%的教师认为教育现代化的内容应该包括师资队伍现代化。这表明,在教育现代化的进程中,教育观念现代化是教育现代化的先决条件,人的行为受观念的控制,只有系统、完整的教育现代化观念,才能全方位指导教育现代化的发展。而后紧跟的是教育内容和教育管理的现代化,教育内容是师生共同认识的客体,在学校中的具体表现形式是课程标准和教科书,教育管理就是管理者通过组织协调教育队伍,充分发挥教育人力、财力、物力等资源的作用,利用教育内部各种有利条件,高效率地实现教育管理目标的活动过程,教育现代化的发展离不开教育内容和教育管理这两个必要条件。除此之外,师资队伍和教育装备也是教育现代化的重要条件。

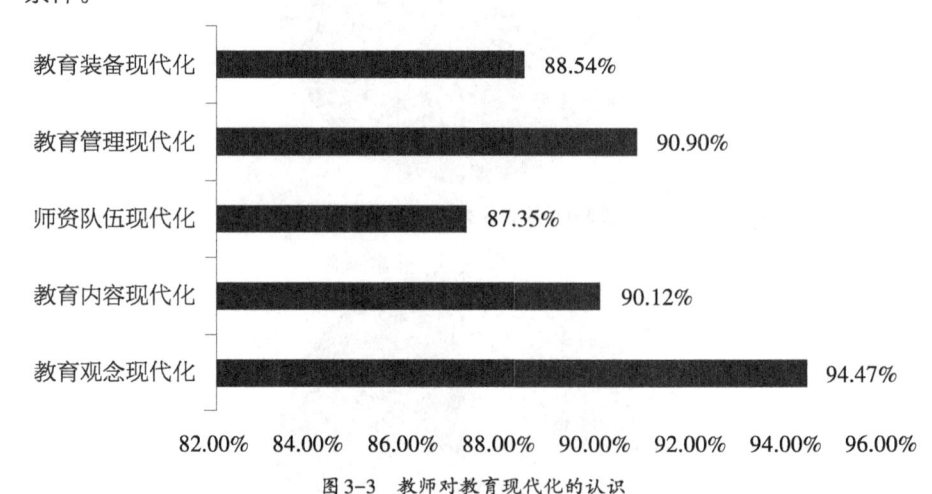

类别	百分比
教育装备现代化	88.54%
教育管理现代化	90.90%
师资队伍现代化	87.35%
教育内容现代化	90.12%
教育观念现代化	94.47%

图3-3 教师对教育现代化的认识

二、存在的问题

(一)民族教育理论发展现状与教育现代化需求的差距

民族教育理论经过三十多年的发展,逐步完善和系统化。就学科角度而言,从教育学、民族学理论等转向跨学科、多分支的理论及研究。相关研究也从多元化的角度开展,例如宗教关系、民族教育法律保障等,这表明民族教育体系不断完善。但是,随着社会不断进步,民族教育理论的发展现状与教育现代化的需求仍有一定差距。

首先,在民族教育现代化进程中存在诸多问题,如民族地区教育投资不足、教育质量偏低;教育模式不满足民族学生的个性化需求,应试教育对民族文化及地方知识的轻视;教育统筹规划不均衡,城乡、地区、族群之间有较大的差异性,民族地区发展水平相对落后。这些问题是推进民族地区教育现代化发展过程中亟待解决的问题[①]。其次,民族教育理论存在时代滞后性、不能够与国家的教育规划与目标相匹配、民族教育理论存在着对西方理论的机械运用、并未从少数民族的特点出发等问题,因此,构建一个满足民族教育现代化需求的理论体系是亟待解决的实际问题。

(二)教育资源落后、资源利用率低

一方面,当前云南个别偏远落后地区缺少教育现代化需要的相关设备,例如多功能语言室、多媒体教室等,仍然采用黑板、挂图、幻灯片等设备进行教学,这对教育现代化的展开产生了影响,降低了教学质量和教学效果。调查显示,2018年云南教育扶贫投入8.97亿元,落实88个贫困县"全面改薄"县级资金零配套政策,中小学、幼儿园C级校舍加固改造工作任务已全面完成,纳入改造加固学校2 785所、面积264.88万平方米,彻底告别C、D级危房,投入各级各类学生资助资金84.56亿元,资助学生482.74万人次[②]。虽然云南省政府加大了对教育扶贫的资金投入,但在教育现代化所需的设备上仍有所欠缺。

另一方面,在现代化教育的大环境下,学校虽然加大了对教育现代化建设的投入,但是有很多措施实行时流于形式,教师作为具体实施者,存在不能全

---

① 王晓燕.民族教育现代化离不开民族教育理论发展[J].教育发展研究,2017,37(17):77-78.
② 彭锡.2018年云南教育扶贫投入8.97亿元落实88个贫困县"全面改薄"县级资金零配套政策[N/OL].云南网,2019-01-28[2021-08-05].http://yn.yunnan.cn/system/2019/01/28/030189302.shtml.

然接受新的教育观念、不会使用新型教学设备的问题,不能有效利用相应的教学手段,造成了教学资源的浪费,影响了教育现代化进程。即便在一些现代化条件较好的学校,由于教师的观念并未转变,仍旧存在教学设备滥用的情况,甚至影响了传统教育的教学效果。

(三)民族文化传承危机

民族文化传承危机是民族地区亟需关注的问题,民族文化传承危机体现在以下几个方面:首先,民族地区传统教育面临危机,民族寺庙教育、家庭教育、村寨教育等渐渐弱化,民族文化失去了强有力的文化载体。民族地区师资匮乏,尤其体现在双语教师、具有民族文化素养的教师资源不足,不利于民族文化的传承。有研究通过对德宏、怒江、临沧、红河、文山和西双版纳6个边疆民族自治州、市的调查发现,8所双语教学示范小学的235名教师中,双语教师139名,占调查学校教师总数的59.1%,双文教师25名,占调查学校教师总数的10.6%[1]。其次,民族文化课程面临危机,与民族文化相关的校本课程建设不够,民族文化与其他课程内容联系不紧,以及安排不合理等问题。最后,学校教学被主流文化攻占,缺乏系统的民族文化课程评价体系,许多学校直接采用发达地区的教学内容和教学模式,抛弃了民族文化,不能完全适应民族地区教育需要,同时导致民族文化的湮灭。

(四)过分关注数据指标

国家制定义务教育均衡发展的出发点是为了保障民族地区教育的经费投入,提升办学条件,保证师资数量,提升管理水平,但政策在实践过程中却容易走入形式主义的误区,以数据指标作为绝对的评价指标,导致教育现代化仅仅局限在数字的体现上,而忽视其他方面,此问题主要表现在以下两个方面。

一方面,学校只重视硬件、数量等指标的变化,例如盲目追求办学规模、办学面积、成绩分数、升学率等指标,进而忽视了教育质量、内涵的提升,忽略了教育观念的转变,教育方法的革新,从而导致观念落后,形式单一,难以培养符合现代化需要的学生;另一方面,过度追求数字的增长导致形式化倾向,片面迎合检查、分数教育等行为使得学校牺牲教学质量,花费大量财力、物力应付

---

[1] 吕静,侯汝艳,杨志稳,等.民族地区双语教学的师资问题及其解决途径——以云南省德宏傣族景颇族自治州为例[J].楚雄师范学院学报,2016,31(08):63-66+70.

检查,反而忽略了教学。数据并不能完全代表现代化的成效,为了达到数据指标忽略教育现代化核心,反而违背了初衷。

三、采取的措施

(一)教育理论的发展是民族教育现代化的先决条件

国家"十三五"规划教育发展总体目标指出,到2020年基本实现教育现代化,基本形成学习型社会,进入人力资源强国行列,在全国实现更高水平的普及教育,惠及全民的公平教育,提供优质教育,提升教育质量,提升教育现代化水平,构建体系完备的终身教育体制。民族教育作为我国教育的重要组成部分,对民族地区的经济发展、少数民族人口素质、民族文化传承以及促进各民族共同繁荣有着深远意义,同样服务于教育发展总体目标。

教育理论的发展要围绕民族教育现代化的内容出发。教育现代化内部诸要素包括教育目标、教育内容、教育方法、教育制度、教育设施、教育体制、教育观念、师资等,在保证少数民族教育构成诸要素现代化的同时,也要保证与外部教育现代化要素的协调与平衡,保证教育理论与教育实践的匹配性,增加教育理论与教育实践的契合度,在实践中提炼教育经验,促进教育理论的进一步发展。

教育理论的发展应该从教育现代化的基本特征出发,顾明远先生曾提出教育现代化的八大特征,即民主性与公平性、生产性与社会性、终身性与全时空性、个性化与创造性、多样性与差异性、信息化与创新性、国际性与开放性、科学性与法制性,这些特征是民族教育理论提升必须围绕的核心。民族教育学理论应该从多个层面多个维度出发,围绕教育现代化的基本特征进一步提升其理论水平。

教育理论的发展需抓住重难点问题并集中解决,从而构建民族教育现代化理念。民族文化、宗教、语言文字等因素往往极大地制约着教育理论的发展,需要根据教育现代化实践过程中反馈的焦点问题发展教育理论,有针对性地提升民族教育理论水平。此外,教育现代化是观念的转变,是人的转变,因此,教育理念的构建是十分重要的,只有理念的转变才能带来教育内容、制度等的改革。

(二)构建教育现代化评价指标体系是教育现代化的有力支撑

教育现代化评价体系的构建和实施要围绕教育机会普及化、投入优先化、质量优质化、教育公平化展开。

教育是通过向个人传授一定价值观念、文化规则、生产技能和知识来促进人实现社会化的一种活动。每个人都是通过教育来完成自己的社会化过程的,在受教育过程中获得的生存知识和技能则是将来独立谋生的必要准备。所以,无论是人的社会化还是获得独立生存的手段,都离不开教育。接受教育是所有人应有的权利,拥有受教育权利,确保每个人有受教育的机会,提升教育普及水平,才能促进教育现代化。教育机会的普及化体现在入学率、巩固率、辍学率、升学率以及职业培训等方面。2020年,全国学前教育毛入学率85.2%,九年义务教育巩固率95.2%,高中阶段教育毛入学率91.2%,高等教育毛入学率54.4%[①]。2020年,云南省学前三年毛入园率达88.79%、九年义务教育巩固率达96.15%、高中阶段教育毛入学率达90.98%、高等教育毛入学率达50.05%[②]。除义务教育阶段以外,云南省其他阶段教育毛入学率均低于全国平均水平。

投入优先化是促进发展的基础,有利于扩大教育资源的投入,提升教育质量,进而促进教育公平,拉动教育增长,尤其针对边远、落后地区,更是要保证持续、创新、精准的投入,投入优先化指标主要体现在人力投入、财力投入、物力投入、生师比、专任教师占比等。截至2022年,云南省普通小学校舍建筑面积3 751.90万平方米。全省小学接入互联网学校10 580所,小学体育运动场(馆)面积达标学校比例91.70%,体育器械配备达标学校比例97.74%,音乐器械配备达标学校比例97.38%,美术器械配备达标学校比例97.38%,数学自然实验仪器达标学校比例97.29%。初中校舍建筑面积2 335.95万平方米。全省初中接入互联网学校1 679所,初中体育运动场(馆)面积达标学校比例91.73%,体育器械配备达标学校比例97.40%,音乐器械配备达标学校比例97.64%,美术器械配备达标学校比例97.52%,理科实验仪器达标学校比例96.81%。普通高中共有校舍建筑面积2 513.64万平方米。全省高中接入互联

---

① 杨飒.2020年全国教育事业统计主要结果发布[N].光明日报,2021-03-02(11).
② 彭锡.2020年云南九年义务教育巩固率达96.15%[EB/OL].(2021-05-17)[2021-08-08].https://baijiahao.baidu.com/s?id=1699979661607424413&wfr=spider&for=pc.

网学校595所,普通高中体育运动场(馆)面积达标学校比例86.85%,体育器械配备达标学校比例93.18%,音乐器械配备达标学校比例92.69%,美术器械配备达标学校比例92.69%,理科实验仪器达标学校比例92.53%,建立校园网学校比例66.56%[1]。

教育质量的优质化是促进教育发展的核心,教育质量主要体现在学生发展、教师队伍、教育成果等方面,通过学业成绩、人力资源水平、教师学历等衡量教育水平,显示教育水平的高低,是检测教育发展的有效指标。截至2021年,全省小学专任教师23.63万人,比上年减少0.1万人,小学专任教师学历合格率99.9%,比上年提高0.04个百分点,小学生师比16.30∶1。全省初中专任教师13.91万人,比上年减少239人,初中专任教师学历合格率99.88%,比上年提高0.13个百分点,生师比13.20∶1。普通高中专任教师7.50万人,比上年增加0.2万人,普通高中专任教师学历合格率99.08%,比上年提高了0.13个百分点,生师比13.54∶1[2]。

教育公平是指在特定的社会条件下,人人享有平等的受教育权利和机会,促使自身的潜能得到最充分与自由发展的教育理想,也是教育者对任何想要进行学习的人,无论在什么地点,什么时间,以任何公平的方式对待,确保每个社会成员在享受公共教育资源时受到公正和平等的对待。教育公平包括教育机会公平、教育过程公平和教育质量公平。教育机会和教育过程的公平相对容易做到,但教育质量的公平,即让人人受到较高质量的教育,则不易做到。现实中的教育公平问题不容忽视,一些地区或者弱势群体由于没有获得接受教育的机会而影响其成长,严重制约了我国可持续发展战略的深入推进。教育公平化不仅仅是教育领域的要求,更是社会主义的本质要求。《教育2030行动框架》指出,到2030年消除教育中的性别差异,确保弱势群体能够获得平等公平的教育和职业培训机会。党的十九大也提出要进一步促进教育公平,教育现代化必须建立在教育公平的基础上。教育公平主要体现在每一个社会成员是否具有同等的教育机会、教育资源、教育质量以及就业机会等。云南省长期以来存在教师结构性缺编问题,部分义务教育学校开不齐、开不足、开不好

---

[1] 云南省教育厅.云南省2020/2021学年初全省教育事业发展统计公报[EB/OL].(2021-05-06)[2021-08-08]. https://jyt.yn.gov.cn/article/ea3894f26a7f4e9eb15617726b246c61.

[2] 云南省教育厅.云南省2020/2021学年初全省教育事业发展统计公报[EB/OL].(2021-05-06)[2021-08-08]. https://jyt.yn.gov.cn/article/ea3894f26a7f4e9eb15617726b246c61.

课的难题还没得到彻底改变。探索利用信息化手段扩大优质教育资源覆盖面的有效机制,减少区域、城乡、校际差距,推动教育实现优质均衡发展,改变现有教学方式,促进教育公平发展。利用信息技术和优质教学资源形成体系化指导模式,促使学校开出、开足、开好课程[①]。

(三)立足中国国情、扎根优秀传统文化

中国地域辽阔,不同的地理位置有着不同的文化,不同民族的境况也有所差别,因此针对不同地域的教育问题应该采用不同的解决方式。整体来说,我国教育信息化起步相对而言较晚,但是发展加速度大。中国教育和科研计算机网(CERNET)带宽的提升速度,可说是我国教育信息化高速发展的缩影:1995年初连通国际互联网时,CERNET的国际网络带宽为128 Kbps,到2018年12月底,接入国际网络带宽为61 440 Mbps。在20多年的时间内,CERNET国际通信线路的带宽提高了近50万倍,此等发展速度十分惊人[②]。我国有五千多年的历史文明和优秀传统文化,它们是促进教育现代化发展的源动力。一方面,要将优秀的传统文化引入到教育现代化进程中去;另一方面,要对西方教育现代化进行批判性吸收。立足于中国基本国情不动摇,扎根优秀传统文化,有选择有批判地吸收他国的经验,培养全面发展的社会主义接班人。

(四)创设教学情境,强化师资队伍,更新教育现代化理念

教育现代化是教育发展的必然趋势,教育发展离不开教育现代化,而教育现代化更依赖于教育信息化,教育信息化要以国情为立足点,以教育现代化指标体系、教育现代化理论为基,还需要创设教学情境,强化师资队伍,更新教育现代化理念。

生活化的教学情境是一座使课堂教学从宏观到微观,抽象到形象,感性到理性,静态到动态,生活到教材的高效桥梁。它是激发学生学习动机,提高学生学习兴趣,培养学生创新精神和实践能力的有效途径。云南民族地区的课堂教学,可以通过借助具体的教学情境展开,这样可以帮助学生更好地走入课堂。采用微课等现代化教学手段,符合民族地区生活经验丰富但知识掌握不

---

① 刘东.云南:打造智慧教育推动教育公平发展[EB/OL].(2020-08-25)[2021-08-08].http://yn.xinhuanet.com/edu/2020-08/25/c_139316996.htm.
② 陈琳,陈耀华,毛文秀,等.教育信息化何以引领教育现代化?——中国教育信息化25年回眸与展望[J].远程教育杂志,2020,38(04):56-63.

丰富的特点,情境教学符合云南民族地区教育发展的实际需要,是现代化教学的重要手段之一。

生活化教学情境的设计,离不开教师的高素质。高素质教师是落实教育现代化工作的中坚力量,提升云南民族地区师资水平为推进教育现代化进程提供动力。在实际发展过程中,应根据云南民族地区教师的实际情况,制定相应的培养计划和方案,为教师提供个性化的指导。在现代化教育的同时不忽视对师德的培养,在制度上为教师提供最大的保障。

教育现代化需要信息化手段,当前教育现代化过程是一个长期的过程,对云南民族地区来说,在资金短缺的情况下,教学理念的转变更是重中之重。现代化教学理念强调关注学生,因此,重视知识传授的同时,应促进学生全面发展。教师在教学过程中对现代化教育进行反思,通过这种方式落实教育现代化的要求和目标,提升学生能力,进一步强化现代化教学理念,改善教学条件和设备,提升教育现代化进程推进的效率。

(五)信息技术与教育融合创新实现教育现代化

科学技术是第一生产力,科技的变革会带来教育上的革新,改变教育的形式,重组教育的诸要素,提升教育效率,促进人类发展,以此推动社会进步。信息技术作为21世纪重大的教育创新,带来了新一轮的教育革命,形成了复杂且开放的教育体系,推进教育现代化,理论和实践层面都是需要进一步探索的。信息技术对教育现代化的推动作用应该从融合重组创新、数据问题驱动创新、各部门协同发展出发。

1.融合重组创新

融合重组创新需要推动信息技术与教育深度融合,与教育教学的诸要素,例如教学方法、评价方式等深度融合,这种融合不是简单地替换,而是要对诸要素进行全方位的改组和改造,需从教师自身做起,实现信息技术与教育教学的融合。重组创新需要运用新的技术革新,对教育内容、教学方法等进行重组,信息时代的到来打破了时间、空间的限制,为个性化教学提供可能。重组应围绕三方面展开:教育资源的多样化,增加学生的自主性;课程从分科向综合过渡,近年被提倡的"STEAM课程"以及"创客运动"也是综合课程的体现;以技术革新为教育内容作支撑,从在线教育、移动学习等入手,推动整个教育体系的变革。2019年4月,云南师范大学附小开展了"信息技术与教育教学深度融合典型案例的研究"课题活动,将教育与科学技术进行融合。

2.数据驱动创新

以大数据为基础,不仅可以实现教育的动态检测,还可以提高教育决策的科学化、管理的精细化、教学的精准化水平,将整个教育过程置于科学的干预下。在大数据的支持下,差异化教学、精准化教学成为可能,正式学习与非正式学习之间的界限日益模糊,智能化服务等新兴理念使得教育的效率日益提升,决策、服务水平日益提升,为教育现代化添砖加瓦。数据驱动创新关注教育理论的同时将教育理论运用到教育实践中去,从现实的教育实践获得促进教育现代化发展的驱动力。根据教育的实际需要,围绕公平、质量展开教育创新变革的探索,解决实际的重难点问题。

3.各部门协同创新

充分发挥各部门在教育现代化进程中的作用,形成合力。信息技术对教育的变革具有系统性和整体性的特征。在实践探索过程中,需要基于UGBS(大学、政府、企业、中小学)四位一体,协同合作,共同变革创新。高等院校应该做好学科建设、理论研究、人才培养等工作;政府应该在政策制定、宏观指导、经费分配、绩效评估方面做好工作;企业应在服务体系、产品研发与运营、服务供给等方面做好工作;中小学应在师资队伍建设、资源建设、融合创新等实践方面做好工作。各部门不是孤立的,而是协同创新,形成工作合力,真正发挥信息技术在教育现代化中的积极作用。

(六)个性化制定教育目标

目前我国缺乏针对民族地区专门制定的教育目标,这使得少数民族不仅要追赶发达地区已经完成的教育目标,还要进一步完成发达地区正在进行的教育目标,具有较大压力。应当在国家教育现代化总目标和总方向指引下,结合民族地区区域状况及少数民族的特点,制定专门适用于民族地区的教育目标。该现代化目标应该具有现代化特征并具有层次性,能够符合民族教育现代化发展的阶段性,符合少数民族的特点。云南省个性化教育的实施相对于教育发达省份还比较落后,只有少数城里的中学开始探索,如云南民族大学附属中学和开远市第一中学的30人制"小班教学",而在农村中学中几乎是一片空白[①]。

首先,教育现代化目标应该坚定教育现代化发展的主流趋势,坚持追求教育的民主性、终身性、生产性、个性化、科学性、开放性等普适性特征[②]。这是民族地区教育现代化的基本发展方向,坚定不移地贯彻党的教育方针,发挥政府政策引导,推进民族地区教育现代化。其次,要基于民族地区区域特点和民族文化,顺应自身发展规律,制定符合民族地区教育差异性、阶段性的个性化教育目标,保证整体目标方向与阶段目标的统一,认清少数民族现阶段需要完成的现代化教育发展任务。

四、发展趋势

中共中央、国务院制定出台了《中国教育现代化2035》《加快推进教育现代化实施方案(2018—2022年)》,以具体落实教育现代化宏伟目标。教育现代化是教育发展的必然需要,聚焦重点难点是实现教育现代化的必经路径。"实现教育现代化普及目标,重点在中西部,难点在边远、贫困、民族地区。"[③]少数民族的教育现代化问题不仅是提升教育水平的问题,也是优秀传统文化继承与创新的问题。少数民族在现代化进程中需吸取过去经验,避免全盘西化,在顺应演变进程的同时进行变革和再创造。

实现教育现代化是我国教育发展的必然选择,而信息化作为全面推进教育现代化的必然途径,是必经之路。我国少数民族区域现代化发展水平不均衡,影响因素众多,发展现状复杂,因此,吸取成功案例经验,推进信息化工作,缩短与发达地区之间教育水平的差距,是促进教育均衡、公平发展的必然选择。教育现代化是在动态中不断前进的,因此信息化对教育现代化的推动需要漫长的时间和过程,不是一蹴而就的,虽然在发展过程中会反复、有曲折,但是最终将会有序稳定地发展,形成系统完善的特色现代化教育体系。作为教育现代化发展的臂膀,信息化将越来越受到重视,采用"互联网+"思维,需要对理论、模式等进行进一步探索和创新。

---

① 李文俊.个性化教育发展现状、问题和对策——以云南农村中学为例[J].新课程学习(下),2015(04):184-185.
② 顾明远.试论教育现代化的基本特征[J].教育研究,2012,33(09):4-10+26.
③ 国务院办公厅.关于加快中西部教育发展的指导意见[EB/OL].(2019-03-15)[2023-09-06].https://www.gov.cn/zhengce/content/2016-06/15/content_5082382.htm.

第二节 云南省教育信息化现状调查研究

教育信息化是推进教育现代化的重要途径,不仅是实现教育战略目标的有效工具,还会改善整个教育生态。教育信息化可以促进教育资源共享,缓解教育不均衡,促进教育公平,打破由于地理区域等因素造成的教育分布壁垒,共享优质教育资源;教育信息化提升教学效率,提高教育质量,信息技术可以帮助教师更好地开展个性化教学,为教师提供多元的教学手段和途径;教育信息化可以提升教师的专业水平,为教师提供良好的平台,让学生的专业能力得到系统化的发展;教育信息化为终身学习助力,学习资源无处不在,学生可以随时随地学习,从而为终身学习的实现提供更多的可能性。

一、云南省民族地区教育信息化建设

云南省地域辽阔,且少数民族多,多民族混居,经济较为落后,中小学教师学历水平不达标,区域之间教育水平不均衡。云南省作为我国西部地区大省之一,教育资源配置不均衡现象比较严重,省内各州市经济、政治、文化的不平衡发展必然会引起地区间教育投入的不均,这种不均又势必导致地区间教育发展机会的不平等。

为指导我国信息化的整体建设,2001年7月,国家原信息产业部正式公布《国家信息化指标体系构成方案》,方案中提出了我国国家信息化体系六要素:信息网络、信息资源、信息技术应用、信息技术和产业、信息化人才及信息化政策、法规和标准。[1]2010年,国务院颁布了《国家中长期教育改革和发展规划纲要(2010—2020年)》,[2]为教育信息化指明了方向。基础教育的改革,要以促进学生德、智、体、美、劳的全面发展为根本目标,不断优化教育内容及教育资源,普及高质量、高水平的全面性教育。2012年初,云南省教育信息化试点单位共计22个,其中中小学试点11个,包括云师大附属世纪金源学校、云南省昭通市昭阳区第三小学等。2016年,信息化与教育协调性较差。2017年云南省通过

---

[1] 王涛.从信息系统发展阶段理论看网络学习平台的进化[J].现代教育技术,2015,25(05):47-52.
[2] 人民出版社.国家中长期教育改革和发展规划纲要(2010-2020年)[M].北京:人民出版社,2010.

信息化验收的单位仅限高校，中小学并未通过验收，这表明云南省教育信息化建设工作任重而道远，如何让教育信息化推动教育现代化仍需要进一步探索。2019年全国教育信息化工作会议在云南省昆明市召开，会议就深入推进教育信息化2.0，发展更加公平更有质量的教育进行研讨。钟登华在会上指出，改革开放40年以来，特别是党的十八大以来，教育信息化取得了巨大的成就，教育信息化发展指标得到成倍增长，模式得到突破性发展。他提到，信息化是社会、历史发展的必然趋势，教育信息化工作要着眼于全局和未来，认识到信息化工作的紧要性和必要性，长远规划，落实《中国教育现代化2035》的重要战略任务，具体工作以实干精神围绕教育扶贫和网络扶贫、促进信息技术与教育教学深度融合、扎实推进教育信息化2.0行动三方面展开。

二、云南省信息化教学普及的水平

在《云南省教育信息化"十三五"规划》发展现状与形势分析中提到，学校网络教学已经日益完善，信息化教学基本普及。全国总体的互联网接入率达到87%，多媒体教室普及率达到80%。教育信息化从以计算机终端网络学习转向以平板电脑、手机、点读笔等电子产品参与的学习，移动学习成为教育信息化建设的理念和实践之一。

（一）校长、教师教育信息化培训现状

通过校长、教师是否参加过教育信息化培训的调查，进而探寻教育现代化建设现状。通过收集相关资料并进行调研，对问卷收集的信息进行整理分析，校长参加教育信息化培训情况如图3-4所示：18%的校长并未参加过有关教育信息化的培训；67%的校长偶尔参加教育信息化的培训；15%的校长经常参加有关教育信息化的培训。教师参加教育信息化培训情况如图3-5所示：25%的教师并未参加过有关教育信息化的培训；61%的教师偶尔参加教育信息化的培训；14%的教师经常参加有关教育信息化的培训。校长和教师的数据情况相近，在教育现代化的进程中，管理人员以及教师信息化培训的水平仍需要提高，有将近四分之一的校长和教师从未参与过教育信息化相关培训，这表明教育信息化水平仍旧有很大的提升空间，教育信息化水平仍待进一步提高。

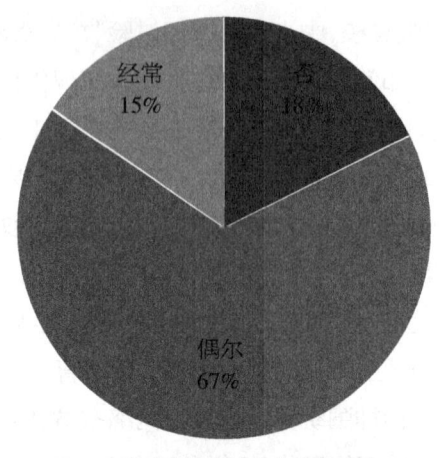

图 3-4　校长参加教育信息化培训情况

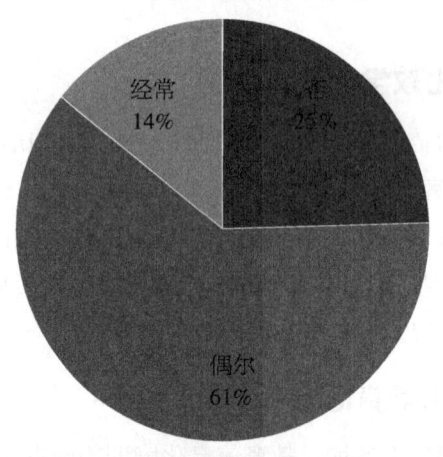

图 3-5　教师参加教育信息化培训情况

(二)校长、教师对所在学校信息化缺失状况的看法

通过对校长、教师对本校信息化现状缺失状况的看法调研,进而探索教育现代化建设现状。通过收集相关资料并进行调研,对问卷收集的信息进行分析整理,校长对教育信息化缺失的看法如图3-6所示:相关知识和能力是最为缺乏的部分,占比达到44%,资金投入次之,占到总体的36%。教师对教育信息化缺失的看法如图3-7所示:教学资源是最为缺乏的部分,占比达到41%,相关知识和能力次之,达到33%。校长和教师看法有所区别,校长从管理者角度出发,教师是具体的实践者,这是不同看法存在的主要原因。但是总体来看,资金投入、相关知识和能力、教学资源都是值得在教育信息化进程中进一步提升的部分。

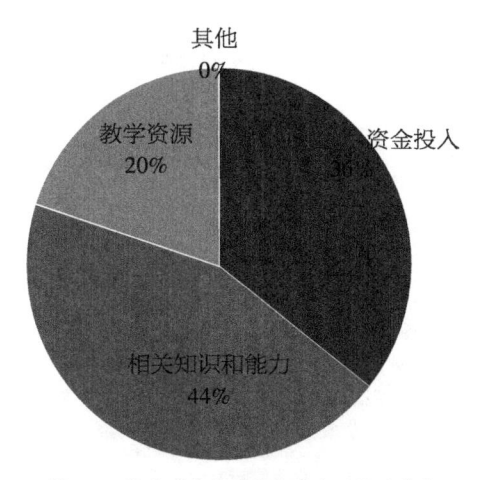

图 3-6　校长对本校信息化缺失现状的看法

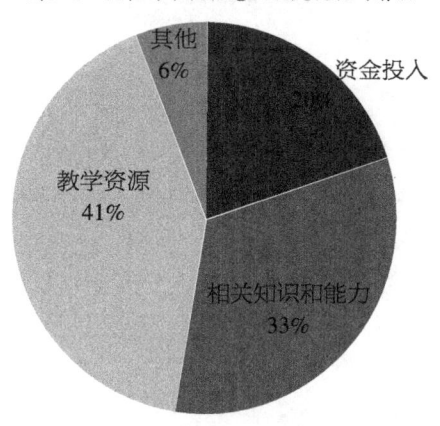

图 3-7　教师对本校信息化缺失现状的看法

(三)校长、教师对电子设备提高学生学习能力的看法

探寻电子设备对学生学习能力的提升作用,进而探寻信息化对教学现代化的促进作用。通过收集相关资料进行调研,对问卷收集的信息进行分析整理,结果如图3-8、图3-9所示,大部分校长和教师都认为电子设备对提升学习能力有效果,分别占比88%、66%,这表明已经有超过半数的教育管理者和实践者已经认可信息化对教学现代化的促进作用。但仍然有8%的校长和10%的教师认为电子设备对提高学生学习能力无效果,这也从一定角度上反映了教育观念革新的必要性。管理者、实践者需要意识到信息化对教育现代化的促进作用,信息化是教育现代化的必然选择,我们要把信息技术这股"活水",更好地引进教育教学活动中,让它更好地为教育教学服务。

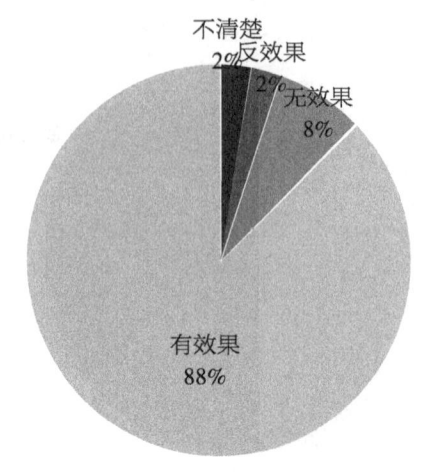

图3-8　校长对电子设备提高学生学习能力的看法

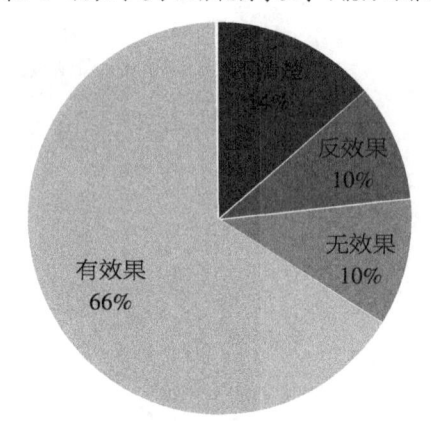

图3-9　教师对电子设备提高学生学习能力的看法

三、信息化促进教育现代化

（一）信息化转变教育资源获取形式，弥补教育发展不均衡，促进教育公平

在传统的教育模式下，不同地区的经济水平造成不同民族城乡、族群之间教育发展不均衡，拥有的教育资源差距较大，尤其体现在东部与中西部地区的差距。信息化具有共享性、互动性、扩展性、多样性及再生性等特征，这些特征使得教育资源的获取方式发生了根本性的变化。同一教育资源可以通过网络进行共享，避免耗费精力、财力在不同地区重复建设，以更快的速度提升了不同地区教育资源的数量和质量。此外，教育信息化促进了教育资源分配的公

平性,低成本且高效地传递教育资源,从而使乡镇、民族、边远等地区获得优质教育资源成为可能,保证教育资源配置的最优化。云南省玉溪市教育信息化从2014年12月2日正式开工建设。经过努力,数字化校园建设全速推进,玉溪教育云平台上线运行,教育信息化设施正式从建设阶段转为深化应用阶段。玉溪"互联网+教育"的建设与运营,影响范围越来越广。国家发改委、教育部把玉溪"互联网+教育"列为全国智慧城市优秀实践案例;云南省教育厅将其评为2015年教育目标考核创新工作一等奖[1]。教育信息化使所有网络终端用户都能获得同样的数字资源,从技术上实现了教育资源配置的公平,由此破解了民族地区城乡中小学之间优质教育资源配置失衡的难题[2]。

(二)教育信息化促进民族地区师资水平提升

云南省民族地区尤其是民族农村地区一直存在着师资力量薄弱的情况,而教师恰恰是参与教育过程的核心要素之一。要从根本上解决民族地区教师资源薄弱的问题,需要从两个方面入手:一方面,教师本身运用软硬件条件促进自身发展;另一方面,需要运用信息化优质资源协同教师实现专业技能提升。而信息化正是有效提升师资质量的重要途径,为教师自身专业发展提供便利条件。此外,通过利用城市优质的教师资源带动民族地区实现师资水平的协同提升,缩小区域之间师资的素质差异,还可以通过网络交流、在线观摩等形式提升教师专业技能。多年来,云南师范大学民族教育信息化教育部重点实验室作为国内唯一的民族教育信息化教育部重点实验室,根据民族地区的人才需求、学生学习特点,制订了"本—硕—博"培养方案,填补了云南"教育技术学"博士人才培养的空白;搭建了云南首个全数字化教学实训平台,实施线上线下相结合的混合式教学,挖掘民族资源,建立民族教育资源库[3]。

(三)教育信息化推动课程与技术深度融合

信息技术与课程之间的融合不仅丰富了教育资源信息库,还是教育信息

---

[1] 高晶.教育信息化的"玉溪模式"是怎样炼成的?[EB/OL].(2016-11-04)[2021-08-08].https://www.sohu.com/a/118130050_372523.
[2] 熊才平,何向阳,吴瑞华.论信息技术对教育发展的革命性影响[J].教育研究,2012,33(06):22-29.
[3] 张文凌.云南师大民族教育信息化建设促边疆地区教育差距缩小[EB/OL].(2021-03-05)[2021-08-08].https://baijiahao.baidu.com/s?id=1693358146581355233&wfr=spider&for=pc.

化发展的必然选择。在运用教育信息融合及创新课程时,要从诸多要素入手进行调整。数字教材是中华民族伟大复兴的必然选择;是提高教育质量,培养创新人才的重要渠道;同时,也是教育改革的发展趋势。教师应转变教育观念,利用信息技术对教学内容、方式方法等进行优化,避免简单机械地使用,而要实现课程与技术的深度融合,根据课程的不同学科特点,匹配恰当的教育资源。学校应加强教师培训,从理论与实践入手,不仅要提升教师的教育理论及教学技术水平,也要加强实践锻炼,并从工资待遇、岗位聘用、邀请专家讲座等途径给教师以坚实的保障。此外,从管理层面入手,形成现代化的管理模式,为教育现代化建设提供制度保障。2020年11月,为深化课程与教学改革,促进信息技术与教育教学深度融合,适应人工智能时代背景下的教学新需求,云南省教育厅在西双版纳傣族自治州、昆明市西山区和临沧市沧源县等试点地区,开展义务教育阶段数字教材的应用试点工作①。

(四)教育信息化推进教育理念变革

教育信息化是运用技术对教育进行系统且持续改善的过程,技术上的提升推动了教育中诸要素的转化,促进教育观念的转变,改善教育生态,重组教育管理体制,改善评价体系,提升师生素养,从而推动教育深层次变革。

教育信息化带动教育理念变革。全球化、信息化的时代为教育改革带来了新的方向、成果,为教育思想、理念的革新助力,教育技术带来了教育手段、内容、方法的变化,从而促使人们从新的视角、用新的理念审视问题;教育信息化改善教育生态,推进云、网、端一体化,改变社会形态、思维方式等,为教育提供新的土壤。教育不再被局限于单纯的空间中,而在技术的革新下形成信息共享、数据融合、智能服务,产生新的教学方式和教学模式,构建一个有更高的灵活度、开放且个性化的终身教育生态。

---

① 推进课程与教学变革,云南省数字教材应用试点启动会召开[EB/OL].(2020-11-18)[2021-08-08].https://www.sohu.com/a/432676694_120786111.

第三节　云南省教育信息化推进地区教育普及程度研究

信息化是人类经济发展及社会进步的重要推动力量,是地区现代化发展程度的重要标志,但由于信息化在不同的发展阶段对地域条件的要求不同,信息化在空间上的发展呈现不均衡特质。云南省是西部欠发达地区,教育信息化建设缺乏完整的体系,造成了教育信息资源的浪费,影响了教育信息化建设效益。

一、基础教育普及程度与区域教育信息化的关系

2011年,云南省教育厅发布了《云南省中长期教育改革和发展规划纲要(2010—2020年)》,"加快教育信息化进程"成为教育改革首要的目标[①]。此前,云南省教育面临着诸多问题与挑战,如城乡差距过大、教育水平落后等。文件中提出了发展农村基础教育以及提升教育水平等一系列措施,重点解决诸多突出问题。云南省基础教育领域实施了诸多项目,例如"农村中小学现代远程教育工程""农村义务教育薄弱学校改造计划"等,在提升云南省基础教育水平的同时也产生了诸多问题。

(一)云南省基础教育的问题

1.对基础教育信息化概念不够清晰,理论不完善

从广义的定义来说,教育信息化一方面需要把提高信息素养作为教育目标之一,培养能够适应信息化需求的人才;另一方面需要把教学技术运用到现代教学过程中去,注重对教学资源的开发、融合和创新。当前教育信息化过于关注后者,而忽略了前者的需要,且我国的国家体制与其他国家有所差别,照搬西方的理论和框架并不能完全适应我国进行教育现代化建设的要求。云南民族地区更是需要对相关理论进行本土化探索,从而更好地推动教育实践的发展。

---

① 云南省教育厅.云南省中长期教育改革和发展规划纲要(2010-2020)[EB/OL].(2013-09-10)[2023-09-06].https://laws.ict.edu.cn/laws/gangyao/n20130910_5060.shtml.

2. 教育经费投入不足

在基础教育方面,云南省存在着教育经费不足、城乡发展不均衡的问题。云南农村中小学办学水平低于国家标准办学水平,经费根据人数发放,市县区学校学生多,经费多,而农村地区,学生少,经费少。很多县需要负债进行基础教育建设,大大降低了办学水平。云南省的基础教育多数是边疆山区农村教育。云南在中国西南边境,4 000千米的边境线与越南、老挝、缅甸接壤。高山峡谷赋予它丰富的水能和矿藏,优越的气候使得高原上繁衍了种类繁多的动植物。因此,云南有"有色金属王国""动植物王国"的美誉。但高山峡谷给云南省教育的发展带来诸多困难,形成与东南沿海及内地极其不同的特点。云南的基础教育不论培养目标、办学形式、教学内容,还是教学方法,必须充分考虑农村山区的发展及其需要。当前国家对云南省基础教育的改善主要通过促进经费达标、保证师资配置实现。

3. 师资力量长期薄弱

这是制约云南基础教育发展的瓶颈之一,这种现象突出体现在农村,显现了资源配置方面的问题。云南农村地区师资缺乏,教学素养低于全国平均水平,专任教师学历水平低,年龄结构老化,学科结构不合理。在教学过程中,教师无法起到良好的导学作用,学生学习能力就无法提高。缺乏优质的师资条件会降低云南的基础教育水平,严重影响教育与课程的整合与发展。云南省的基础教育是多民族基础教育。除汉族以外,有25个世居少数民族、15个特有民族、16个跨境民族、8个人口较少民族。据《2019年云南教育事业统计摘要》,云南省共有学校35 005所,在校生1 424万人,其中少数民族在校生474.59万人,占全省在校生数的33.3%,这也对教师提出了更多样的需求。

4. 教育信息化建设滞后

虽然云南省教育信息化覆盖面不断扩大,但是不同地区不同市州之间信息化水平存在不均衡、不平衡、不公平的现象。相比于全国其他地区,云南省教育信息化滞后,过去数据显示,东部地区信息化水平高出西部24%,且在城乡之间、区域之间等基础教育信息化水平存在更大差距。农村教育观念落后,云南农村地区"读书无用论"思想盛行,学生辍学打工,家长不允许孩子接受教育的情况依然存在,这种观念严重影响了云南地区基础教育的发展水平。

(二)教育信息化促进云南地区基础教育发展

1.教育信息化提升教师信息素养

一方面,通过信息化可以提升教师信息素养,通过促使其主动接触新的技术、知识,进一步成长,进而提升基础教育信息化水平;另一方面,以信息化作为基础,不仅可以促进教师专业发展,也进一步改善了欠发达地区师资缺乏的现状,这为民族地区发展基础教育提供师资支撑,从而为学生提供优质的教育服务。

2.增加民族地区教育发展的内在动力

信息技术可以成为新的渠道帮助云南省教师接触外界。以信息技术作为媒介,可以为落后地区打开眼界,拓宽视野,进而激发民众追求美好生活的愿望,从而从观念上促进转变,加速云南省基础教育发展。

3.教育信息化改善教育不公平

改善民族地区教育不公平现状,让学生拥有平等受教育的机会,掌握基本知识和技能,从而创造财富,改善生活状况,提高人口素质。促进教育公平不仅在教育领域有所体现,也在经济领域有所体现,信息化是促进教育公平的重要渠道。

二、职业教育普及程度与区域教育信息化的关系

"民族地区职业院校教育信息化"指的是民族地区职业教育的信息化问题,职业教育信息化需要基于信息技术基础推动职业教育发展,核心在于教学信息化,需要在教育、管理等活动中充分运用教育技术实现高质量、快速度、低成本的信息交易流,进而改变传统教学,从而促进职业教育改革与创新。

(一)云南省职业教育问题

1.信息化运用低效,存在过度和肤浅应用的现象

过度应用指的是为了进行信息化,反而忽视了应该关注的课程内容、学生认知等,大量采用多媒体工具,面对面教学交流反而被忽略。此种现象不但没有产生相应的教学效果,反而浪费了教育资源,阻碍教育发展,使得学生学习体验感受损。肤浅应用指的是仅仅在形式上应用信息技术,没有深入到内涵,没有进行深层次的探索和研究,忽视了信息技术与课程之间的整合。个别县

市普职比仅为1∶0.24。云南省绝大多数县(市、区)至今也没有完全落实30%的教育费附加用于职业教育。虽然中职学校生均办学成本约为普通高中的2.6倍,但政府拨付的经费总是低于同级普通教育[1]。

2.信息化技术对教师的教学能力提出了更高的要求

教师作为信息化发展的重要组成部分和关键力量,面临着诸多素质和能力的挑战,目前职业教育忽视对学生运用教育信息技术能力的培养。职业教育是信息化建设的重要组成部分,在新的时代,学生生存和发展离不开信息技术运用的能力,这项能力可以有效提升学生的竞争力。此外,提升信息技术能力还可以提升学生自主学习、信息加工、查阅资料的能力,让学生学会学习,增强学习的主动性。然而云南省各职教集团大部分中职学校不同程度地存在教师数量不足、结构不合理、"双师型"教师缺乏等问题,高水平信息化教师更少[2]。

3.知识碎片化、分散化

缺乏整体性是云南省职业教育的问题之一。分割化学习将复杂的内容简单化,虽然降低了学习的门槛,但同时失去了知识的系统性,影响教育开展,影响学生学习效果。高职学生主动运用信息技术的意识薄弱,多数仅仅运用信息技术进行娱乐,而不能对资源进行有效分析和整理,也不能解决学习中遇到的困难,创新能力更弱,说明高职院校忽略了对学生信息技术能力的培养。

(二)教育信息化促进职业教育发展

1.信息化促进学生学习内容及学习方式的转变

在信息化学习环境下,学习内容不再局限于教材,学生可以通过信息技术获得更高质量的学习资源,例如网络课程、文献资料等。这些教学资源能够有效地促进学生能力的提升,激发学生学习兴趣,提升学习的主动性,进而锻炼学生思考的能力,提升学生的数字素养。运用信息技术是为了不忽略学生个性差异,满足学生个性需求,进而提升学生实践能力和创新能力。

---

[1] 罗嘉福.抢抓机遇,攻坚克难,努力提高职业教育服务经济社会发展的能力[EB/OL].(2013-02-17)[2023-09-06].https://jyt.yn.gov.cn/article/A48062272.
[2] 周玉国,刘福军.云南职业教育集团化办学现状、困难及发展对策[J].继续教育研究,2014(10):26-27.

2.信息化促进教师角色转变

教师的角色从知识权威转化为课程的设计者、引导者、监督者,师生地位趋于平等,并以学生为中心开展教学。教师根据实际情况,将教育要素与信息技术进行整合,需要提升理论和实践水平,提高运用信息技术的能力,从而更好地教育学生,也更好地提升自己。信息技术应用同时也对教师素质提出了更高的要求,包括教学能力、教学行为、师生交流合作、创新能力等诸多方面,促使教师改进自身的教学行为、方法,加强师生交流合作,从而促进职业教育高质量、高速度发展。

三、高等教育普及程度与区域教育信息化的关系

知识经济时代,信息是解读时代的钥匙,信息技术的发展正在改变一切。信息技术与社会各行业融合在一起并促进它们的发展,教育要改革,教育信息化是关键,以教育信息化带动教育改革,尤其是高等教育改革是教育发展的必然趋势。当今高等教育正处于信息技术日新月异的阶段,同样也面临信息技术飞速发展带来的诸多挑战。

(一)云南省高等教育问题

1.教育管理信息化涉及范围不够全面

虽然建设范围、招生数量都在不断扩大,但高校人员流动大等现状也使高等教育管理成为复杂的问题。首先,我国教育管理仍然采用传统教育管理形式,导致很多问题不能够得到有效管理,一些不法分子利用教育管理的漏洞非法窃取教育资源,影响高校正常运转。其次,管理效率低下,产生这种问题的原因主要有两个,一是管理人员的专业素养较低,不能够灵活分析,而是僵化地按照管理规范处理,导致与教师、学生等诸要素产生矛盾,降低了管理效率;二是管理方法及设备过于陈旧,不能够有效处理问题,大部分操作为人工操作,这种传统的管理方式不仅会降低效率,还会使得事务更加繁杂。最后,管理制度某些方面不合理,高校事务繁多,管理方法也应不断变化,而管理标准往往过于陈旧,不符合实际需求,存在很多不合理之处。

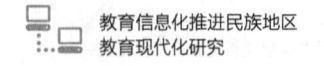

2.高校学生信息化学习水平低

有研究针对云南省少数民族大学生信息素养教育现状进行调查,发现学生存在对信息素养教育认识不足、教育内容陈旧、教育方式单一、新媒体利用有待完善等问题[①]。高校学生普遍可以接受教育信息化,但是接受的程度普遍较低,虽然对高等教育信息化有兴趣,但是对信息化学习兴趣较弱,多数学生自我效能不高,不能在教育信息化中获得成就感,因此,部分学生无法适应新教学模式。此外,教育信息化模式下,学生自我监控能力较弱,学习缺乏计划性、主动性,易受到外界干扰,尤其是网络上的信息干扰;学生学习评价和反思能力也较弱,导致学习效果较差。最后,高校学生不能充分运用自己的时间进行碎片化学习,虽然信息技术提供了十分丰富的教育资源,但学生不能够快速找到需要的教育资源。

3.高校教师信息素养不足

传统教学以教师为中心展开教学,教师作为教学的主体,讲解并传授自身所掌握的知识,为了提升学生考试成绩而围绕学生不断进行知识点强化练习,这种教学模式受制于教师的专业能力、道德思想、专业素养等,不同教师传授同一门课程知识会有不同的教学效果。现代信息技术的使用在一定程度上也受制于教师对信息技术的接受程度,一部分高校教师对信息技术存在抵触心理,且缺乏信息技术相关素养,这在一定程度上制约了信息技术在高等教育中的发展空间。

4.数据挖掘不够充分

在现代信息技术背景下,数据有着诸多特征,例如便于存储、传输。数据信息容量大、传输快,但是高校对于数据的挖掘还不够深入,不能够对数据进行细致且深入的研究,如果能够对数据进行充分发掘和使用,会极大提升高校教育的效率。造成这种情况主要是由于操作者对技术不够了解,缺乏相关人才,且一部分使用者对数据隐私及不安全信息较敏感。此外,缺少资金也是造成这种问题的原因之一。

[①] 徐艳萍.云南省少数民族大学生信息素养教育的现状及对策研究——以图书馆的建设为视角[J].煤炭高等教育,2018,36(01):119-122.

(二)教育信息化促进高等教育发展

1.教育信息化突破时空局限

教育信息化将传统教育时空局限打破,为高等教育从课堂转向多元空间提供了技术支持。现行教育制度最突出的特点是控制,即给予学生、教师、学校时空上的控制,要建构满足人人学习需求的个性化、菜单制教育就必须突破这些控制[1]。现代信息技术为现代教育增添活力,现代教育技术所提倡的"翻转课堂""慕课"等教学形态改变了传统单一的教学形式。信息化时代师生突破课堂场所限定,可以在自主的时空以慕课、视频公开课的形式展开教学,学生也可以对自身的学习活动进行调节和安排。最为突出的是,现代信息技术为学生提供了多元化的知识资源,对获取知识的渠道产生了重大影响。高校学生可以在学校、教室外获得知识,这在提升高等教育水平的同时也是高等教育面临的挑战。突如其来的疫情,也是对在线学习的极大考验,云南省中小学、高校都开展了在线教育。

2.教育信息化下高等教育师生角色的转换

传统课堂中的原有主体,即教师知识权威。现代信息技术不仅打破了时空限制,更为师生关系的重构提供了理论和技术条件。首先,获取知识的渠道多元化,这削弱原本作为知识权威的教师的主导地位,通过信息技术手段,运用信息技术改造教学,是实现学习者中心的必然途径,打破原有唯一知识获取渠道,构建多渠道获取知识的体系,去中心化的互联网特性促进了师生平等交往与民主协商[2]。其次,现代信息技术不仅为获取知识和技能提供可能,还可以帮助学生更好地完成前置学习和后置学习,现代信息技术使得大学生可以先于教师教学而获得新知识、观点,这种转换改变了师生中教师的权威地位,且这种变化使得翻转课堂成为可能。教师角色由"讲台上的圣人"向"学生身边的导师"转变[3]。最后,现代信息技术使得学生更为主动、大胆地与教师互动,弱化教师权威。"教学作为师生之间的交往活动,将从教师对学生关怀爱护发展到师生之间平等的深度交往"[4],使得新型师生关系建立在平等的基础上。

---

[1] 刘云生.论"互联网+"下的教育大变革[J].教育发展研究,2015,35(20):10-16.
[2] 冯永华.教育信息化促进教学方式变革[J].教育研究,2017,38(03):115-117.
[3] 乔纳森·哈伯.慕课:人人可以上大学[M].刘春园,译.北京:中国人民大学出版社,2015.
[4] 姜国钧.论教学的发展性[J].当代教育论坛,2017(02):17-21.

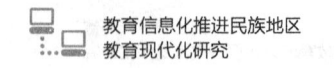

3.教育信息化促使教育文本向信息多元化转换

现代信息技术不仅对课堂教学产生影响,也对内容产生了深刻的影响。现代信息技术对教育内容的影响主要体现在两个方面:一方面,信息化作为现代化的七个典型特征之一,信息素养已经成为21世纪的现代人核心素养[①]。现代信息技术作为现代化发展的核心技术及人才所必备的基本素质,极大地丰富了教育内容。另一方面,教育信息技术在丰富教育内容的同时,也成为一种技术手段,将知识开放给全体社会成员。目前公共知识对传统高等教育课堂的影响微小,文本形式内容和有限的传播途径都极大地限制了公共知识对大学课堂教学支撑作用的发挥。基于信息技术,诸多知识可以通过新的渠道和形式传播给高校学生,翻转课堂、在线学习等形式让知识开放给公众成为可能,课堂外知识的不确定性可以丰富课堂知识的确定性,更好地支撑探究性教学。

4.教育信息化促使传统灌输转为自我建构

现代信息技术手段对教学主体产生了影响。现代信息技术时代,教学开始转向创造性探索,这表明,在信息化背景下,信息技术正在与传统教学进行一场新的改革和重构,现代信息技术作为一种新的教学手段对教师的"教"和学生的"学"产生着深刻的影响。传统课堂以教师讲授为主要形式,这种"灌输"手段随着现代信息技术的发展和变革,变成了以对话形式展开的互动式教学、探究性教学,学生可以基于自己个性的需要和自我知识建构的需要,运用信息技术进行学习,获取知识。信息技术使得高校学生拥有更多的自主权,开始由文本展现、黑板板书呈现向自我知识获取与建构转变。

第四节 云南省教育信息化推进地区教育公平与城乡教育一体化研究

在第三节阐述云南省教育信息化促进教育现代化重要性、必要性的基础上,本节主要从理论和实践层面探索信息化在实现教育公平与城乡教育一体化中的逻辑理路和实践路径。

---

① 褚宏启.教育现代化2.0的中国版本[J].教育研究,2018,39(12):9-17.

一、理论层面

　　社会公平是人类社会的共同理想和美好愿望,教育公平是实现社会公平的基础和必要条件。教育公平是社会公平在教育领域的具体体现,其核心是保障公民享有平等的受教育权利,即所有学生,无论性别、民族、出身、经济地位等,均拥有平等地接受教育的机会,公平地享有公共教育资源,在教育过程中被平等地对待,并具有取得同等的学业成就与就业前景的机会。以互联网为核心的现代信息技术的普及为教育公平创造了条件,借助现代信息技术的发展推进教育公平,不断从观念层面走向实践领域,已上升为我国教育发展的国家战略。优先提升教育信息化、促进教育公平是"十三五"期间加快推进我国教育信息化发展的必然趋势,信息技术对教育公平和教育质量的影响是近年来我国教育政策制定者和研究者关注的焦点。

　　2016年6月,教育部正式颁布了《教育信息化"十三五"规划》,这是继2012年发布《教育信息化十年发展规划(2011—2020年)》之后,教育部为了深入推进和落实教育信息化而进行的重大战略部署。《教育信息化"十三五"规划》中明确提出"优先提升教育信息化促进教育公平"是"十三五"期间的主要任务之一,并将"全面提升教育质量、在更高层次上促进教育公平、加快推进教育现代化进程"列为教育信息化的重点,为我国教育信息化发展目标和路径定性[1]。2016年原晋宁县教育局为确保实现义务教育基本均衡发展目标,召开义务教育均衡发展工作会议,通过对公用经费、教师素质、管理水平的调整,促进全县城乡教育和谐发展[2]。2017年,昆明市教育局立项城乡义务教育阶段学校公用经费,用于城乡各校教学条件改善,优化教育布局,实现义务教育均衡发展,促进教育公平,预算资金48 291.44万元。2018年5月30日,在大理白族自治州召开云南省信息化工作会议,借助均衡教育的良好机遇,加强全省中小学教育信息化基础设施建设。

　　2019年,在昆明市教育大会第二阶段会议上,昆明教育体育局对《昆明教育现代化2035》《加快推进昆明教育现代化实施方案》及其11个配套方案进行了解读,总体目标是到2035年,实现更高水平的教育,提供更加丰富的优质教

---

[1] 赵慧臣,马悦,马佳雯,等.STEM教育中如何实现教育公平——《STEM教育需要所有儿童:公平问题的批判性审视》报告启示[J].现代远程教育研究,2018(05):59-67.
[2] 昆明市教育体育局.加快推进义务教育城乡教育均衡发展[EB/OL].(2016-02-16)[2021-03-27].http://jtj.km.gov.cn/c/2016-02-16/3336229.shtml.

育,形成惠及全市的公平教育,与全国同步实现教育现代化。至2022年将基本构建昆明教育现代化体系,教育主要发展指标高于国家平均水平,学前三年毛入园率、九年义务教育巩固率、高中阶段教育毛入学率分别达99%、96%、93%[①]。

2020年1月,云南省会泽县规划投资9.1亿,启动建设三所高中,以普及高中阶段教育,促进普通高中优质均衡发展。2020年,弥渡县采取四项措施全力推进教育公平[②]。第一,紧扣全面提升教学质量目标,突出民生需求,坚持优化育人,促进教育提质增效;第二,营造一个环境基础,均衡配置教育资源,推进办学条件标准化;第三,保持一种势头推进改革,积极推进"县管校聘"改革,推动现代化教育系统的构建,推进城乡公平、均衡发展;第四,保就学,严格按照"一个都不能少"的要求,通过整合多方教育资源,保证特殊群体孩子的教育。2021年,在昆明市盘龙区委、区政府的关心支持下,围绕"三名工程"积极推荐教育资源合理布点布局及资源均衡化发展,该地区自2017年开始实施多项工程,不断对教育设施进行改造,通过提升义务教育学校管理标准化水平,制订义务教育学校经费保障标准,落实义务教育学校信息化配备标准,从而提升义务教育均衡化水平[③]。

目前,我国教育不公平的问题还很突出,尤其是像云南省这种西部少数民族聚居地区,由于自然环境恶劣、交通不便、经济水平低、人们思想观念落后,造成教育发展相对滞后。人们普遍认为,社会分层是导致社会不平等及教育不公平的主要原因。由于社会分层在相当长的历史时期内无法完全消除,因此教育不公平也难以避免。但教育公平又是非常重要的,首先,就内源性根基而言,教育公平是教育的本源性价值,它基于人的本质发展。在今天这样一个竞争残酷的社会,教育公平更是保障每一个人尤其是弱势群体的基本权利、守护人性、促进个人自由而全面地发展的最重要机制。其次,就外在性基础和需要而言,教育公平是社会可持续发展的主要基础及重要动力,是当前我国社会发展的必然追求与价值选择。再次,教育公平是当今世界的"普世价值",为世

[①] 昆明市人民政府.2022年我市基本构建教育现代化体系[EB/OL].(2019-09-10)[2021-03-27]. http://www.km.gov.cn/c/2019-09-10/3121451.shtml.
[②] 皋利民,李正林.弥渡采取四项措施全力推进教育公平[N].大理日报,2020-08-30(3).
[③] 昆明市教育体育局.盘龙区科学提升城乡义务教育均衡化水平[EB/OL].(2018-09-29)[2021-03-27].http://jtj.km.gov.cn/c/2018-09-29/3338035.shtml.

界大多数国家所认同,同时也是我们社会主义国家教育追求的核心目标。

　　教育公平具体来讲,就是在起点、过程、结果三个方面确保公平地对待每一个学生。教育起点公平保障了教育机会的"平等性",即在分层的社会结构中,处于任何地位的人群都具有接受教育进而实现阶层流动的均等可能,这是每一个人的基本权利。教育过程的公平保障了个体发展的"适己性",即促进每一个受教育者在其原有基础上得到充分的发展。教育结果的公平则保障了个体教育增值的"公平性",即教育结果的公平并非学业成就的整齐划一,而是教育系统自身的变量对于学生所造成的教育增值平等,这种结果的公平是教育公平的最终实现。

　　由于优质教育资源的短缺,弱势群体受优质教育的机会以及占有的优质教育资源少得可怜,所以均衡获得优质教育资源就成了一个问题,这集中表现在被钱权侵入的择校问题上。一方面,由于受到市场化的冲击,不少地方对优质教育资源的竞争已经演变成为家庭经济收入以及政治权力的竞争[1]。另一方面,身份不同的受教育者在教育起点上也不公平。城镇户口与农村户口的孩子接受教育的机会就有明显差别,乡村小规模学校是城乡教育质量不均衡的"重灾区",是中国教育现代化的"最短板",全面提升小规模学校教育质量是乡村振兴背景下阻断贫困代际传递的"治本之策"。

　　经济发达的沿海地区,由于率先跨上了信息时代的"高速列车",发展越发加快,优势呈几何级数提升,诠释了信息时代的"马太效应"。从这个意义来说,本可以促进教育公平的信息技术,反而在一定程度上"阻滞"了教育公平的发展。原有的差距只在有限范围内缩小,可是又增加了时代性的新差距,使教育公平实现的难度进一步加大。这是时代带给人们的教育公平新难题。政府和教育界对此已有清醒认识,采取种种措施加以破解,比如我国政府从2003年开始持续5年投入111亿元建设农村中小学现代远程教育工程,就是积极的应对措施。然而,提升信息时代教育整体公平度的任务还十分艰巨。

　　教育资源配置不均衡和优质教育资源的稀缺是学校竞争的重要原因,学校间的竞争根本上是优质教育资源的竞争。每个学生在受教育过程中能否公正平等地享有教育资源决定着学生的发展,进而影响整个基础教育的质量公

---

[1] 陈纯槿,顾小清.互联网是否扩大了教育结果不平等——基于PISA上海数据的实证研究[J].北京大学教育评论,2017,15(01):140-153+191-192.

平。云南省教育信息化为教育领域带来的变革创新是多方面的，其中最突出的就是可以实现优质教育资源的共享。当地通过专递课堂、同步课堂等方式，实现了山里孩子与城镇学生共享优质教育资源，以互联网为核心的现代信息技术可以高效率、低成本地实现优质教育资源的共享，促进区域内学校的均衡发展。学校间存在差距、各有优劣势，构建学校间的协作伙伴关系可取长补短、共同发展。"互联网+"背景下的校际协作是一个不断发展的过程，也是学校不断从封闭走向开放的过程。

二、实践层面

在运用信息化之力提升云南民族地区教育公平程度的过程中，云南省结合"数字云南"打造智慧教育优质灵活新能力的建设要求，积极探索具有云南特色的教育信息化发展模式，主要从以下几个方面着手。

（一）革新理念形成新共识

从工业时代进入信息时代，不是时代的简单递进，而是翻天覆地的社会巨变。在时代变革中，只有打破传统思维、克服对传统路径的依赖，创新与时代相适应的理论、方法、路径，才能适应时代，进而引领时代。鉴于此，在教育公平方面，要革新理念，形成新共识。"十三五"期间，云南省昆明市宜良县念好"推、领、促、抓"四本经，全力推进教育信息化，促进教育均衡发展。

一是以政府投入为主，多渠道筹措经费，"推"进教育信息技术装备水平，构建覆盖全县的多层次、多规格、多功能的开放型教育信息网络；由政府通过国家财政拨款提供建设资金主导、组织建设信息资源，建设后的信息资源原则上不加限定地供人民广为享用。下关四中在两校区推进"云课堂"教学改革并稳步发展的同时，不断提升教育教学质量，组织大理市第三片区教研活动，帮扶大理经济开发区中小学推动义务教育均衡发展，发挥了该校的示范引领作用[1]。

二是发挥校长及教学骨干的示范引"领"作用。校长和教学骨干在教育教学中充分发挥示范引领作用。充分认识教育技术装备工作在教育现代化中的先导性、基础性地位，采取的工作措施扎实有效，教育技术装备工作为推进素

---

[1] 辛向东.下关四中教育信息化工作走在全省前列[N].大理日报,2018-06-08(3).

质教育和教育现代化进程提供了有力的基础性保障。如果说微课是信息化环境中的教学资源,慕课是在线教学平台,翻转课堂是教学方法论,那么创客则是最终的培养目标。透过微课、慕课、翻转课堂和创客教育,我们可以清晰地看到第四次教育革命所带来的教育理念和教学模式的变化,即基于班级授课制,以教师为中心、教材为中心、教室为中心的知识传授模式逐步让位于基于广泛学习资源,以学生为中心、问题为中心、活动为中心的能力培养模式。这种教育理念和教学模式的变化才是第四次教育革命的实质与核心。"信息技术对教育具有革命性的影响",这种革命性影响就应该在当下发生,而非是在久远的未来才实现。

三是"促"进信息技术应用。促进理念转变、教师成长、学生学习及学科教学整合,"抓"培训工作,[①]重点抓国培计划、送教下乡、教师电子白板操作应用、省市县教育信息技术培训、新教师岗位技能培训、现代远程教育技术课堂、考核评价机制制度化。社会形态的更替和媒介技术的发展一直是推动教育变革的根本性力量。利用信息化促进教育公平,既要着眼于新一代信息技术的应用,又要注意现有信息技术的巧用、创新性的运用。事实上,现在的移动、无线网络覆盖范围广,一定程度上已经具备了支持泛在学习的条件;数字化显示设备的清晰度、对比度以及色彩表现已完全可媲美纸质印刷品。我们既要面向未来,也要使现有信息媒体发挥最大作用。

(二)提升教育公平的信息化新路径

教育公平问题一直以来都是教育领域关注的焦点问题。由于不同地区经济水平、师资力量等差异,直接影响了当地教育质量,不利于教育公平的实现。在区域发展不均衡导致教育起点不公平的现实情况下,教育信息化可以在实现教育过程公平和结果公平两方面发挥重要作用。主要可以通过利用网络在更大范围内共享名师课程资源;建设智慧型学科大门户,大规模传播共享优质学术资源;大力发展智慧型课程,建构高层次教育公平。

1.利用网络在更大范围内共享名师课程资源

人力资源是第一资源。无论哪个国家,名师资源总是最为宝贵的教学资源,在基础教育普及问题已解决以及高等教育由大众化向普及化快速发展的

---

① 昆明市教育体育局.宜良县念好"推、领、促、抓"四个经全力推进教育信息化促进教育均衡发展[EB/OL].(2016-03-09)[2021-03-27].http://jtj.km.gov.cn/c/2016-03-09/3336286.shtml.

情况下，实现教育公平的最高要求是让学习者接受名师的教导，然而名师又是稀有资源，传统手段无法让绝大多数人都接受名师教育，但利用网络可在全国乃至世界范围内共享名师授课资源，一定程度上解决了教育资源配置不均衡的问题。

许多学校都进行了创新行动，上海开放大学请名校名师上课，让开放大学的学习者享受名师资源；风靡全球的MOOC，让人们在世界范围内享用名校资源；我国"班班通"中的优质资源"专递课堂""名校课堂""名师课堂"，是我国基础教育领域共享名师资源的实践；我国建设的国家精品资源共享课、国家精品视频公开课，同样使大规模学习者可以更加方便地获得名师教学资源。利用网络在全国乃至世界范围内共享名师授课资源，已成为一种潮流，势不可挡，但目前仍是初级形式。国家层面上，借鉴MOOC和学分银行，与网络学习空间人人通建设相融，构建共享名师授课资源的高级形式，真正构建能支持学习方式革命的平台。

时代发展与14亿人口的大国优势结合，决定了我国共享名师授课资源可以在世界上做得最好，为此还研究设计了"视—传—研—创"的新教学模式，其本质是不仅将名师资源在更大范围内利用，而且将其与人的高级思维能力培养、创新创造能力培养紧密相连，将名师作用发挥到极致。"视—传—研—创"教育模式是指用名师的教学视频大规模地传递基本的教学信息，学习者通过观看名师视频进行基本的学习，但伴随而来的是通过主动获取、利用数字化资源的学习与分析，加深对视频内容的理解，拓展学习内容的范围，再通过教师组织的头脑风暴式的研讨，启发思维，激发灵感，深化对学习内容的认识，产生新的思想火花，在此基础上，进行个人和集体的创新创造。与之相类似，人大附中推出的"双师教学"模式，将"网上远程授课"与"当地课后辅导"相结合，具体做法是让教育欠发达地区学校的学生观看人大附中的直播课程，在收看线上课程的同时，由当地学校教师针对课程内容组织讨论、答疑等教学活动。这样，一方面利用了优质的名师名校资源提升课堂教学质量，另一方面弥补了视频教学缺乏互动、难以实现个性化教学的缺陷。这种教学模式对教育欠发达地区的教师专业水平的提升也起到很大的促进作用，有效地促进了教育的均衡发展。如何将海量的优质教学资源引入到教学过程中并有效地加以利用，需要进行教学模式的创新设计，将对优质资源的应用贯穿教学始终，从而提高教学质量,改善师资差距带来的教育过程不公平现象。云南省积极探索"国培"与本地教师培训、远程网络研修与校本研修深度融合的模式,例如广南县1 173名教师在中国教师研修网参加了研修,设立了18个工作坊,创建了县域教师网络研修社区。近年来,沧源县整合教育部"国培计划"和"信息技术支持下的区域教师教研模式研究"项目资源,实施教师全员网络教研。2019年上半年,全县开展线上与线下混合教研活动89场,专题讲座8场,参与教师达5 000余人次,平均每人至少参加2场集体教研活动,有效促进了城乡教师交流,激发了教师参与推进教育教学改革的内生动力[①]。

2.建设智慧型学科大门户,大规模传播共享优质学术资源

网络上信息资源数量极为庞大,然而对网络学术信息资源的发展缺少战略规划,"人们淹没在信息资源的海洋中,却又在忍受着知识的饥渴"。网络上缺少专业的特别是学科的资源,而这些资源对于创新型国家建设、创新型人才培养至关重要。信息资源作为一种战略资源,是现代社会生产力的基本要素。学科信息资源是居于最高层次的信息资源,代表了一个国家和社会的发展水平,体现了学科的高度,直接关系到科学研究、人才培养、社会发展、文化传承创新等方面,在经济社会发展过程中具有不可替代的作用。因此,我们一方面要大力建设优质资源,另一方面要将优质资源集中展示。建立一个结构优化、平台先进、机制完善的学科信息资源服务体系是时代的需要,不仅可以引领我国信息资源建设迈上新的台阶,还有利于各专业、各学科人员在具有公平的专业和学科信息资源的环境下成长。学科信息资源创新建设,应成为创新型国家建设的重要组成部分,应将其系统的资源建构提升到抢占学科信息资源平台国际制高点的高度给予重视。学科信息资源最直接、最有效的表现形式是学科门户。建设智慧型的学科门户,可促进专业人才高层次发展、创新发展,着眼的是实现高层次教育公平。智慧型的学科门户,应齐聚所有学科门类一、二级学科的资源,应成为学科的智慧生成平台、学科变革创新平台、协同创造平台、学科激活发展平台、学科资源深度聚合平台,并提供移动网刊,力求将之打造为世界级的中文学科资源中心。

---

① 云南省教育厅.优质教育,翻山越岭遇见你——全省教育信息化工作典型经验扫描[EB/OL].(2019-10-28)[2021-08-27].https://jyt.yn.gov.cn/web/4ded6fa79f27422a8624c60ce2838ad3/0c35f08eda5f4d99b0ce5db83ad65db2.html.

3.大力发展智慧型课程,建构高层次教育公平

当前教育存在若干深层次问题,比如教学内容陈旧并有相当多的内容远离社会需求,应试教育仍然大行其道,教育评价仍以知识性、记忆性、终结性为主,忽视了对学生创新能力、解决问题能力和高阶思维能力的培养等,故此有了著名的钱学森之问——为什么我们的学校总是培养不出杰出人才?在此我们追问,如何才能利用信息化手段解决这一时代难题,在培养创新人才的层面上实现时代化的高位教育公平?目前教育信息化已发挥了促进教育公平的作用,大多体现在利用信息技术对教育资源配置的优化与均衡上,可以说这种作用仍属于新瓶装旧酒式的,并非是颠覆性创新,这很难撼动当前教育存在的深层次问题,所实现的教育公平,也只能是低层次的公平。我们需要跳出传统思维,巧用信息技术对教育的革命性影响,通过创新,发展智慧教育,激发学生的智慧和创造性,促进教育活动相关者(学生、教师、家长、管理者、社会公众等)的智慧养成与可持续发展,从根本上解决教育的深层次现实问题,建构更高层次的教育公平。

创新与发展智慧教育,激发学生的智慧,核心是以建设智慧型课程为抓手。所谓智慧型课程是按时代要求全新建构的新型课程,它具有多元性、生成性、发展性、社会性、连通性、创造性、智能性等特征,是智慧化功能集聚的课程。智慧型课程以有助于培养学生高阶思维和创新创造能力的"长链学习理论"为指导,以"视—传—研—创"为基本学习模式,以立体多元的评价方式为根本。立体多元评价包括评价学习者视频学习与及时强化训练情况、递进式练习(闯关游戏形式)情况、阶段性测验情况、综合项目训练情况、优秀作品创新创造情况、学习进步幅度、突出贡献情况、协作合作学习情况、期末考试情况等。在智慧型课程为学生建立的个人学习空间中,全方位记录学习者的所有学习信息,包括学业数据与学习轨迹,建立学习分析模型,以大数据技术分析学生的知识与能力发展水平,以评价制度的改革促进学习方式改变,使学习更有趣味性、挑战性、进步性。智慧型课程是对传统课程、传统教学模式、传统学习方式、传统评价制度的颠覆。云南农业大学附属中学作为华中师范大学教育大数据应用技术国家工程实验室的"教育大数据应用技术国家工程实验室实践学校",积极响应国家政策,2019年引入了智慧课堂——"271BAY"。

以上利用信息化提升教育公平举措的共同特点,是突破了过去立足于地

域以及学校的"小农经济"模式,实现全国范围乃至世界范围内的提升、发展、共享、融合。信息通信技术的不断完善,云技术以及大数据的方兴未艾,为中华民族变革教育、引领世界创造了机遇,我们必须珍惜和把握。

第五节 云南省教育信息化推进地区教育质量提升研究

国务院印发的《关于加快发展民族教育的决定》要求,到2020年,民族地区教育整体发展水平及主要指标接近或达到全国平均水平,逐步实现基本公共教育服务均等化[①]。文件强调,加快推进民族地区教育信息化水平,加强民族地区教育信息基础设施建设,加快推进"宽带网络校校通""优质资源班班通""网络学习空间人人通"建设,国家教育资源公共服务平台优先向民族地区学校开放。制订民族地区教育资源建设方案,开发、引进、编译双语教学、教师培训和民族文化等数字资源,并推广应用。在大规模在线学习平台上,开发面向民族地区的教育课程。鼓励民族地区与发达地区之间的校际交流。以中小学和职业院校教师为重点,加强对教师信息技术应用能力的培训,全国中小学教师信息技术应用能力提升工程向民族地区倾斜。本节对教育信息化对云南省民族地区学校办学特色、人才培养质量、招生考试制度等多方面内容进行深化研究。

一、民族地区学校办学特色

现代化的实质是现代性的获得和深化,教育现代化是教育现代性不断增长和深化的过程。历史经验告诉我们,教育的现代性不是体现在器物的革新和制度的变迁上,而是要落实在人的观念层面,实现人的现代化。社会的现代化对我国的传统文化有很大的影响。社会体制的转型、外来文化的渗透和人们价值观的改变等,使得传统文化面临十分巨大的挑战。打破学校与社会的壁垒,实现民族地区资源互通共享,互惠共赢,在保护与传承传统特色民族文

[①] 国务院.关于加快发展民族教育的决定[EB/OL].(2015-08-17)[2023-09-06].https://www.gov.cn/zhengce/content/2015-08-17/content_10097.htm.

化的同时,阐述和发挥其现代教育价值,不仅成就民族文化创意人才,而且能够强化在校学生和广大民众的民族团结意识,铸牢中华民族共同体意识。

民族文化在脱贫攻坚进程中起到重要的助推作用,云南省少数民族文化经千百年积淀已内化为各少数民族稳固的价值体系。民族地区办学活动的展开,离不开对民族文化的尊重与传承,民族地区的区域环境对于信息化工作的开展是极为有利的,将信息化教育平台纳入民族区域工作中来可以有效推动教育质量的提升。通过研究适应区域内不同民族地区特点、教育层次、数字化教学环境的硬件、软件以及服务支持,选择合适的现代化教学技术设备,进而构建满足需要的数字化环境,使各族人民都可以参与到教育信息化建设中去。在民族地区综合采用在线学习、虚拟学习、移动学习、游戏学习等多种方式,对教育信息化建设与使用脱节的问题进行处理,做到"有建有用,建为所用"。依据当前民族教育信息化的实际,更多地研究少数民族在数字化情境下学生学业、综合素质以及个性发展的评价方法,从而形成民族地区信息化办学特色。为了落实《教育信息化2.0行动计划》,根据教育部《2020年教育信息化和网络安全工作要点要求》,教育部民族教育发展中心实施了"智能教育赋能民族教育发展扶贫计划",与阿里巴巴钉钉(中国)教育、中国发展研究基金会等单位合作,共同建立民族地区"智能教育试验区实验校"[1]。在此基础上,还可继续开展"民族教育智能化示范校"和"畲乡游戏项目化学习示范园"等新项目、新路径的探索。在各省、自治区、直辖市教育厅等组织下,遴选了121所学校作为试验校,云南省禄劝彝族苗族自治县思源学校、禄劝彝族苗族自治县屏山小学被选为民族地区智能教育试验区实验校。

二、人才培养质量

信息技术推进"智慧教育"发展,《昆明市教育信息化促进计划(2011—2015年)》在昆明实施后,全市信息化工作行程以"智慧教育"为目标,推进全市教育信息化进程,并在四个方面取得了较好成绩[2]。一是建立了多元化投资机

---

[1] 教育部民族教育发展中心.关于公布《首批民族地区"智能教育试验区实验校"名单》的公告[EB/OL].(2020-11-25)[2021-03-28].http://mjzx.moe.cn/edoas2/nationality/messageView.jsp?id=1606264692156518&infoid=1368516870513339.

[2] 昆明市教育体育局.信息技术推进"智慧教育"发展[EB/OL].(2014-03-17)[2021-03-28].http://jtj.km.gov.cn/c/2014-03-17/2248593.shtml.

制,为市教育信息化建设提供了资金保障。2013年,市教育信息化建设投入达到2.076亿元。二是从理论到实践,使"三通两平台"成为市教育信息化的基本框架,实现了各阶段学校接入互联网,普及多媒体设备,学生计算机数量快速增长,县区教育网站崛起,提供优质教育资源。三是截至2013年完成了两项重点项目,分别为"数学点数字教育资源覆盖"以及"薄弱学校改造——多媒体设备"项目。项目顺利完成并通过省级市级验收,提升了昆明市人才培养质量,形成了信息化的人才培养模式。2014年,昆明市依据《昆明教育信息化促进计划(2011—2015年)》,推进以资源为主线、网络为载体、服务为重点的专业发展方式,推进实施"宽带网络校校通""优质资源班班通""网络学习空间人人通"的进程。

"十一五"期间,组织全市性的远程教育专兼职教师信息技术培训,参加培训的教师累计3 000人;职称评定、履职晋级的教师都参加了职称计算机考试;组织了1万多名中小学教师参加了"英特尔未来教育培训",并获得合格证书;2009年起,开始组织教师参加教育部组织的"教师教育技术能力培训";通过昆明教育信息港(网站),有12 800多名教师参加了小学教师继续教育远程培训。通过引进、整合、研发、共建等多种渠道,已经初步形成能够体现昆明教育特色和水平的市级数字化教学资源库。基于昆明教育信息港的昆明教育资源库已有2 300 GB的19 000多个资源,内容涉及基础教育所有学科,也涉及职业教育、特殊教育等领域。部分县(市)区和学校也开发了相当数量的具有地方特色的数字化教学资源,个别学校还能够上网共享课程资源。

三、招生考试制度

根据《中国教育发展报告2018》,云南省基础教育信息化发展各项指数如下:综合指数44.98,位居全国第27;教育资源36.43,位居全国第29;教学应用42.42,位居全国第28;基础设施45.12,位居全国第19;管理信息化49.82,位居全国第15;保障措施45.84,位居全国第23,整体处于全国中等偏下水平。[1]为改善这一状况,政府和学校应加大优质教育资源的开发力度,并通过教育信息化的发展实现优质教育资源同步共享。为此,要注意以下三个问题。

---

[1] 教育部教育信息化战略研究基地(华中).中国教育信息化发展报告2018[M].北京:人民教育出版社,2019.

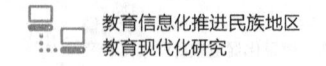

(一)优质教育资源的界定

谢维和认为,优质教育资源是一个历史的范畴,它将随着时代的发展而变化和丰富,且应该包括五个方面内容:一是学校的文化资源,包括学校的办学理念、价值观念、教职工的认同感和所在地区的支持;二是学校的制度资源,包括学校正式规章制度、非正式制度和外部制度资源;三是学校的物质资源,包括学校的软硬件环境及其配置方式;四是教师资源,包括教师研究能力、职业精神与专业能力、合作能力与团队精神;五是学校的特色资源,包括教师风范和校长风范,还包括文化、制度和物质以及培养的学生[①]。由此可见,现阶段我们开发的资源,只能称之为数字化课程教学资源,仅为优质教育资源的一个重要组成部分。对优质教育资源的质量界定也存在分歧。调查发现,众多专家评选出的优质教育资源,并不被民族地区基层教师认可。究其原因,评价主体错位是主因。因此,为促进教师获得优质教育资源,各级教育管理部门应该由资源建设者转变为资源服务提供者,把资源评价的权利还给教师,同时把资源开发的经费转移支付给学校,由学校自主开发或选择购置优质教育资源,教育管理部门的主要工作是监管经费使用情况和验收资源开发项目成果。

(二)优质教育资源的形态

这里的资源形态主要是指教育教学信息的传输通道和呈现形式。国家拓展了基于网络的教育资源公共服务平台和基于IP卫星的教学点优质数字教育资源传输模式。具体到资源的呈现形式,有文本、图像、视频、音频、动画、多媒体课件和专题学习网站等类型。我们认为,要优先开发视频教学资源、专题学习网站和电子书包。一方面,视频教学资源能够为学生提供真实的课堂学习情境和向优秀教师学习的机会,有利于激发学生的学习兴趣和提高学习效率,也有利于培养学生分析问题和解决问题的能力。另一方面,视频教学资源能够为教师提供真实的课堂教学情景和向优秀同行学习的机会,有利于促进教师教学观念的转变和教学技能的提升,也有利于教师对课堂教学过程中默会知识的学习。还要加大优秀教师讲课视频、教学公开课、教学示范课和学科教学研讨活动视频资源的开发力度。当前的视频教学资源过于简单,且是一维、封闭的,缺乏交互。因此,视频教学资源应该借助网络技术和数据库技术,发

---

① 谢维和.论优质教育资源的涵义与建设[J].人民教育,2002(11):24-26.

展成为融视频、音频、图片、动画、网页等形式于一体的超媒体资源。另外,随着中小学宽带接入和网络条件下教育环境建设的不断推进,专题学习网站将会发挥更大的功能与作用。通过专题学习网站,可以开展基于专题资源学习、自主探究式学习、小组协作式学习和研究性学习等学习模式的课程,培养学生的信息处理能力、自主学习能力、协作学习能力和探究学习能力。再者,电子书包是随着教育资源发展出现的新形态。电子书包的使用,能够打造全新的教育环境,促进教学模式和学习生态的变革,以及促进教育均衡发展,实现终身学习和全民学习。

(三)优质教育资源的开发

开发优质教育资源前,首先要做好顶层设计,从全局出发,避免低水平的重复建设。在理念上,要优先考虑教育资源的开放性、共享性、扩展性和可移植性,要坚持区域规划指导与学校自主实践相结合的原则,资源要能够满足学校发展、教师教学和学生学习的个性化需求。在技术上,依据现有条件,充分利用计算机网络技术和数据库管理技术搭建教育资源公共服务平台,实现教育资源信息的互联互通。同时,民族地区优质教育资源的开发也要积极引进和应用云技术,在构建基础教育云服务平台的基础上建设教育云资源。另外,民族地区还要重视双语教育资源的开发,因为云南少数民族有自己独特的民族语言和文字,现阶段开发的双语教学资源,无论数量还是质量都明显不足。

在优质教育资源的共建共享方面,充分运用互联网和现代数字技术的优势,学校完全可以做到用最优化的教学方案集中解决班级教学的共性问题,创造使所有班级的学生公平享有校内优质教育资源的机会,缩小班际优质资源配置的差距。学校可以建设基于互联网的优质教育资源共享系统和在线个性化学习支持系统,通过优质教育资源共享系统,把学校每个年级和学科中最优秀教师的教案文本、教学视频等推送教师选用,从而提高民族地区的教育教学质量。同时,通过个性化学习支持系统,及时为学生提供个性化的内容、指导和帮助,既提高了教育效率又照顾了学生差异,较好地实现了学生受教育过程的公平性。当然,无论是缩小班际资源差距,还是开发在线个性化学习支持系统,都需要教师分工协作、汲取彼此智慧,真正形成优势互补的教研共同体。学校应该反思并改进现行的教研模式,努力寻求和遵循集体行动的逻辑,有针对性地设计一种调节教师之间利益关系的动力机制,为教研共同体的形成提供必要的制度保障。

学习活动设计是否科学合理地面向每位学生、是否能激发每位学生的学习动机,以及能否真正让每位学生学到知识并提高能力非常重要。因此,教育信息化过程中的教育质量问题不仅需要关注政策等宏观层面,还需要从教学活动等微观层面探讨如何落实。教师作为教学活动的直接承担者,在教育信息化发展中发挥着重要作用。学校和教师应当从以下几方面着手,在推动教育信息化发展过程中注意保障教育质量的提升。

(1)教师充分了解学生及其家庭背景,与家长相互配合,了解其学习困难的原因,有针对性地激发学生的学习动机。教师为学生尤其是弱势群体学生树立学习的榜样,如将残疾人顺利使用互联网、多媒体学习设备的案例与学生分享,增强弱势群体学生在教育信息化领域获得成功的信心。

(2)开设文化回应性课程。文化回应性教育立足于实现教育公平,关注学生文化差异,尊重学生不同文化背景,尊重不同民族的文化,并把不同文化应用于教材、课程中,使学生能够在课程资料中找到文化认同感。

(3)立足多民族国情,尊重学生的文化差异。中国是多民族国家且国土辽阔,不同民族或区域的学生拥有自身独特的文化背景,学生对某一问题的观点和看法往往受自身文化习俗的影响。根据教育公平理念,在开展探究学习活动前,教师应尽可能全面深入地了解不同学生的文化,并根据不同文化背景下学生的学习特点和思维方式,采取相应的教学策略、教学方法和评价方法,充分尊重学生的文化差异,不将文化强加给学生,使学生认清本民族文化与主流文化的关系,树立正确的文化价值观。

(4)实施严格标准,教师对所有的学生均有较高的期望,不论学生的民族、性别、家庭出身、智力水平等条件如何,教学内容应与当地以及社会公正问题相关联,促进积极的探究学习。鼓励学生,尤其是弱势群体学生,强化能力能被扩展的观念,增强学生对自身有能力完成任务的信心。教师应将探究学习的动机建立在学生的个人兴趣、当地的社会和环境问题以及社会价值观的基础上。

教师采用双语教学,用两种(或多种)语言进行学科教学活动,为非正式语言和不同民族的语言创造使用空间,尊重语言文化的多样性,增强少数民族学生的归属感。强调所有学生应在探究学习中作出贡献,鼓励他们积极参与到探究学习活动中,体现自身的价值,如在小组中扮演特定角色或者有明确的任务分工。教师根据学生的学习动机差异,采取相应的策略来激发学生的学习兴趣,做到因材施教。例如,有的学生因为兴趣选择学习理工科,教师应鼓励其钻研学科知识;有的学生为了找到好工作以改善家庭经济状况来选择学习理工科,教师在授课时应注意将学科知识与实际应用相结合。教师接受学生之间的差异,认识到学生对某一问题的看法和观点往往是建立在自身社会文化及知识背景上的。由于文化背景和已有知识不同,他们得出来的结论可能有所差别,教师应能够欣赏并接纳多元化的学习成果。教师应注意观察男生和女生互动的不同,鼓励男生多解释概念,鼓励女生多提出问题;反思自身是否存在性别方面的隐性偏见,确保为所有学生提供平等询问和讨论的机会。教师应该采用多元教学评价方式。我国长期重视理论知识的教授,惯以考试成绩评定学生的学习。为打破以总结性评价为主的传统评价手段,体现教育公平,教师应该采用多种评价方式评价学生的教学表现。例如,我国高考制度逐渐由一考定终生转变为综合素质评价,强调学生过程性成果,有效避免了偶然性与片面性造成的评价不合理现象,也体现了对教育公平的关注[①]。

另外,教师是推进教育公平的最宝贵资源,是提高教育质量的关键实践者。为确保教育信息化的高质量开展,要提升教师专业素养和教学水平。除集中培训之外,还包括教师对自身的日常教学行为进行反思,主动发现并尝试解决在教学实践中出现的问题,即进行教师专业学习,提升跨学科教育师资的专业能力和科学素养。

在云南教育信息化发展的过程中,我们还应当关注师生的数字化生存境遇,应对新的数字鸿沟(Digital Divide)。经济合作与发展组织(OECD)新近发布的报告显示,无论是在发达国家还是在发展中国家,即使是处境最不利的学生都有机会接触互联网,但个体之间的教育差距并未因互联网的普及而日益缩小,甚至数字鸿沟正在逐渐地扩大。尤其对于家庭处境不利的学生来说,互联网使用时间并未真正转化为汲取新知识和技能的契机,因而无法有效降低教育结果的不平等。随着网络的普及,传统意义上的数字鸿沟不断缩小,但新的数字鸿沟已经出现,而且其影响越来越大。当前,虽然我国西部地区教育信息化硬件建设取得了显著成效,但在对互联网、多媒体计算机等技术设备与手

---

① 陈耀华,陈琳.教育信息化提升教育公平研究[J].中国电化教育,2014(07):70-74.

段的有效利用方面,不同区域、不同学校以及教师与学生个体间均存在巨大差异。一方面,个体的技术操作水平不同,其获取信息的能力就不同。另一方面,个体选择和利用信息的目的、内容、方法不同,信息的使用效果也会有很大差异。如有的学生把运用信息技术进行有意义的学习活动混同于进行简单的信息浏览,还有些学生沉迷于网络游戏和娱乐。在这种情况下,仅有硬件条件的平等还不足以有效地实现教育公平。对此,必须充分关注师生在信息技术使用技能、时间、方式、频率和应用类型等方面的差异及其影响。应对新的数字鸿沟,可在推进教育信息化基础设施建设的同时,做好两类学生群体的工作,一是大力提升农村地区、边远山区学生的信息素养,使之在意识、技术、文化等多层面顺利融入时代发展大潮;二是加强对弱势群体学生信息素养的培养,使之能够借助信息技术有效弥补其在身体、感觉、认知、情感等方面的不足。信息素养的提升是一项长期的工程,可以通过"做中学"的方式逐步推进。新的数字鸿沟的出现是多种因素共同影响的结果,仅靠学校的力量是不够的,还需要政府、家庭和社会等多方面协同努力。

第六节 云南省教育信息化推进地区教育保障水平研究

20世纪90年代以来,国家实施的一系列重大工程和政策措施,为我国教育信息化发展奠定了坚实基础。面向全国的教育信息基础设施体系初步形成,城市和经济发达地区各级各类学校已不同程度地建有校园网并以多种方式接入互联网,信息终端正逐步进入农村学校;数字教育资源不断丰富,信息化教学的应用不断拓展和深入;教育管理信息化初见成效;网络远程教育稳步发展,为构建终身学习体系发挥了重要作用。教育信息化对于促进教育公平、提高教育质量、创新教育模式的支撑和带动作用初步显现。必须清醒地认识到,加快推进教育信息化还面临诸多的困难和挑战。对教育信息化重要作用的认识还有待深化和提高;加快推进教育信息化发展的政策环境和体制机制尚未形成;基础设施有待完善和提高;数字教育资源共建共享的有效机制尚未形成,优质教育资源尤其匮乏;教育管理信息化体系有待整合和集成;教育信息化对于教育变革的促进作用有待进一步提高,推进教育信息化仍然是一项紧迫而艰巨的任务。本节内容主要包括:辨析教育信息化在云南省民族地区教育经费投入保障机制、教师队伍建设、教育督导在督查过程中的作用和趋势。

一、教育经费投入保障机制

在教育经费投入方面,2003—2007年间,我国耗资过百亿元实施了"农村中小学现代远程教育工程"(简称"农远工程"),拉开了农村基础教育信息化建设的序幕。西部地区农村中小学以政府投入为主,至2009年基本完成了预期的建设目标。然而,诸多评估结果表明,"农远工程"并未达到预期的应用效益。西部地区,受后续资金短缺、技术人员较少、教师教育技术能力低下等客观因素的制约,资源闲置问题尤为突出。在民族地区的农村中小学,设备闲置的原因除了上述几个共性问题外,资源不适用导致设备无法使用是另一个主要原因。调查表明,这一问题无论在西北还是在西南的民族地区都普遍存在,只是目前被农村中小学基础教育信息化起步阶段存在的诸多共性问题所淹没,未能引起重视[①]。教育经费投入不足,制约云南省民族地区教育信息化事业的发展。相当数量的中小学多媒体教学设备达不到国家规定的基本标准。高中阶段教育近年来发展速度较快,但因无明确的经费投入分担机制,许多地方的政府投入只够保障教职工基本工资。基于此,各级政府要继续加大财政性教育经费投入,优先保证教育事业发展。教育经费中要保证教育信息化经费能够专款专用。财政性经费是我国教育经费投入的主体,保证教育投入是公共财政的重要职能,各级政府要依法承担责任。

当前和今后一个时期,云南省各地各校要深化网络条件下的教学模式改革,推动网络学习空间在网络教学、资源共享、教育管理、综合素质评价等方面的普遍应用。要统筹"云、网、端"一体化、集约化建设,将"智慧教育"平台建大、建好、建优,落实好各项"智慧教育"建设任务。要深入推进"智慧教育"与教育教学、校园管理、教育治理融合发展。要完善与多部门联动的工作机制,统筹中央和地方财政经费,形成教育信息化经费投入长效机制,充分利用大数

---

① 杨方琦,杨晓宏.我国民族教育信息化研究现状与发展对策[J].现代远程教育研究,2014(04):71-79+88.

据、云计算等先进技术和腾讯、科大讯飞等企业的市场运营能力,强化教育信息化基础设施建设,推进信息化与教育融合创新,培育教育新业态。

(一)加大中央财政对教育信息化的投入

首先加大中央财政对教育信息化的投入,解决地方政府财力与教育事权不匹配的问题。自云南教育信息化项目建设实施以来,资源投入较少、资金明显短缺的现象长期存在。以"十五"为例,得益于西部地区高校网和城域网建设项目的启动,云南省先后自筹资金8 000万元,用于建设126所中小学和15所高等学校的校园网和城域网。但总体看来,截至2008年底,云南省创建的现代教育技术学校仅548所,计算机教室和多媒体教室仅为8 000间,中小学人数与计算机之比也仅为40∶1。若单纯以民族地区计算,这种资源投入和资金短缺的情况将更为严重。截至2010年,昆明市盘龙区教育局三年投入资金2 700余万元,为全区配齐了网络计算机教室、多媒体教室和校园广播系统、图书、音体器材、实验仪器①。

2016年,寻甸县计划投资1 000万元加快教育信息化建设,对柯渡镇初级中学、羊街镇初级中学等四所中学进行了标准化考场、安防监控建设。政府进一步加大对信息化的投入,投入700多万元,实现全县初级中学安全监控全覆盖,为师生提供安全保障。2019年全国信息化工作会议在云南召开,这是继2017年第一次全国教育信息化工作会议召开后的第三次会议,云南教育光纤网项目的启动,解决了制约云南教育信息化发展的瓶颈问题。进一步制定优惠政策,调动全社会投入教育的积极性。在加大财政性教育经费投入的同时,还必须立足社会主义初级阶段的基本国情,建立社会捐赠、出资教育的激励机制,扩大教育经费总量。

据悉,近年来,云南省持续加强信息化基础设施建设,整合资金4.62亿元,统筹推进"云网端"建设,基本实现义务教育阶段学校教学班级多媒体设备全覆盖。全省稳步提升信息化教学应用水平,实施中小学教师信息技术应用能力提升工程2.0,"AI及数据驱动的'智师课堂'英语学科创新应用"成功入选教育部"2019年度教育信息化教学应用实践共同体项目"。

---

① 张晓明,杨雪煌.盘龙区2700万完善教育信息化[EB/OL].(2010-08-23)[2021-03-27].http://www.km.gov.cn/c/2010-08-23/580198.shtml.

(二)加强教育信息化经费管理

教育信息化肩负着引领教育现代化的历史使命。加快推进教育信息化、建设"智慧教育"是云南省提高教育质量、促进教育公平的重要途径,要切实增强责任感和紧迫感,加快推进"智慧教育"建设和教育信息化工作。在推进教育信息化工作中,需要加强教育信息化经费管理,切实提高使用效益,管好、用好教育经费与增加投入同样重要。目前一些部门和学校在教育经费的使用管理方面存在着"重投入轻产出""重分配轻管理""重数量轻效益"等现象,经费管理比较粗放,资源配置标准和支出定额标准体系尚未建立。建议全面推进教育经费精细化管理,坚持开源、节流并重的原则,减少资源闲置,一手抓增加投入,一手抓管理使用。2013—2014年云南省通过对昆明市五华区教育局信息化现状进行评估反思后提出"以政府为主导、学校为主体、企业为技术支撑"的建设思路,在政府支持下采取基础平台自建,管理应用平台租用,减少一次性软件、硬件成本投入以及维护费用[1]。2015年底完成教育信息化项目一期工程,建成五华区教育城域网管理中心机房。2016年五华区推进二期工程建设,加强数字积累、建设资源平台、深化管理平台,不断加强应用培训和信息化应用研究。加速推进信息化与教育治理融合发展,建成高三统测云阅卷平台,建成覆盖全省的教育系统远程视频会议体系,让网络办公成为教育管理常态。疫情期间,全省大规模有序开展线上教学,采取保障网络覆盖、提供资费优惠、加强技术服务等措施,利用"一师一优课"等课程资源,通过云上课堂、直播课堂、录播课堂、在线辅导、在线答疑等方式,组织了有史以来最大规模的线上教学活动。据统计,全省有38.8万教师开展在线教学,310万学生在线上学习[2]。

(三)勤俭节约办教育

坚持节俭办教育的方针,合理规划教育信息化事业发展规模,杜绝豪华办学,减少不切实际的达标评比,防范和化解财务风险。注重资金使用绩效评价,逐步探索建立绩效预算,加强教育经费的跟踪问效,发挥教育投入的最大效益。通过教育体制改革和学校布局提高教育信息化经费使用效益。

---

[1] 昆明市教育体育局.加强教育信息化应用研究,提升应用水平[EB/OL].(2016-04-20)[2021-03-27].http://jtj.km.gov.cn/c/2016-04-20/3336553.shtml.
[2] 杨曙光.2020年全省教育信息化工作会议在昆召开[EB/OL].(2020-12-18)[2021-08-27].http://jtj.km.gov.cn/c/2020-12-18/3785400.shtml.

教育信息化基础设施建设,离不开巨大的经费投入。除了国家财政和地方财政加大经费投入之外,还可以与当地工厂和企业合作来寻求经费支持。就偏远的民族地区而言,中小学校的信息化水平最高、设备最好、人才最强。学校可以充分利用设备和人才优势,为当地工厂和企业提供人力资源培训,搜集市场信息,为经济社会发展服务。当地经济社会发展好了,才有能力反哺教育和发展教育。另外,可以寻求社会资金的扶持。现在社会上各种形式的扶贫基金、慈善基金、公益基金和发展基金非常多,为了学校、教师和学生自身的发展,学校可以主动出击,积极寻求这些基金的帮助。

二、教师队伍建设

在加强教师队伍建设方面,要着力加强校长和骨干教师培训,提升校长信息化领导力。中小学校长作为基础教育的领导者、执行者和引领者,对推进教育信息化建设具有举足轻重的作用。调查结果表明,在推进学校教育信息化的进程中,校长可以扮演阻碍者、旁观者、组织者和实践者等不同角色。因此,要充分发挥校长的积极作用,通过培训不断提高校长的信息化领导力,使其成为教育信息化的组织者和实践者。校长信息化领导力包括权力和个人影响力两个方面。权力主要由学校信息化系统的规划与建设、学校信息化人力资源建设、学校信息化教学应用与管理、学校信息化建设中的经验总结与评估、学校信息文化建设五个方面构成。个人影响力主要由校长的信息化意识、学校信息化的理念、信息化理论与技术的应用能力、信息化环境下的人际沟通能力、信息社会的责任感五个方面构成。校长可以通过自主学习信息化领导力课程、组建学习共同体、参与体验式培训和课题研究式培训等方式,提升信息化领导力。但是,要注意厘清校长信息化领导力与学校信息化领导力的区别与联系。只有将校长信息化领导力与学校信息化领导力融为一体,才能避免因为校长的调离而使学校教育信息化发展陷入停滞等不利境地,影响教育信息化的可持续发展。

同时要加强骨干教师信息技术能力培训。骨干教师是学校教育教学的中坚力量,是教师队伍的带头人,其信息技术水平和信息化教学能力将在一定程度上影响整个教育信息化进程。因此,要加大对骨干教师的信息技术能力培训。近年来实施的中小学骨干教师"国培计划"和"省培计划",通过在培训内容、渠道、模式和策略等方面进行大胆创新与实践,教师不仅在信息技术能力培训方面取得了良好的效果,还积累了丰富的培训经验,为后续实施中小学骨干教师的信息技术能力培训奠定了坚实的基础。研究者对受训骨干教师进行跟踪调研发现:虽然大部分受训骨干教师的信息技术能力得到了长足发展,能够在学科教学过程中灵活有效地应用信息技术,但是只有少部分受训骨干教师在学校教育信息化发展过程中发挥了引领者的作用。究其原因,是因为受训骨干教师的身份、地位和话语权,决定了他们对教育信息化发展所扮演的角色、发挥的作用与作出的贡献。因此,骨干教师要想成为学校教育信息化的引领者和推进者,必须扮演以下四种角色:一是培训规划制定的参与者,二是学习过程的管理者,三是活动内容与形式开展的组织者,四是一般教师的帮助者[①]。2020年,宜川县坚持以赛促训,组织广大师生参加各类竞赛活动,组织300余人参加各种项目培训,进而提升师生信息技术应用综合能力。充分利用各种资源,让学科教师有机会运用现代教学技术手段进行教学,普及现代化教学手段,深入推进"智慧校园"的建设。

另外还要重视信息技术与教学科研深度融合。课题研究是校本教研的一项重要内容,也是促进教师专业成长的重要途径,还是学校开展信息技术与课程整合的重要组成部分和核心环节。中小学教师开展课题研究,不仅有利于提升其理论水平和科研素养,还有利于培养其教学反思能力,促进教师专业发展。可见,中小学教师参与课题研究具有十分重要的意义。在教育信息化发展的新阶段,为了更好地培养中小学教师的课题研究能力,需要实现信息技术与课题研究的深度融合。信息技术不仅可以拓展教师课题研究的时间和空间,也可以丰富教师收集和处理信息的手段与方法,还可以促进教师与同行合作开展网络教研。另外,信息技术还可以为学生提供基于课题探究的全新学习方式,培养其创新能力和合作能力。

三、教育督导在督查过程中的作用和趋势

加快教育督导信息化进程是时代发展的必然要求,信息网络技术的应用,不仅引起教育手段、方式的变革,而且带动了教育过程、教育组织管理、师生关

---

① 赵丽娟,周航."互联网+"时代教育督导信息化建设的机遇、挑战与对策[J].中国电化教育,2018(07):39-44.

系乃至整个教育运行模式与机制的变更与创新。但是教育督导部门担负着对下级人民政府及教育行政部门，中等及中等以下学校的教育工作进行督导、评估、检查、验收的职责，在信息技术的使用方面，却一直滞后于时代的发展，也落后于很多基层学校，因此，教育督导信息化是至关重要的。

2020年2月，中共中央办公厅、国务院办公厅印发了《关于深化新时代督导体制机制改革的意见》，明确了深化教育督导体制机制改革的主要目标和任务，提出了督政、督学、评估监测等方面的重点改革举措，为做好新时代教育督导体制改革，对解决教育发展不均衡不充分问题，办好人民满意的教育、加快推进云南教育现代化具有极其重要的意义[①]。

2015年，为贯彻落实《云南省中长期教育改革和发展规划纲要（2010—2020年）》，进一步落实学校现代化建设和管理，提高现代化水平。昆明市人民政府督导团组织专家对19所学校进行复评，评估结果经昆明市教育局局务会议通过，拟定盘龙区新迎第一小学等18所学校为昆明现代教育示范校[②]。云南省教育督导体制改革，可以通过信息化手段进行，从而使督导工作更加集成化，更加高效。在将政策落实的时候，首先要遵循教育督导的一般规律，通过加强对信息技术手段的使用，充分利用互联网、大数据开展督导评估的监测，注意控制督导的次数和频率，避免给学校及教师增加负担，通过信息技术丰富督导手段，确保"督出问题、督出成效"，维护教育督导制度权威性和严肃性，稳步推进新时代信息化督导工作，确保云南地区教育现代化各项目标的顺利实现。

在教育督导方面，互联网也带来智慧督导等新形式，大数据等信息技术为教育督导信息化建设提供了方法手段。现代教育评价是通过系统地收集信息，对教育的价值作出判断的过程，教育评价信息的全面性、可靠性、有效性是作出科学的评价结论所必备的条件。我国教育督导评估主要以资料收集和实地调研的方式开展。收集信息的方法除查阅被评估对象事先准备的资料外，就是通过现场座谈会、访谈、调查问卷、听课等方式进行。为迎接评估，被评估者要按照督导检查的内容要点，提前至少半年时间收集和整理大量的纸质档

[①] 中共中央办公厅，国务院办公厅.关于深化新时代督导体制机制改革的意见[EB/OL].(2020-02-19)[2021-03-27].http://www.gov.cn/zhengce/2020-02/19/content_5480977.htm.

[②] 昆明市教育局.关于昆明市现代教育示范学校督导评估结果公示[EB/OL].(2015-10-26)[2021-03-27].http://jtj.km.gov.cn/c/2015-10-26/2264154.shtml.

案,给督导对象造成很大的负担。评估组进校接触到的教职工、学生、社区人士、家长等样本数量少,信息收集不全面,而且收集来的信息的可靠性和有效性难以保证,因此,很有可能造成对教育价值的判断失真,影响督导评估结果的科学公正。

这种完全依赖人工的督导模式,不仅费时费力,而且也很难获得全面准确的结果,督导效率低下。此外,通常督导专家在准备阶段不能大量接触到评估对象的信息,只有在实地督导检查时才能接触到督导对象。因而,在督导实施阶段带有很大的盲目性和被动性;同时,由于督导专家入校时间有限,加上处理信息手段落后,无法及时对收集到的信息进行统计和分析,只能事后对数据进行分析、评估,最后的督导结论往往是根据督学自身的经验和认识而给出的,形成的督导报告主要还是以宏观定性描述为主,缺乏数据和科学方法的支撑,影响了其说服力和公信力,进而影响了教育督导的科学性和时效性。

因此,如何便捷地收集信息,如何提高收集的信息的全面性和可靠性,如何保证督导结论的科学性和公正性是教育督导工作的关键。为此,可以充分利用互联网不受时空限制的优势,充分发挥互联网及移动服务端的便捷性、高效性、即时性等特点,可以随时随地为教育督导提供实时监控手段,即时采集数据,利用大数据技术对海量数据进行分析挖掘和可视化呈现,极大地提升教育督导工作实效和依数据决策、用数据说话的能力。因此,互联网、大数据等信息技术在教育督导领域的应用,能够使教育督导主体多元化、教育督导过程即时化、结果分析智能化、教育决策科学化,为促进我国教育督导水平提升提供了支撑。

教育信息化背景下的教育督导旨在实现如下目标:(1)督导指标标准化,通过评估指标和数据体系的标准化建设,实现数据口径统一,提升督导数据采集质量。(2)督导管理网格化,以责任区形式对各区域学校实行网格化管理,为有效开展责任督学挂牌督导工作提供支持。(3)督导工作移动化,通过移动终端实现督导信息的实时采集、实时评估、实时沟通。(4)督导结果智能化,利用大数据分析技术,通过数据关联、整合、挖掘,实现同比、环比、结构、趋势、预测等多种分析,智能发现教育工作存在的问题,主动推送整改通知、发布预警信息,提高教育督导的精准度和智能化。(5)档案管理电子化,对督导过程产生的各种文档和多媒体资料实行电子化管理,高效检索,永久存储,实现无纸化办公。

云南民族地区有自身的特色,结合教育信息化背景下的教育督导,云南民族地区的教育督导具有以下五项功能:(1)督导数据采集功能。问卷调查数据采集实现问卷发放、回收和数据统计分析的自动化;一般数据采集能够自动生成采集数据表,在线进行数据填报,并具备数据校验、汇总和统计功能。(2)教育督导评估功能。平台用工作布置、自评报告、信息上传、网上评估、数据自动汇总统计等功能为督导评估的全过程提供信息化支持,让督导的视角从局部走向全方位,让督导专家能够事先方便地查阅所有的评估资料电子文档,对督导对象情况进行初步了解,在实地督导评估时,可有针对性地、有侧重地深入考察,使专家判断的依据更充分,提高了教育督导的效率和督导评估结果的科学性和公正性。(3)督学责任区网格化管理功能。对全省督学责任区实行网格化管理,包括每所学校定位、基本信息查询、责任区及责任督学挂牌管理,对挂牌督导工作实施全过程管理。不仅便于开展学校督导工作,还便于突发事件发生时快速定位事件地点,提高应急事件处理效率;责任督学能够基于手机移动端随时随地开展督导工作,具有操作过程便捷、督导情况实时传达、评估结果自动生成、督学考评科学有据等特点,使督学工作更高效、专业。(4)教育舆情监测功能。通过建设教育舆情监测子系统,能够准确、及时了解公众对新出台的教育政策和措施的看法,特别是教育热点、难点问题及突发事件的舆情信息,以周报、月报、年报、专报、快报等形式反馈,为教育热点、难点问题专项督导和突发性事件应急督导提供重要参考信息,提高督导决策的科学性。(5)教育决策支持功能。根据各项督导工作需求,研发数据分析模型,为教育督导科学决策提供全面准确的基础数据与大数据分析支持。如建立义务教育优质均衡状况测算模型、教育满意度指数模型、学生课业负担监测结果分析模型、学生体质健康状况监测结果分析模型、区域教育发展水平分析模型等。将各类数据挖掘模型内嵌到系统中,实现结果的自动分析,自动生成统计图、表,让结果一目了然,提高了"用数据说话"的能力,并自动生成多种格式的报告文件,且可方便地导出[①]。

为进一步提升云南省教育督导水平,要进一步加强督导队伍建设,提升督学人员的信息化素养。督导人员的信息化素养是实施教育督导信息化的关

[①] 顾华详.西部实施以教育信息化推进教育现代化发展战略的对策研究[J].民族教育研究,2002(04):5-10.

键。高信息素养的督学不仅仅要会使用所需要的信息技术和设备,还应该具备"互联网+"时代所需要的理念与思维方式,改变以往以经验判断为主的习惯,强化"用数据说话"的意识和能力。为此,云南省教育督导信息化部门分批对各级各类督学进行全员培训。理念上,通过对国家和教育部相关政策解读和典型案例让督学认识到信息技术在教育督导中的应用价值,明确信息技术是教育督导的有效手段;技术上,通过示范和操作练习加强督学对计算机、移动客户端等设备的应用能力;应用上,通过实践使用,加强督学在实际工作中应用信息技术的能力。经过系统的培训,责任督学能够运用信息技术手段科学、规范、高效地开展教育督导工作。

第七节　云南省教育信息化推进地区教育服务与贡献研究

教育信息化从现状研究的普及程度、教育公平与城乡教育一体化,到教育质量提升以及教育保障水平研究,最后落实教育服务与贡献。信息化不仅对教育,还对整个人类社会的文明进步都起到了重要的推动作用。教育信息化是整个社会信息化的重要组成部分,教育信息化的根本功能就在于促进人的全面发展,从而促进人类文明的全面发展。教育信息化表面上看是信息技术的应用过程,但是,实际上它是引领社会信息化、引领社会进步的应用过程,是促进地区教育服务与贡献的过程。

2016年,云南省富宁县委、县政府通过融资投入1.0421亿元,高位推动、一步到位、整体实施教育信息化建设。新建、改扩建可联网多媒体教室1 140间,建配食品安全监控系统156套、视频会议系统36套、云计算机教室142间、学生计算机4 573台、阅卷系统32套。2017年4月,富宁县成立基于教育管理信息化的"富宁数字学校"。学校下设教务部、IT部和质量监督部三个部门,数字学校管理打破学校间的"行政围墙",学科人员和运维人员来源于现有的学校,人和岗都留在原学校,不受编制与人事关系的限制,运维人员和教学名师由数字学校统一调度管理,实现点上、面上信息化,管、用到位,实行全新的"互联网+"扁平化管理。网络高速公路是所有信息化的基础,而教育信息化是教育改革发展的必由之路。随着信息化、数字化时代的到来,教育信息化在深化教育改革、推动教育公平、变革课堂教学以及教育管理等方面呈现出前所未有的活力和生机。本节主要讲述教育信息化对云南省民族地区学校课程开发、师资培训、教材供应、制度完善等方面的影响和贡献。

一、课程开发

长期以来,由于历史和客观条件等方面的原因,云南省民族地区的农村地区教育一直是中国教育均衡化发展的重点和难点之一。改革开放以来,特别是进入21世纪后,"普九"攻坚和教育均衡化等诸多措施的出台,西部大开发、新农村建设等战略的实施,使得边远民族地区农村办学条件得到史无前例的改善,广大家长也切实意识到支持子女上学的重要性。这在总体上增加了农村孩子受教育的机会。但是,这些地区的教育发展更多地体现在硬件达标和数量增长上,而学生成绩低下的情况不在少数,厌学甚至辍学现象新近又有抬头趋势。这些现象有多方面的原因,但主要原因之一在课程方面。因此,这些地区教育均衡发展要深化,加大经费投入和外部优质教育资源的输入很重要,但肯定不够,甚至还不能从根本上改变现状,而必须从课程和教学入手。课程是教育质量切实提高的关键,更是影响学生学习动机和学业成就最重要的一个因素。现行学校课程在边远民族地区的农村较为低效的一个主要原因,是这些课程大多文化适切性较差。这不仅不利于少数民族文化的传承与和谐发展,而且客观上是许多学生学业失败的主要根源之一。因此,解决此问题的关键是如何开发与实施文化适切课程,使学生所熟悉的民族文化与现行统编课程知识有机整合。

(一)加大政府支持力度,加快信息化与课堂结合

云南省人民政府办公厅《关于进一步做好乡村小规模学校和乡镇寄宿制学校建设的实施意见》就乡村小规模及乡镇寄宿制学校提出的实施意见指出,按照"云网端融合,四全两有,千兆到校,百兆到班"的要求,加快对云南教育网建设,通过实现学校宽带网络的覆盖从而加快建设"一校带多校"(1+N模式),保证教学点的数字资源全覆盖资源云以及义务教育阶段的学科教育资源云建

设,进而保证云南贫困县尤其是深度贫困学校的课程建设①。根据国家课程以及地方课程的要求,重点放在外语、艺术、科学课程,并同时涉及其他学科,开发慕课、微课,通过供给优质的线上课程资源,从而保障学校的课程供给,弥补师资不足的短板。综合采用同步课堂、公开课以及在线辅导等形式,促进师生在线上课堂、教学活动等各种活动中的交流。2013年,教育部"教学点数字教育资源全覆盖"项目在云南落地,使乡村娃娃有"电视老师",上齐了国家规定的课程;2015年,"数学点数字教育资源全覆盖"项目顺利实施,电子白板、电脑一体机及多媒体的使用,使得山里学生与城镇学生共享优质课程资源。2015年,云南芒市实施"发展教育脱贫工程",展开校企合作,建立了4个信息化课堂教学实验基地,捐赠建成滇西首个"无线+IPAD"课堂以及配套数字资源库和教学设备,教师教学能力也得到提升,教育在信息化促进下获得了"乘法"效应。近年来,大理市下关第四中学全面实施课程改革,形成了"管理科学规范、教学严谨求实、学生文明守纪、质量全面提高、技能活动亮丽"的办学特色,在大理市2018年全省信息化工作会议上,其"云课堂"教学被作为先进典型在全省推广②。宾川县已全面落实教育技术装备的规划实施和管理③。启动"义务教育薄弱环节改善与能力提升项目信息化设备"联合采购项目,上报预算总投资5 765万元的"宾川'互联网+'智慧教育建设项目",力争实现义务教育学校媒体终端全覆盖。

(二)基于民族地区文化,构建本地化课程

课程中注入儿童熟悉的文化背景,授课过程利用儿童熟悉的语言,让文化背景成为儿童学习的有力工具,将学生的文化和语言普遍联系,要在学校背景下让他们成为知识的综合建构者。布鲁纳倡导的民间教育学理论认为,在教育中,以当前问题为教材,用文化所能提供的一切装备和一切的社会组织合作方式去对付问题,那才是时间延续和文化整合的教育,因为教育不是一个孤岛,而是文化这块大陆的一部分,教育就是一种文化生活方式最重要的体现,而不只是它的备选方案。要成功实现上述理念,就必须深入发掘民族文化知

---

① 云南省人民政府办公厅.云南省人民政府办公厅关于进一步做好乡村小规模学校和乡镇寄宿制学校建设的实施意见[EB/OL].(2019-03-29)[2021-03-27].http://www.yn.gov.cn/zwgk/zfgb/2019/2019d6q/szfbgtwj/201905/t20190515_146122.html.
② 辛向东.下关四中教育信息化工作走在全省前列[N].大理日报,2018-06-08(3).
③ 张义红.宾川稳步推进教育信息化建设[N].大理日报,2021-01-25(2).

识,精心设计和开发课程,运用适合本土认识论的教学方法,专门培训教师,真诚地与当地社区尤其是老人合作与交流,并借用其智慧和力量。基于民族地区文化建构课程,一是应当强化并树立牢固的多元文化教育理念和思想;二是应该建立符合民族地区社会、学生、课程的多层次课程目标体系;三是采用不同的课程模式,以促进课程领域中的文化统整;四是建立适合民族地区文化特点的完善的课程发展体制;五是加强教师的多元文化教育培训。

二、教材供应

教材是教学理论和教学法的体现者,是连接总体设计和课堂教学的纽带,又是课堂教学的直接依据,教材还是学科发展的前沿阵地和突破口。民族地区应当使用双语教材或三语教材,引导少数民族学生从本民族语过渡到汉语和英语。无论是引进教材、自编教材还是翻译教材,都应该考虑课程设置要达到的目标、教学原则和教学方法,以及学生的实际汉语水平和知识结构。从总体上说,高质量的双语教材应具备以下特点:内容合适,符合课程教学基本要求,且理念比较先进,以保证教学质量;科学性和实用性并举,趣味性和知识性并重;文字规范,简明易懂,难度适中,便于师生教学;价格适度,学生能够接受。由图灵奖得主、中国科学院院士、清华大学交叉信息研究院院长姚期智院士担任主编的《人工智能(高中版)》教材由清华大学出版社2020年9月出版发行,精选八个人工智能核心基础模块,每一章配套习题与编程实验,其章节和知识点与人工智能高等教育无缝衔接,有力支撑中学人工智能基础教育。

云计算、大数据、物联网、人工智能等现代信息技术正在改变人类思维、生产、生活及学习的方式。应依据教育教学需求,应用信息技术,提高学习效率和共享教育资源,推动传统教学模式的改革。而教学的主要载体是教材,教材建设应遵循以下几点原则:从技术层面上看,其基本特点是数字化、网络化、智能化和多媒体化;从教育层面上看,其基本特征是开放性、共享性、交互性与协作性;从教育对象来说,应更加注重学生学习兴趣的激发、学习行为的管理和规范、学习信心的养成;从教育内容上看,更注重于实践教学、技能传授;从形式上看,伴随着信息技术的发展,教材由最初的纸质教材形式,向文字版、网络版、多媒体学习课件等形式转变,可利用可视化信息技术和虚拟技术的独特优势,直观展现生活场景、技能操作,激发学生的学习兴趣,帮助教师更好地了解学生,改进教学方法、拓展教学内容,使学生学有所成,实现学生学习信心的提升。

(一)教材的组成模式要改变

教材的组成模式包括教材的组成、教材的呈现、教材的使用等,总而言之,教材的呈现形式要多样化。纸质教材无法实现数字化,纸质教材配上数字化资源也很难实现信息化。除了上述情况外,信息化教材呈现还会有各种针对平台需求的其他要求。同时,教材使用环境将不只是课堂内,使用介质可能更多地依托移动设备或固定电子设备等。教材的组成也不再是简单的一本书或一张光盘,可能还会包括一个密码或者序列号、一段程序、一本使用说明等。这些就是教材组成模式的改变。以后的教材组成将是系统化的,那么哪种模式最适合这种改变呢?答案其实已经给出——活页式和工作页式教材。活页式教材可以使学习者灵活选用相关内容模块,工作页式教材强调工作过程的规范性和完整性。这两种呈现形式的教材作为纸质教材进行大批量出版发行还存在现实的困难,但是当教材内容用数字化形式呈现的时候,困难就能得以轻松解决。教材内容数字化后,就可以对教材附加交互功能,交互功能可以带来与学习者相关的数据,这些数据恰恰就是今后教材信息化应用的基础,使进一步推动教材信息化成为可能。在以学生为主体的教学过程中,两种新呈现形式的教材更加突出了教师和学生的互动性。

(二)针对教材和资源开发要预置信息化应用接口

所谓信息化应用接口,就是在项目建设过程中实现各种参数的设置,包括项目自身参数的设置、项目数据格式设置、数据输入输出的定义、平台使用的兼容性、联动接口的代码等。这里最重要的是,在数字化教材开发过程中要对教材辐射出来的各种资源进行数据字典的定义。数据字典是信息化教材的一个重要组成部分。现在的数字化教材预设只限于关键字、难度值、索引等项目,过于简单,无法实现智能化。在这个基础上实现信息化应用接口预置是数字化教材向信息化教材质的转变。

需要指出的是,教材的信息化应用设计要做到开源,只有开源,才能保证教材有二次开发的可能性,才能保证其能在各类智慧校园平台和在线教育平台上使用。这样才能分析数据并且和相应平台的各种功能实现对接,进行智

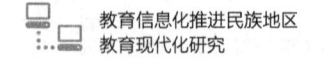

能控制。

(三)教材作为服务而不是产品进行销售

现在的教材都是以产品的形式进行销售,实现信息化教材后,教材系统将作为服务而不是产品进行销售。不难想象,信息化教材必须存在于信息化应用的使用媒体中——计算机、平板电脑等,纸质教材将不再是教材系统的主角。在这种环境下,依托智慧校园平台,信息化教材将变成一种平台的增值服务,使用者可以充分、自由地选择内容模块,真正地实现活页式教材。使用者可以自行选择内容、资源等各种项目,按需购买,而不是类似现在只能按照出版成品进行全部购买。这种教材选择形式就是购买服务而不是购买产品。例如,我们可以购买一次期末考试的服务,包括考试本身和考后结果分析等,但并不要求必须获取本次考试具体题目。因为,对于用户最重要的是评价数据而不是一份考卷。

三、师资培训

民族地区职前教育信息化资源的建设与开发对职前教育的发展是有重要作用的,其不仅有利于职前教育的发展,还有利于学生的健康成长。加强职前教育资源合理开发利用,有利于学生、家长及教师共享职前教育资源。随着教育信息化2.0时代的到来,教育资源将由原来的专用资源朝着共享资源转变。这就意味着更多的人可以共享教育资源,偏远地区的孩子可以和发达地区的孩子共享教育资源。现阶段民族地区的职前教育资源开发还不够完善,所以大力开发民族地区的职前教育资源是当前的重要任务。

首先,开发适合民族地区职前教育发展的资源,当地教育部门应该成立由专家、教师、校长和家长组成的专业研发团队,通过分析当地的实际情况和文化背景,建立适合当地的教育资源服务平台。该平台可以为学校、家长和教师提供优质的教育资源,平台应包含民族双语、传统文化资源、学习软件、互动平台及教育资源库等内容。

其次,民族地区的教育部门还应多组织开展教学活动,鼓励当地教师积极参与讲课比赛,充分利用教育资源,在平台上展示比赛成果,让各个学校的教师都能参与讨论,相互交流教学经验,促进师资培训的进步与发展。同时要保障每位教师都有账号,使教师都可以进入平台进行学习,促进教师之间的交流沟通,共同寻找新的教学方法。

最后,拓宽视野,不能只局限于由学校教育机构提供资源开发的服务。随着互联网的发展,可以利用互联网开发线上教育资源,提供线上教育服务。例如,可以通过开展网上授课的教学模式,使学习者学习到更多的知识,还可以设立微信公众号分享知识。同时其他教育机构和个体也可以一起开发资源,例如,可以成立数字公共图书馆,开发具有民族文化元素的出版物。通过开发教育资源,提供更专业化的服务,以促进民族地区师资培训的健康发展。

教育信息化推动民族地区坚持用超常规的方法和力度建设一支数量充足、具有较高信息技术素养的师资队伍,具体要做到以下几点。

(一)加快师资教育基础设施建设

每所民族师范院校都要与中国教育科研网连接,建设开放式师资教育网络学院,各地师资教育网络站点与当地师范院校和中小学校园网连通,并结合自身条件,充分利用现代远程教育平台为广大中小学教师提供丰富的教育服务。鼓励和支持师范大学、教育学院数字化学习环境的示范性项目建设,配合中小学"校校通"工程的实施,加强各级教师培训机构,特别是县级教师培训机构的信息基础设施建设,增强其为中小学教师开展校本培训和日常教学提供支持与服务的能力。"十三五"期间,围绕"办盘龙人民满意的教育"这一宗旨,昆明市盘龙区深入推进"一师一优课、一课一名师"活动,通过"晒课、评课"等形式提升教师信息化素养。截至2017年,参与学习人数达到55 494人次,有效学习225小时,入校培训人数4 668人,覆盖面达到90%以上,2018年为全区录制竞赛、研讨课126节,盘龙区教师队伍朝着多领域综合化发展,教师信息化素质不断提升[1]。各州市要重点支持欠发达地区县级教师培训机构信息基础设施建设,积极开展与师范院校之间信息化建设的对口支援和相互协作活动。继续在全社会广泛、深入地开展"捐赠信息产品助学行动",支持广大农村和边远地区中小学开展和普及信息技术教育。

---

[1] 盘龙区教育局.加快信息化建设为区域教育质量提升保驾护航[EB/OL].(2018-09-14)[2021-03-27].http://jtj.km.gov.cn/c/2018-09-14/2742681.shtml.

(二)加快师资教育信息资源建设

鼓励、支持通过多种途径和方式加强卫星电视和计算机网络等远程教育优质资源的研究和建设,积极整合各类教师教育信息资源,实现信息资源共享,建立师资教育信息资源库,开展远程教育。"十三五"期间,昆明市盘龙区围绕"办盘龙人民满意的教育"这一宗旨,以盘龙教育城域网建设为基础,教师进修的同时参与数字化资源建设。2018年投入660万元,启动"英语学科网络学习系统"建设,2019年投入600万元,建设"机器人实验室",引入STEM理念[1],从区域整体部署转向个性化定制转变,形成了个性化、多样化、丰富多彩且具有整体结构的资源综合体系。云南省昆明市充分利用各种教育信息资源开展多种形式的教师教育改革实验,建设本区域的教师教育网络资源服务中心和站点,与当地师范院校、教育学院和中小学校园网连通。

(三)加强师范院校信息技术和教育技术等专业建设,培养适应普及信息技术教育需要的各级各类师资

鼓励和支持师范院校、教育学院加强信息技术相关专业的建设,扩大教育技术专业的硕士研究生培养规模。通过双学位、主辅修及加强选修课等形式,培养能胜任信息技术教育的复合型师资。2017年,云南省教育厅遴选教育信息化应用试点示范区域和学校项目,通过试点示范,加强学校教师队伍的专业化建设,提高教师队伍信息技术应用能力和信息技术应用科研水平,主要通过网络学习空间应用与网络教研、智慧教育区域与智慧教育学校建设、应用探索等项目内容开展实践探索。云南省昆明市第八中学于2019年9月开展了云南省中小学教师教育信息化应用技能培训,培训内容包括云上教育网络学习空间及平台操作、部署在教育网络学习空间的应用操作培训以及互动多媒体的培训,培训合格的标准为完成2个必修模块11学时的学习,再进行几个选修模块的学习,总学时数需要大于50,方为培训合格。

2020年,按照《云南省教育厅关于实施千名教师信息化教学能力培训计划一期项目的通知》要求,各州市共3 522名小学英语教师申请参训,拟安

---

[1] 盘龙区教育局.加快信息化建设为区域教育质量提升保驾护航[EB/OL].(2018-09-14)[2021-03-27].http://jtj.km.gov.cn/c/2018-09-14/2742681.shtml.

排1 082名教师参加培训并公示[①]。云南省引导高等师范院校信息技术、教育技术等相关专业毕业生到中小学任教,积极创造条件开设信息技术和现代教育技术公共必修课,加强相关公共课程教育教学改革和教材建设,把信息技术教育作为教师继续教育的重要内容之一,对全体教师进行现代信息技术和教育技术培训,不断提高教师的信息素养,使中青年教师都接受到不同程度的信息技术与教育技术的培训,学会运用教学软件和网络开展教育教学与研究活动,并重点支持少数民族地区信息技术教育师资和管理人员的培训。

(四)以科学研究为先导,积极探索和构建现代信息技术环境下的教师教育与教学管理新模式

鼓励和支持师范院校、教育学院应用多种信息技术手段改革教师教育方式,积极引导高层次的既懂教育、又懂信息技术的复合型师资队伍参与重大技术项目研究。在积极推进信息技术在教师教育教学过程中的普及应用,促进信息技术与教师教育的各个专业和学科整合,引导和支持广大教师在教学中广泛运用多媒体技术、网络技术和教育技术等手段的同时,也要积极研究这种复合型师资队伍建设的运行机制和管理模式,组织研究力量对大中小学师资开展信息技术教育的内容、方法、途径和教学模式等一系列重要课题进行研究。2017年,云南省教育厅遴选了教育信息化应用试点示范区域和学校,通过试点示范,转变教学方式,变革人才培养模式,凭借教育质量和教育管理水平方面的独特优势和重要作用,加快全省教育改革发展。积极研究在信息环境下教师教育的运行机制和管理模式,研究各类师范院校信息化教育管理的评价标准,推进教师教育管理的科学化和现代化。组织和发动广大师范院校教师和科研人员对教师教育信息化以及中小学开展信息技术教育内容、方法、途径和教学模式以及一系列重要课题的研究。

(五)加强对高层次的既懂教育又懂信息技术的复合型师资队伍建设的领导、管理和评估工作

西部各省、市、区应当在教育部的指导下,尽快设立教育信息化领导小组,加强相关政策的研究,在引入市场机制、东西部联合与合作、教育资源开发、学

---

① 云南省教育厅.云南省电化教育馆关于千名教师信息化教学能力培训计划一期项目学员遴选结果的公示[EB/OL].(2020-08-11)[2021-03-27].http://jyt.yn.gov.cn/web/fada9b8aa1794bc99629d553c96fbe97/76e0bf5e909c4880a112695afa01b92f.html.

位设置等方面制定相应的配套政策,制定有关评估标准,建立有效的评估体系,组织专家对各地复合型师资队伍建设的实施情况和重点项目研究的进展情况进行检查评估。要坚持统筹规划、突出重点,坚持资源共享、协同发展,坚持探索创新、注重应用,坚持政府引导、因地制宜。2020年11月10日,由大理白族自治州人民政府、北京师范大学互联网教育智能技术及应用国家工程实验室主办,大理州教育体育局承办的中小学校长教育信息化专题培训在大理开班①。本次培训采用线上线下结合的形式,以专家讲座、分组交流、案例分析等方式进行,并为培训合格者颁发培训证书,是对《中国教育现代化2035》《教育信息化2.0行动计划》的积极响应。

(六)注重小规模学校多学科教师培养和利用

由于在教师教育和培训过程中缺乏多学科培养规划,在教师利用过程中也没有多学科教师教学策略,民族地区农村小规模学校教师的多学科教学通常处于低水平状态。虽然当前我国的教育投入总量能够负担更多师资,但也达不到每一科目教师都完全专业化对口配置的程度。因此,多学科教师的培养和利用成为一个现实问题。

为培养和利用好多学科教师,应该在培养与利用政策上多管齐下:一是师范院校作为培养单位要借鉴国外小学多学科教师的培养经验,探索适应中国国情的多学科教师培养模式。二是教育培训机构等相关部门要充分利用义务教育教师每个培训周期需接受不少于240学时培训这一政策机遇,加强多学科教师培训探索。三是探索多学科教师利用政策。由于多学科教师一般都在偏远小规模学校,可以制定与这些学校教师岗位相配套的一揽子政策,对多学科教师的利用进行政策支持。四是建立高专业性学科教师小规模学校走教制度。依据国际经验,音乐、美术等专业性较强学科的专业教师具有不可替代性。但从小规模学校师资规模看,无法保证每个小规模学校都有专业对口的音乐和美术等高专业性学科教师。通过教师校际走教,校际共享高专业性学科教师成为农村小规模学校实现高专业性学科专业对口教学的一个重要途径。

这一制度的构建需要遵守三个原则:一是学区统一管理原则,中心校(乡教委)可以利用其在辖区内的管理优势核定高专业性学科教师跨校承担课时量、统筹教学时间安排,对走教教师给予必要的交通与食宿补贴。二是近距离

---

① 董春辉.我州举办中小学校长教育信息化专题培训[N].大理日报,2020-11-16(3).

走教原则,将学区内相邻小规模学校划片并实行走教教师划片负责制,有效降低走教教师花在路上的时间和交通成本。三是安全走教原则,在走教教师相关课程的安排上要具有相对的灵活性,以有效规避教师冒着安全风险(如极端天气等)来学校完成课堂教学任务的情况。构建农村小规模学校教师岗位补偿机制,使有关对乡村教师给予生活补助等倾斜性支持政策从构思走向落实。

四、制度完善

民族地区的教育建设应该在政府和教育部门的监管及指导下进行,在制定教育政策时,政策要适合当地的经济发展情况。

首先,政府要健全与完善政策法规,对民族地区教育信息化建设给予大力支持,通过相应的优惠政策进行扶持,保障民族地区教育信息化资源均衡。一方面,政府、企业和社会组织要加大资金投入力度,确保各项资金落实到位。另一方面,健全民族地区教育公共服务体系,缩小东西部、城乡之间的教学资源差距,为全国所有学生提供均衡的教学资源。在民族地区教育信息化建设过程中,多媒体技术是必不可少的。多媒体教学资源可以说是教育信息化资源的重点。同时,民族地区在选用教材的时候,要选用适合当地学情的教材,适合的教材和教学资源不仅可以减轻教师的工作负担,还可以促进学生的学习。优质的教学资源建设也应是政府要关注的,政府应该多加努力,为民族地区引进优质的教育资源,促进民族地区教育信息化资源均衡,加快民族地区教育信息化建设。我国东部发达城市有着先进的教育模式和丰富的教育经验,可以为民族地区教育建设提供参考。民族地区在制定教育的法律法规时,还要适应当地的经济发展情况。

首先,民族地区的教育部门要出台详细的教育规章制度,例如学校的基础设施配置标准、教师的水平标准、学前教育评价机制等,同时也要完善教育奖惩机制。

其次,民族地区教育部门应该成立领导小组,对民族地区的优秀学校进行评选。通过公平、公正、公开的形式评选出当地的优秀学校,并将优秀学校的办学理念、先进的教学模式在当地推广。组织其他学校同优秀学校进行积极沟通与交流,学习优秀学校先进的办学经验,促进自己学校健康发展。

再次,提升政府和教育部门相关管理人员的工作能力,培养他们的管理和协调能力。对学校的教师和校长开展定期培训,提升他们的教学水平和道德素养。让专业的技术人员对学校的基础设施定期检修和维护,保障学生学习的安全。各个学校由校长根据本学校的实际情况,制定适合本学校发展的教学计划,同时选择合适的教学资源。在作出决策前,要听取多方意见,作出有利于学校发展的决策。加强对学校的监督管理,完善评价机制和奖惩机制,对学校的基础设施要合理高效利用。

最后,各个学校之间加强沟通,多举办教育教学交流活动,充分利用民族地区的教育资源,促进学校的良性发展。

为了增强民族地区农村学校教师岗位吸引力,我们要提升农村学校教师职业待遇,完善教师岗位补偿机制,并不断完善相关政策。首先,要进一步拓展政策人群的涵盖面。不论东中西部,农村小规模学校都面临类似的问题。因此,应该逐步将岗位补偿拓展到所有农村学校,在县级财政困难的地区,省级财政应该为农村小规模学校提供补助。其次,在政策的实施方式上,依照教师在学校工作的年限,分等级地发放岗位补助。教师所能获得的补助金额应随着其在学校任教时间的增长而增多,教师若离开则自动取消相应补助,再进入则自动加续。最后,应建立长期在农村学校任教教师的补偿机制,对那些终生或超过一定年限(如30年)在农村小规模学校任教的教师,有必要把补助延伸到其退休之后。习近平总书记在2014年教师节讲话指出:"要制定切实可行的政策措施,鼓励有志青年到农村、到边远地区为国家教育事业建功立业。"

要大力改革民族地区学校的教学管理制度,提高农村学校教学管理水平,深化教育教学改革。创新教育教学方法,探索多种培养方式,倡导启发式、探究式、参与式教学,让学生学会学习。因材施教,推进分层教学、走班制、学分制等教学制度改革,让学生得到充分发展。云南省城市学校要加强向农村学校输出先进的教学观念、方法和模式,缩小城乡差距。还要改革教研制度,建立跨城乡的区域性教研平台与相关机制,加强城乡教师的教研交流,改进农村学校校本教研制度,提高校本教研水平,为提高教学质量、缩小城乡教学质量差距提供智力支持。云南省宾川县以"统筹规划、分步实施、注重实效、融合创新"为原则,全面落实教育技术装备的规划实施和管理[1]。2020年,对宾川全县义务教育学校网络建设实施情况进行全面排查,对存在的问题进行整改,确保

---

[1] 张义红.宾川稳步推进教育信息化建设[N].大理日报,2021-01-25(2).

已完成的"万兆主干、千兆到校、百兆进班级"信息化建设工程发挥最大作用。

学生培养过程、教育教学过程是提高教育质量、推进内涵发展的最重要的领域,是教师具有更多专业自主权的领域,是刚性制度不能硬性规定、不能面面俱到的领域,是教育创新空间最大的领域,也是教师最能施展主动性、积极性和创造性的领域。与此过程直接相关的制度(包括课程管理制度、教学管理制度、教研制度、评价制度等)在对于教育基本质量作出相应规定外,应该更多地鼓励教师开展课程建设、教学方法、教学模式、评价模式的多样化探索和试验,使城乡各自优势得以充分发挥,让城乡教育过程充满生机和活力,使城乡教育和而不同,各美其美,美美与共,"大家不同,大家都好",推动民族地区城乡教育现代化的实现[①]。通过大数据支持建立健全教育问责制度,以区域性城乡教育质量基本标准、学校办学条件标准等为基础,建立综合性的教育信息化评价指标体系,强化教育督导中的"督政"环节,实行严格的问责制度,把推进民族地区教育信息化纳入政府绩效考核、官员施政约束的评价体系。重点强化对区域党政主要领导的考核与问责机制,将推进教育信息化的工作成效与其职务晋升直接挂钩,确保民族地区教育现代化战略的落实。

---

① 褚宏启.教育制度改革与城乡教育一体化——打破城乡教育二元结构的制度瓶颈[J].教育研究,2010,31(11):3-11.

第四章

重庆市教育信息化促进教育现代化研究

重庆是中国唯一辖有民族自治地区的直辖市,其中包括4个自治县、1个享受民族自治地方优惠政策的区(黔江区)、14个民族乡,民族地区主要集中在黔江区(原黔江土家族自治县)、石柱土家族自治县、秀山土家族苗族自治县、酉阳土家族苗族自治县和彭水苗族土家族自治县4个自治县(简称"一区四县")。一直以来,对于西藏、云南、贵州、新疆等地民族地区的教育问题研究较多,忽略了对重庆民族地区的研究,因而对重庆民族地区教育问题的研究屈指可数。2013年,重庆市5个少数民族自治区(县)有高等职业院校2所,中等职业学校7所,普通高中16所(其中市级重点高中11所),义务教育阶段学校854所(其中特殊教育学校1所,民办学校34所),在校学生46.8万人,幼儿园1 306所,在园学生8.7万人。① 2014年,重庆市教委认真贯彻落实党的十八大、十八届三中全会和习近平总书记一系列重要讲话精神,在教育部民族教育司的指导下,全市5个少数民族自治区(县)的2所高等职业院校,7所中等职业学校,16所普通高中,854所义务教育阶段学校(含特殊教育学校1所,民办学校34所),紧紧围绕"培养什么人,怎样培养人"这个核心问题开展各项工作,教育规模稳步发展,教育改革不断深入,教育质量不断提高。② 重庆民族教育主要集中在渝东南生态发展保护区和渝东北生态涵养发展区的部分乡镇。2015年,全市民族教育按照第六次全国民族教育工作会议精神要求,加大对民族地区人、财、物及政策的倾斜力度,推动民族地区教育加快发展。全面推进民族地区学生综合素质评价改革,积极开展大课间活动,综合实践活动,体育、艺术、科技"2+2"项目实践活动,"1+5"行动计划,努力促进学生全面发展。出台"减负"十条和"提质"十条规定,积极推进卓越课堂计划,全面实施"领雁工程",整体提升民族地区教育水平。科学扩大民族地区高中教育规模,不断改善普通高中办学条件,普通高中学校就读人数大幅度增加。实施普通高中"捆绑发展"计划,让全市最优秀的高中学校和民族地区普通高中结对子,让优质学校向民族地区高中学校输出办学理念、管理经验、教学团队,整体提升民族地区高中学校办学质量。实施"少数民族高层次人才

---

① 重庆市教育委员会.重庆教育年鉴2014[M].重庆:重庆出版社.2015:90.
② 重庆市教育委员会.重庆教育年鉴2014[M].重庆:重庆出版社.2015:84.

培养计划",培养少数民族地区社会经济发展需要的人才。①

　　教育信息化在教育现代化的系统结构中发挥着至关重要的作用。信息化与现代化之间存在着密不可分的内在联系,随着知识社会的降临,信息化已成为人类现代化进程的必然产物和助推器。②③教育信息化已经成为全球教育现代化进程中的一个重要环节,是衡量一个国家基础教育水平乃至国家竞争力的重要指标。④所谓教育信息化,是指利用现代信息技术开发教育资源,优化教育过程,提高学生信息素养,促进教育现代化的过程。⑤以教育信息化带动教育现代化是当今世界改革与发展的共同趋势。⑥教育信息化改变了民族地区学校传统的教学模式和管理模式,有效促进了这些地区教育现代化的发展。教育信息化是教育现代化的重要内容和主要标志,也是实现教育现代化的重要手段。⑦同时,加大教育投入,引进现代化的教育设施,是实现民族地区教育信息化的必要保证。教育信息化是国家信息化的重要组成部分,对于转变教育思想和观念、深化教育改革、提高教育质量和效益、培养创新人才具有深远意义,是实现教育现代化和跨越式发展的必然选择。民族地区教育信息化是国民经济和社会信息化的重要组成部分,是民族地区教育现代化的重要标志,是构建现代民族地区教育体系、形成民族地区学习型社会的内在要求,是推动民族地区教育思想、观念、模式、内容和方法全面创新和深刻变革的重要手段。⑧可见,教育信息化在促进教育现代化过程中起着决定性作用。民族地区教育信息化是推动民族地区教育改革和发展,实现民族地区教育现代化的基础和条件。

　　此外,为了更加翔实地反映重庆民族地区教育信息化促进教育现代化的水平,项目组于2018年向中小学教师发放网络问卷,回收有效教师卷5 172份和校

---

① 重庆市教育委员会.重庆教育年鉴2015[M].重庆:重庆出版社.2016:98.
② 邱金辉,丁刚.信息化的理论涵义及其对现代化促进作用的实证分析[J].生产力研究,2006(02):15-16.
③ 彭奇文.试析"以信息化带动教育的现代化"[J].西南民族学院学报(哲学社会科学版),2002(10):245-248.
④ 热克比·依米提.教育信息化——教育现代化的基础[J].经济师,2003(10):89-91.
⑤ 郭加书,崔然,崔静.论教育信息化与高等教育现代化[J].中国成人教育,2008(03):8-9.
⑥ 潘世祥.以信息化推动区域教育现代化——深圳市宝安区教育信息化实践探索[J].电化教育研究,2007(08):94-96.
⑦ 张虹波,李正宇.以教育信息化带动首都教育现代化[J].中国教育信息化,2009(04):4-7.
⑧ "教育信息化建设与应用研究"课题组.我国教育信息化建设与应用专题研究报告[M].北京:高等教育出版社.2010:1-5.

长卷139份。通过问卷了解重庆民族地区教师和校长对"教育信息化促进教育现代化"的理解、态度,进而提出改进或优化民族地区教育信息化和实现民族地区教育现代化的建议和思考。

第一节　重庆民族地区教育现代化现状调查研究

教育现代化是以现代信息社会为基础,以先进的教育观念为指导,运用先进信息技术的教育变革的过程,是传统教育向现代教育转变的过程。[1]教育现代化是国家现代化的基础和先导,也是社会现代化的突出标志和驱动力量。[2]现代教育技术和教育现代化对于提高教育质量、扩大教育规模、培养创造性人才、实施素质教育、推进教育的改革与发展起着十分重要的作用,尤其对欠发达地区和民族地区的教育发展更加显示出它独特的功能与作用。[3]一般而言,现代化包含了学术知识上的科学化、政治上的民主化、经济上的工业化、社会生活上的城市化、思想领域的自由化和民主化、文化上的人性化,等等。[4]教育现代化包括教育观念(思想)现代化、教育内容现代化、教育制度现代化、教育管理现代化(教育体系现代化)、教育模式现代化、教育队伍现代化、教育方法现代化、教育资源现代化、教育环境现代化、教育评价现代化。[5]民族教育现代化就是在现代化进程中辩证地吸收先进的教育理念、教育内容、教育手段,在保持本民族特色的前提下促进民族教育的发展。[6]

一、重庆民族地区教育现代化现状

关于"您对您所在学校的教育现代化的看法如何?"的问题调查,45.1%的教师认为"满意",39.6%的教师认为"一般",说明重庆民族地区教师对学校的现代

---

[1] 顾明远.试论教育现代化的基本特征[J].教育研究,2012,33(09):4-10+26.
[2] 曹翼飞,王名扬.我国高等教育现代化指标体系建构与阐释[J].国家教育行政学院学报,2018(09):55-61.
[3] 杨改学.教育技术促进西部欠发达地区教育的改革与发展[J].中国电化教育,2001(05):10-12.
[4] 乌云特娜.当代民族教育发展的若干现实问题研究[M].北京:中国社会科学出版社,2014.
[5] 陈琳,陈耀华.以信息化带动教育现代化路径探析[J].教育研究,2013,34(11):114-118.
[6] 乌云特娜.当代民族教育发展的若干现实问题研究[M].北京:中国社会科学出版社,2014.

化现状看法不一。关于"您对教育信息化推动教育现代化的态度如何?"的问题调查,76.9%的教师认为"不支持",20.3%的教师"无所谓",也就是说97.2%的教师对此持不乐观的态度。对于"您认为现代化教育的意义是什么?"的问题调查,40.4%的教师认为"教育现代化是一个国家教育发展的较高水平状态",31.7%的教师认为"教育现代化是对传统教育的超越,是传统教育在现代社会的转化",6.3%的教师认为"教育现代化是一种教育整体转换运动",21.6%的教师认为"教育现代化的核心是实现人的现代化"。对于"您认为在实现教育信息化促进教育现代化的过程中,关键在于什么?"的问题调查,42.7%的教师认为"教育管理者教育理念的转变"比较重要,31.7%的教师认为"行政部门的政策支持与财政投入"比较重要,14.2%的教师认为"名师引领与教师素养的提升"比较重要,11.4%的教师认为"社会评价观念转变和校园文化建设"比较重要。

本节参照"西藏自治区教育现代化指标体系",对重庆民族地区的教育现代化从教育投入、教育普及与教育机会、教育产出三个方面构建重庆民族地区教育现代化的量化指标进行分析,见表4-1。

表4-1 重庆民族地区教育现代化量化指标

维度	指标
教育投入	财政性教育经费 财政性教育经费占GDP比重 中等职业教育生师比 普通高中生师比 普通初中生师比 普通小学生师比 学前教育生师比
教育普及与教育机会	学龄前儿童入学率 初中入学率 高中入学率 小学毕业率 中学毕业率
教育产出	非文盲率 平均每万人口的大学生数

注:由于平均受教育年限为人类发展指数计算的重要指标,为保证回归方式回归效果,在此不予考虑。

(一)教育投入

选取2013—2017年《重庆教育年鉴》重庆市黔江、石柱、秀山、酉阳和彭水5

个民族地区的教育经费与办学水平情况。总的来说,从表4-2、表4-3、表4-4、表4-5、表4-6可以看出,2013—2016年这"一区四县"的教育投入金额呈逐年上升趋势,同时生师比呈逐年下降的趋势。其中,黔江区、石柱土家族自治县、秀山土家族苗族自治县的财政预算内教育经费占财政支出比重呈逐年上升趋势。相反,彭水苗族土家族自治县的财政预算内教育经费占财政支出比重则呈逐年下降趋势。

表4-2　2013—2016年黔江区教育投入

维度	指标	2013年	2014年	2015年	2016年
教育投入	国家财政性教育经费/万元	100 770	104 388	111 988	122 144
	财政预算内教育经费支出占财政支出比例/%	20.95	17.99	18.53	18.67
	中等职业教育生师比	32.69	—	24.87	23.99
	普通高中生师比	20.01	42.02	19.19	11.85
	普通初中生师比	15.36	33.89	14.32	9.79
	普通小学生师比	16.37	21.48	18.11	17.87

注:数据摘自2014—2017年《重庆教育年鉴》,有的经计算而得。

表4-3　2013—2016年石柱土家族自治县教育投入

维度	指标	2013年	2014年	2015年	2016年
教育投入	国家财政性教育经费/亿元	5.96	7.75	8.87	9.71
	财政预算内教育经费支出占财政支出的比例/%	16.85	18.27	19.16	19.81
	中等职业教育生师比	14.49	12.92	12.93	11.21
	普通高中生师比	19.54	18.85	15.87	17.85
	普通初中生师比	14.12	13.75	14.28	12.42
	普通小学生师比	15.02	14.62	14.28	13.48

注:数据摘自2014—2017年《重庆教育年鉴》,有的经计算而得。

表4-4 2013—2016年秀山土家族苗族自治县教育投入

维度	指标	2013年	2014年	2015年	2016年
教育投入	国家财政性教育经费/万元	69 427.70	92 544.20	99 311.07	109 964.76
	财政预算内教育经费支出占财政支出的比例/%	17.71	18.29	19.93	19.2
	中等职业教育生师比	20.22	23.83	24.59	21.22
	普通高中生师比	16.56	17.29	16.06	15.58
	普通初中生师比	13.09	12.24	11.96	12.52
	普通小学生师比	14.05	14.64	14.92	16.32
	学前教育生师比	22.95	22.23	20.56	19.68

注：数据摘自《重庆教育年鉴》，有的经计算而得。

表4-5 2013—2016年酉阳土家族苗族自治县教育投入

维度	指标	2013年	2014年	2015年	2016年
教育投入	国家财政性教育经费/亿元	10.97	11.05	13.24	14.37
	财政预算内教育经费支出占财政支出的比例/%	24.12	20.29	21.03	21.90
	中等职业教育生师比	14.71	11.84	12.66	13.36
	普通高中生师比	15.36	41.89	37.45	12.43
	普通初中生师比	17.53	17.04	11.32	16.90
	普通小学生师比	16.89	17.76	17.44	17.71
	学前教育生师比	29.35	47.16	31.35	33.02

注：数据摘自《重庆教育年鉴》，有的经计算而得。

表4-6　2013—2016年彭水苗族土家族自治县教育投入

维度	指标	2013年	2014年	2015年	2016年
教育投入	国家财政性教育经费/亿元	7.90	10.55	11.831	12.41
	财政预算内教育经费支出占财政支出的比例/%	22.84	21.17	21.90	21.91
	中等职业教育生师比	8.38	13.01	17.07	21.28
	普通高中生师比	13.66	13.73	13.88	19.04
	普通初中生师比	21.11	16.44	17.12	19.86
	普通小学生师比	16.77	16.49	15.84	15.05
	学前教育生师比	55.23	52.38	44.38	43.58

注：数据摘自《重庆教育年鉴》，有的经计算而得。

（二）教育普及与教育机会公平

推进教育的普及、促进教育资源的公平分配是教育现代化的宗旨。[①]2014年，重庆民族地区以标准化学校建设为重点，大力推进义务教育均衡发展，先后实施农村义务教育薄弱学校改造计划、中西部农村初中校舍改造工程，重点改善民族地区薄弱学校条件。自2013年起，全面实施义务教育阶段学校"就近免试入学、划片招生"的招生政策，着力解决择校问题和乱收费行为，民族地区小学适龄儿童入学率达99.8%，初中适龄人口入学率达98%。科学扩大民族地区高中教育规模，不断改善普通高中办学条件，普通高中学校就读人数大幅度增加。[②]从表4-7、表4-8、表4-9、表4-10、表4-11可以看出，重庆"一区四县"入学率基本呈上升趋势，且人均受教育年限也基本呈逐年增加的趋势。可见，重庆民族地区教育普及与教育机会均等的情况日趋好转。

表4-7　2013—2016年黔江区教育普及与教育机会均等情况

维度	指标	2013年	2014年	2015年	2016年
教育普及与教育机会	学前三年毛入学率/%	79.82	80.20	80.20	82.10
	小学适龄人口入学率/%	100.00	100.00	100.00	100.00
	初中适龄人口入学率/%	98.87	98.60	98.87	99.23

① 尉迟文珠.浅论以信息化带动教育现代化[J].教学与管理，2015(33)：5-7.
② 重庆市教育委员会.重庆教育年鉴2014[M].重庆：重庆出版社，2015：84.

续表

维度	指标	2013年	2014年	2015年	2016年
教育普及与教育机会	高中阶段教育入学率/%	93.95	94.10	96.39	94.30
	小学毕业生升入初中比例/%	100.00	100.00	100.00	100.00
	初中毕业生升入高中阶段教育比例/%	94.83	93.56	93.56	97.00
	人均受教育年限/年	10.23	10.63	11.02	11.11

注：数据摘自《重庆教育年鉴》，有的经计算而得。

表4-8　2013—2016年石柱土家族自治县教育普及与教育机会均等情况

维度	指标	2013年	2014年	2015年	2016年
教育普及与教育机会	学前三年毛入学率/%	83.15	82.37	78.59	78.00
	小学适龄人口入学率/%	99.99	99.99	99.99	99.99
	初中适龄人口入学率/%	99.75	99.75	99.26	99.99
	高中阶段教育入学率/%	83.15	85.38	85.85	90.00
	小学毕业生升入初中比例/%	99.99	99.99	99.99	100.00
	初中毕业生升入高中阶段教育比例/%	91.06	90.48	95.60	95.64
	人均受教育年限/年	8.92	8.94	—	9.10

注：数据摘自《重庆教育年鉴》，有的经计算而得。

表4-9　2013—2016年秀山土家族苗族自治县教育普及与教育机会均等情况

维度	指标	2013年	2014年	2015年	2016年
教育普及与教育机会	学前三年毛入学率/%	79.60	80.40	80.60	84.80
	小学适龄人口入学率/%	99.97	99.98	99.98	99.98
	初中适龄人口入学率/%	98.77	98.77	98.77	98.99
	高中阶段教育入学率/%	88.80	88.90	90.10	90.17
	小学毕业生升入初中比例/%	99.60	99.60	99.65	99.85
	初中毕业生升入高中阶段教育比例/%	81.95	82.35	82.50	82.62
	人均受教育年限/年	9.00	9.00	9.00	9.00

注：数据摘自《重庆教育年鉴》，有的经计算而得。

表4-10　2013—2016年酉阳土家族苗族自治县教育普及与教育机会均等情况

维度	指标	2013年	2014年	2015年	2016年
教育普及与教育机会	学前三年毛入学率/%	54.75	54.70	54.70	74.54
	小学适龄人口入学率/%	100.00	100.00	100.00	100.00
	初中适龄人口入学率/%	100.00	100.00	100.00	100.00
	高中阶段教育入学率/%	84.50	85.00	90.00	92.60
	小学毕业生升入初中比例/%	100.00	100.00	100.00	100.00
	初中毕业生升入高中阶段教育比例/%	80.40	81.40	88.50	92.60
	人均受教育年限/年	8.87	8.90	8.90	9.52

注：数据摘自《重庆教育年鉴》，有的经计算而得。

表4-11　2013—2016年彭水苗族土家族自治县教育普及与教育机会均等情况

维度	指标	2013年	2014年	2015年	2016年
教育普及与教育机会	学前三年毛入学率/%	65.41	68.71	69.85	71.82
	小学适龄人口入学率/%	99.99	99.99	99.99	99.99
	初中适龄人口入学率/%	98.90	98.98	98.99	99.40
	高中阶段教育入学率/%	83.55	84.52	85.47	87.94
	小学毕业生升入初中比例/%	100.00	100.00	100.00	99.90
	初中毕业生升入高中阶段教育比例/%	92.10	92.58	93.14	95.60
	人均受教育年限/年	7.59	7.74	7.91	8.47

注：数据摘自《重庆教育年鉴》，有的经计算而得。

(三)教育产出

教育产出作为社会产出的一部分，它不同于物质部门的产出，教育产出的不是物质产品，而是人的劳动能力，是以知识技能的形态凝结在人身上的特殊产品。这种产品不能脱离人而独立存在，只有通过培养出来的人的活动，才能变现其存在。[1]教育产出指标主要的作用在于识别、判断和评价教育结果的质

---

[1] 邓慧萍.经济增长中教育产出效应的度量方法与实证分析[J].当代财经,2004(08):127-129.

量和水平。[1]通过对教育产出指标的设计、分析和评价,不断了解教育产出结果是否满足了社会和经济发展的需求,了解教育发展的现状和趋势,并为政策制定提供依据,成为教育政策研究和实践的重点领域。[2]OECD(经济合作与发展组织)教育产出指标主要包括:父母受教育程度对子女学历的影响、受教育程度对就业的影响、受教育水平对个体收益的影响、中等教育毕业率、高等教育毕业率、完成高等教育学生数(率)、成人教育水平、教育的社会效益等。[3]重庆"一区四县"的教育产出情况见表4-12、表4-13、表4-14、表4-15、表4-16。总的来看,各个学龄阶段均呈上升趋势,每万人口在园幼儿数、每万人口在校小学生数的教育产出情况尤为明显。

表4-12　2013—2016年黔江区教育产出情况

单位:人

维度	指标	2013年	2014年	2015年	2016年
教育产出	每万人口在园幼儿数	208	202	206	313
	每万人口在校小学生数	868	740	729	778
	每万人口在校初中生数	577	522	500	453
	每万人口在校高中生数	350	648	593	417

注:数据摘自《重庆教育年鉴》,有的经计算而得。

表4-13　2013—2016年石柱土家族自治县教育产出情况

单位:人

维度	指标	2013年	2014年	2015年	2016年
教育产出	每万人口在园幼儿数	360	304	272	269
	每万人口在校小学生数	737	715	692	663
	每万人口在校初中生数	376	357	364	384
	每万人口在校高中生数	285	279	256	249

注:数据摘自《重庆教育年鉴》,有的经计算而得。

---

[1] 邵泽斌.OECD教育产出指标的内涵与启示[J].南京师大学报(社会科学版),2020(06):50-61.
[2] 邵泽斌.OECD教育产出指标的内涵与启示[J].南京师大学报(社会科学版),2020(06):50-61.
[3] 邵泽斌.OECD教育产出指标的内涵与启示[J].南京师大学报(社会科学版),2020(06):50-61.

表4-14　2013—2016年秀山土家族苗族自治县教育产出情况

单位：人

维度	指标	2013年	2014年	2015年	2016年
教育产出	每万人口在园幼儿数	80	309	326	324
	每万人口在校小学生数	100	650	664	665
	每万人口在校初中生数	99	341	335	324
	每万人口在校高中生数	89	220	222	214

注：数据摘自《重庆教育年鉴》，有的经计算而得。

表4-15　2013—2016年酉阳土家族苗族自治县教育产出情况

单位：人

维度	指标	2013年	2014年	2015年	2016年
教育产出	每万人口在园幼儿数	247	268	193	474
	每万人口在校小学生数	776	790	1 166	1 222
	每万人口在校初中生数	385	370	543	580
	每万人口在校高中生数	247	280	336	353

注：数据摘自《重庆教育年鉴》，有的经计算而得。

表4-16　2013—2016年彭水苗族土家族自治县教育产出情况

单位：人

维度	指标	2013年	2014年	2015年	2016年
教育产出	每万人口在园幼儿数	263	269	278	275
	每万人口在校小学生数	821	792	768	745
	每万人口在校初中生数	413	386	383	377
	每万人口在校高中生数	423	417	417	262

注：数据摘自《重庆教育年鉴》，有的经计算而得。

二、重庆民族地区教育现代化取得的成就

(一)基础设施不断完善

处在重庆边远地区的酉阳土家族苗族自治县,1986—1991年间共投入922.8万元,兴建教室758间,教师宿舍689套;1995—1997年间投资1 847.1万元,新建乡初中3所,扩建高中和初中15所,扩建小学10所。[①]

(二)教师队伍不断扩大

2016年,秀山县教育系统全面贯彻党和国家教育方针,按照"办人民满意的教育"要求,围绕"建设武陵山区教育高地"目标,全面加强教师队伍建设,着力推进学校标准化建设,全力推进义务教育均衡发展,扎实开展"两学一做"学习教育、"高地建设推进年"活动,切实促进了教育事业持续发展,获"重庆市2015年教育信息技术与装备工作目标考核一等奖"。[②]

(三)现代化水平逐步提高

2013年酉阳县投入"农薄"项目资金1 664.56万元,建成"班班通"316套、网络教室33间、各类实验室和活动室81间,配备计算机1 703台,添置图书6.42万册,为91所学校添置了各类器材。投资312.32万元,为150所学校添补课桌椅2.23万套、黑板247块。投资3 104万元,用于县第二中学校、县第三中学校、县第四中学普通高中改造计划专项建设。投资294.12万元用于酉州中学教育信息化试点项目建设。加快信息化人才建设,8月10日,民族小学在全国中小学信息技术创新与实践活动决赛中,获小学组一等奖。8月10日,麻旺镇中心校在班主任信息化技能评优活动中,作品《文明礼仪伴我行》在第十二届全国中小学信息技术创新与实践活动中获国家级一等奖。[③]2015年,酉阳县投入中央专项资金1 336.95万元,投入2013—2014年"农薄"及"全面改薄"结余资金109.03万元,投入县级生均教育统筹资金643.04万元,投入2014年结余资金58.99万元,合计2 148.01万元。建成"班班通"316套、网络教室33间、各类实验室和活动室81间,配备计算机1 703台,添置图书27.19万册,为91所学校添置教学器材,配置课桌18 743张、凳子1 022条、钢质黑板125张、无尘黑板36张;配备班班通服

[①] 吴明海.中国少数民族教育史教程[M].北京:中央民族大学出版社,2006:388.
[②] 重庆市教育委员会.重庆教育年鉴2016[M].重庆:重庆出版社,2017:270.
[③] 重庆市教育委员会.重庆教育年鉴2013[M].重庆:重庆出版社,2014:285.

务平台软件1套、微课制作仪30套。2016年,酉阳县全年财政拨款总预算达16.4亿元,较2015年增长13.6%。全年共争取各类专项资金5.51亿元。其中,中央资金3.05亿元、市级资金2.21亿元、县级财政资金0.25亿元;争取县政府依法拨付2013—2015年教育经费2.91亿元、教师继续教育培训经费388.05万元,落实2016年生均公用经费1.16亿元。①

2016年1月,重庆市政府发布的关于《重庆市教育云服务平台基本建成》的新闻通讯稿中,明确指出:一是建成全市学生、教师、校产三大基础数据库和全市中小学生学籍信息管理系统、学校资产和校舍管理等8大教育管理子系统,实现教育大数据互联互通。二是建成重庆市基础教育资源库、重庆市中小学数字图书馆(图4-1)、重庆大学城资源共享平台。在渝高校建成300余门国家级数字精品课程、近2万节网络精品课程。三是信息资源配置实现共享整合,全市项目学校累计配备计算机6.77万台,实现全市1 181个教学点100%数字资源全覆盖,利用学籍信息、财务信息系统,实施全市13.16万贫困学生扶贫资助。

图4-1 重庆中小学数字图书馆

三、存在的突出问题

虽然我国民族教育信息化研究取得了一定成绩,但是还存在许多亟待解决的问题,如民族教育信息化发展模式、建设标准、服务体系、管理机制、绩效评

---

① 重庆市教育委员会.重庆教育年鉴2016[M].重庆:重庆出版社,2017:273.

估、双语资源开发、学生能力发展和可持续发展等。[1]民族地区阻碍教育信息化和现代化发展的主要因素包括基础设施薄弱、地理环境较差、生源不足、思想理念落后、民族语言与汉语教学冲突。因此,在民族地区信息化建设过程中,不仅要考虑先进的教学设施,还要考虑教学过程中现代的教学理念。在关于重庆民族地区"对学校的现代化教育的看法"的问卷调查中,几乎所有的教师认为"不满意"。可见,重庆民族地区教育现代化的水平还有待提高。

(一)民族地区的基础设施相对薄弱,教育资源利用率低

我国教育信息化建设除了为数不多的,针对农村、边远地区的几个大项目由国家统一投资外,其余建设大多处于一种各地政府"八仙过海,各显神通"的局面。[2]以彭水苗族土家族自治县为例,存在的主要问题有:一是教育城域网硬、软件比较落后,亟须对城域网进行全面升级改造,以适应信息化的发展。二是部分教师对应用信息化设施设备的认识不足,缺乏主动性。三是教学设施设备的管理和使用的指导有待加强。以黔江区为例,存在的主要问题有进城就读学生逐年增加与城区教育资源不足、人民群众对优质教育资源日益增长的需求与优质教育资源供给不足、教师队伍整体素质不够高与不断提高教育质量要求、校园安全稳定压力大与"人技物"配置不足等矛盾,需要在今后的工作中认真加以解决。对于农村尤其是偏远山区、民族地区的中小学来说,由于网络基础设施建设的滞后,大多数学校还没有条件建设校园网站。[3]

诸多针对"农村中小学现代远程教育工程"资源利用情况的实证调查表明:现有教育资源的针对性和实用性不强导致设备利用率低,进而导致了设备闲置的情况甚为严重。[4]重庆民族地区教育资源利用率严重不足,造成该方面问题的原因也应从多方面考虑,如电气设备耗电量大、设备维修和保养成本较高、教师对信息化教学技术的掌握和应用能力不足,部分地区还存在基础设施相对落后、教学设备陈旧等问题。

---

[1] 杨方琦,杨晓宏.我国民族教育信息化研究现状与发展对策[J].现代远程教育研究,2014(04):71-79+88.
[2] 瞿堃,钟晓燕.教育信息化概论[M].重庆:西南师范大学出版社,2012:35.
[3] 瞿堃,钟晓燕.教育信息化概论[M].重庆:西南师范大学出版社,2012:52.
[4] 瞿堃,钟晓燕.教育信息化概论[M].重庆:西南师范大学出版社,2012:37.

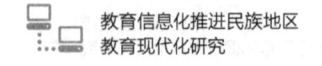

(二)教师信息技术应用能力有待加强

我国教师队伍存在结构不合理、教师数量不足、质量不高等问题。在偏远、落后的民族地区师资力量本就不足,更不用说教师对信息技术的掌握和应用能力。教师信息技术培训实效差,教师专业认可度不高,相关理论知识水平和科研能力有待提高。民族地区受经济发展水平、工作和生活环境等因素的制约,高水平的教师引进困难,师资力量薄弱、"招不来、留不住"等问题严重,直接导致民族地区学校教学与管理水平滞后。①在招生规模扩张的同时,专任教师严重匮乏。通过比较不难发现,我国民族地区教师信息化教学能力的发展研究基础非常薄弱,还存在许多亟待解决的问题和需要改进的地方。②在关于"您是否参加过教育信息化培训?"的问卷调查中,61.5%的教师"偶尔"参加教育培训,32.1%的教师回答"否","经常"参加教育信息化培训的教师只占6.4%。在关于"当前,您认为贵校在教育信息化方面最缺乏的是什么?"的问卷调查中,31.1%的教师认为是"能力"。可见民族地区的教师信息化的培训缺失,也是导致教师信息化教学能力不足的原因之一。在关于"您所在学校教师电子备课的开展情况"的问卷调查中,40.3%的教师认为"少数教师采用",29.2%的教师认为"大多数教师采用"。在关于"您对您所在学校的现代化教育的看法"的问卷调查中,45.1%的教师的回答是"满意",39.6%的教师是"不满意",反映了重庆民族地区教师现代化教学水平良莠不齐、两极分化、发展不均衡等问题。

(三)教材内容陈旧,双语教学问题依旧突出

教育部民族教育司2006年工作要点中明确提出:"积极推动少数民族地区'双语'教学工作。继续开展对民族地区的双语教学工作的调研,进行民族中小学汉语教学情况调研,掌握师资、教材、课程建设及面临的问题、相应的对策;进一步修改并下发《关于进一步加强少数民族双语教学工作的意见》;加快制定《民族中小学汉语课程标准》,召开第二次研讨会;完成组织制作中小学民族语言课件;加强双语师资培训;建立健全少数民族汉语水平考试(MHK)机制,全面

---

① 吴霓.中国民办教育发展报告2012[M].北京:教育科学出版社,2013:230.
② 杨方琦,杨晓宏.我国民族教育信息化研究现状与发展对策[J].现代远程教育研究,2014(04):71-79+88.

推行MHK。"[1]"加强少数民族文字教材建设工作。做好民族文字教材编译出版和审查的'十一五'规划:加强课程改革后民族文字教材的建设工作;筹划中小学少数民族文字优秀教材和先进个人的评选工作。"[2]黔江区在民族中学民族班开设了"民族知识"课,自编《民族知识》《川东南民族史》等教材。[3]双语教学是一种教学方法,它是根据少数民族聚居地区的实际情况,在学校教育过程中,同时采用少数民族语言和汉语两种语言进行教学的特殊方法。[4]双语教学在民族地区发挥了积极的作用,它促进了民族地区社会扫盲、职业教育、基础教育、成人教育等事业的发展。[5]民族地区有其特定的文化、历史和风俗。保持民族地区双语教学的平衡,既要促进民族地区教育现代化,又要保持民族地区原有的民俗文化。教师的现代化教学能力不足,尤其是年龄较大的教师,习惯用方言教学,对普通话、外语以及计算机的掌握水平有限。开展少数民族双语教育信息化工作,遵循"小步伐慢走"理念,在尊重少数民族文化特色的基础上推广教育信息化建设。[6]

(四)人才培养模式单一,针对性不强

教育现代化的实质和核心是人的素质现代化。[7]1999年,国务院办公厅转发教育部等部门《关于进一步加强少数民族地区人才培养工作意见的通知》。近年来,随着民族地区经济迅速发展,民族地区增大了对高技能、实用型人才的需求,专业技术人才渐渐成为国民经济建设和社会发展事业的主力军,单一的人才培养模式已经不能满足民族地区对人才的需求。[8]以培养学生信息处理能力为基础的"校校通"工程,以实现西部地区教育跨越式发展的现代信息技术,

---

[1] 中华人民共和国教育部.教育部民族教育司2006年工作要点[EB/OL].(2005-12-31)[2023-09-06].http://www.moe.gov.cn/srcsite/A08/s7056/200602/t20060210_124760.html.

[2] 中华人民共和国教育部.教育部民族教育司2006年工作要点[EB/OL].(2005-12-31)[2023-09-06].http://www.moe.gov.cn/srcsite/A08/s7056/200602/t20060210_124760.html.

[3] 吴明海.中国少数民族教育史教程[M].北京:中央民族大学出版社,2006:388.

[4] 吴敏娜.包容性增长视角下的西部民族地区基础教育均等化问题研究[M].北京:经济科学出版社,2015:122.

[5] 吴敏娜.包容性增长视角下的西部民族地区基础教育均等化问题研究[M].北京:经济科学出版社,2015:122

[6] 石玉昌.西部民族地区基础教育信息化70年:经验总结与路径新探[J].民族教育研究,2019,30(04):131-138.

[7] 陈琳,陈耀华.以信息化带动教育现代化路径探析[J].教育研究,2013,34(11):114-118.

[8] 吴霓.中国民办教育发展报告2012[M].北京:教育科学出版社,2013:47-48.

都要求我们培养不仅能够掌握现代教育技术的一般理论与方法,还要能够应用信息传播理论和掌握现代信息技术、广播电视传播技术的一专多能的复合型人才。[1]

(五)经费投入不足

从2006年起,重庆率先在西部实施农村义务教育经费保障机制改革。民族地区高等教育经费投入不高、办学经费不足、区域发展不平衡,特别是财政性经费方面,明显低于国内其他重点高校水平,教育经费的投入增长跟不上人才培养规模的增长速度。[2]在关于"当前,您认为贵校在教育信息化方面最缺乏的是什么?"的问卷调查中,36.8%的教师认为"资金缺乏",可见民族地区教育现代化的经费投入还普遍存在不足的问题。国家对特别困难的民族地区和边远农村地区,安排专项资金进行补助。

四、重庆民族地区教育现代化解决措施

(一)多方投入,建立经费投入保障机制

2015年6月,教育部颁发的《关于推进教师教育信息化建设的意见》中明确指出:"推进教师教育信息化应采取国家、地方和学校三结合的多渠道经费筹措体制。国家教师教育信息化建设专项经费投入将主要用于对教师教育信息化有重要影响的重大项目的支持,以及中西部欠发达地区的教师教育信息化建设项目。"

民族地区的教育环境得到较大提升。所谓的教育环境,是指与教育这个中心有关的一切可以运用于教育教学或对教育教学产生影响的物质条件、自然条件、社会条件等,是教育活动一旦产生就被抛入其中的一种文化氛围。[3]全国各级党委政府以促进民族学校的规范化发展为目标,对民族教育的投入实行政策倾斜。重庆市围绕贯彻落实《国务院关于加快发展民族教育的决定》文件精神,研究制定了《关于进一步加强民族教育、内地民族学生教育管理服务和教育对口支援工作的意见》,对包括城市民族教育在内的民族教育工作作出了安排部

---

[1] 王怀武.以教育的信息化带动教育的现代化——对教育技术与信息技术的整合培育新的专业增长点的探讨[J].高等理科教育,2002(06):47-48+19.
[2] 吴霓.中国民办教育发展报告2012[M].北京:教育科学出版社,2013:230.
[3] 瞿堃,钟晓燕.教育信息化概论[M].重庆:西南师范大学出版社,2012:115.

署,全市各地也制定出台了一系列政策措施,加大对民族教育工作的投入力度。

(二)加强教师专业队伍建设,提高教师待遇和培训的时效性

2015年,重庆市实施"少数民族高层次人才培养计划",培养民族地区经济社会发展需要的人才。构建国家、市、县、校"四级"培训网络,累计培训民族地区师资3万余人次。开展"送教帮教促教"行动,选派重庆市名师、中小学特级教师、中学研究员到渝东南民族地区送教帮教,组织上百名渝东南地区教师到主城区学校锻炼学习。[①]在信息社会和新课程改革背景下,教师必须具有现代化的教育思想、教学观点,必须掌握现代化的教学方法和教学手段。[②]注重民族地区教师与教育现代化相适应的师资队伍建设,提高教师运用多媒体进行教学的能力,最大限度地提高现有信息设备的使用率,改善课堂教学的效果,创造理想的师生交互式学习环境是当前重庆民族地区面临的一大任务。据重庆市2017年教育统计,石柱土家族自治县全县确认市级骨干教师27人、特级教师2人、名师工作室培养对象1人,2人取得中学研究员资格,4人成为市教师培训专家团队成员,入选市中小学校长市级培训专家库1人、市首批校长培训实践基地学校1所。完成全县5 200余名教师档案专项审核工作。完成全县7 000余名在职和退休教师工资调整,在职教师晋升薪级工资、职称晋级工资和养老金改革"中人"退休费调整。兑现乡村教师岗位生活补助1 063万元,惠及2 800名乡村教师。招聘新教师208名,其中村小教师10名。修改完善《乡镇教师进城考试方案》,为城区学校选调优秀教师49名。积极推进教师交流工作,交流校级干部44余名,专任教师249名。全年完成"国培项目"1 269人次,远程培训600人次,市级培训234人次,完成县级各类教师培训4 944人次。开展乡镇教师、幼儿教师送教培训450人次,争取培训资金83.25万元。积极培养本土教师,扩大民族地区教师专业的招生规模,构建民族院校定向培养机制,储备足够的民族地区师资力量。

(三)优化课程设置,增加教材和资源建设支持力度

每个民族都有自己独特的文化体系,民族地区学校教育的内容要与之紧密结合,这样才能激发学习者的学习兴趣,才能形成民族非物质文化传承的土

---

① 重庆市教育委员会.重庆教育年鉴2015[M].重庆:重庆出版社.2016:98.
② 李俊霞,徐能.教育信息化推动学校建设现代化[J].教育发展研究,2003(12):39-40.

壤。[1]应基于"母语教育优先"和"主动学习"的原则,为重庆民族地区开办学前双语班,以语文、数学、美术、体育、科学和生活常识为主要的教学科目。在学前班的两年,应以本民族的语言为授课语言,从第二年开始,每周增加2~2.5学时的汉语口语课,帮助学生更好地适应"幼小衔接"。应通过与当地少数民族教师合作,联合专业的少数民族教育专家编写学前、小学教材和读物。应为教师提供新编教材的教学大纲、双语教学计划和教材同步的教学参考资料。[2]重庆民族地区的教材内容应从本民族的实情和特色出发,在课程设置过程中让本民族非物质文化遗产进入学校生活和课堂教学。对于课堂教学过程中需要的独特的教学资源,如服饰、建筑物、工艺品等应予以物力和财力上的支持。

第二节 重庆民族地区教育信息化现状调查研究

教育信息化是教育现代化的核心特征,信息技术的普及和渗透,将改变重大教育战略实施的生态环境,为教育战略目标的落实提供变革性的思路和挑战。[3]信息技术的功能与作用对推动少数民族和民族地区的经济发展、社会发展,促进各民族和民族地区的经济发展、社会发展,促进各民族共同团结奋斗、共同繁荣也产生了重大作用和深远意义。[4]民族教育信息化的目的就是通过信息化的手段,让民族地区的教育实现变革,从而能够促使民族地区社会向信息社会转型,促进民族地区社会的经济结构和产业结构的升级,从而更好地为民族地区社会发展服务。[5]《2006—2020年国家信息化发展战略》指出,信息化是充分利用信息技术,开发利用信息资源,促进信息交流和知识共享,提高经济增长质量,推动经济社会发展转型的历史过程。[6]信息化教学通过语言、文字、视

---

[1] 贺能坤,张学敏.构建少数民族非物质文化传承的新机制——促进西南少数民族非物质文化传承的学校教育改革研究[J].民族教育研究,2008,19(06):47-51.
[2] 王革,张霞.双语教育项目在西南多民族省区的国际化与本土化——云南大理剑川白汉双语文教育项目研究[J].民族教育研究,2016,27(02):89-93.
[3] 谈松华.以教育信息化带动教育现代化[N].中国教育报,2015.
[4] 杨改学,付道明.教育信息化对民族教育发展影响的前后20年[J].中国电化教育,2011(07):11-16.
[5] 瞿堃,钟晓燕.教育信息化概论[M].重庆:西南师范大学出版社,2012:14.
[6] 中共中央办公厅,国务院办公厅.2006—2020年国家信息化发展战略[EB/OL].(2006-03-19)[2020-02-14].http://www.gov.cn/gongbao/content/2006/content_315999.htm.

频和声音等新颖独特的方式,以及大数据的支撑,为广大教师和学生提供了丰富的教育教学资源,改变了传统教学模式,也带动了教育理念的变革。信息化是向信息化社会迈进的动态过程,是由可触摸的物质产品起主导作用向难以触摸的信息产品起主导作用的根本性转变。[1]

一、重庆民族地区教育信息化建设现状

教育信息化是在教育过程中普遍应用现代信息技术,开发教育资源,优化教育过程,以培养和提高学生的信息素养,促进教育现代化的过程。[2]教育信息化作为国民经济发展的一项基础设施,充分体现了教育的先导性、全局性和基础性。[3]教育信息化属于信息资源的范畴,是教育现代化的重要组成部分。从教育经济学的角度来看,教育资源的概念和范畴相对比较明确,即教育过程所占用、使用及消耗的教育财力、物力和人力资源。[4]教育资源亦称"教育经济条件",是用于教育信息化的各种信息资源。[5]本节将从人力资源、物力资源和财力资源三个方面入手对教育信息化进行阐述。资源建设是教育信息化发展的核心问题,在新课程改革的背景下,教育资源的建设与应用需求更加迫切。[6]

(一)人力资源

教育人力资源是用于教育领域的人力总称,包括教师、教学机构和学校管理人员、教学辅导人员、工勤人员等。[7]其中最重要的是教师。师资力量一般包括师资规模、专任教师的学历结构和职称结构。师资规模一般用"生师比"这一指标来衡量,生师比越小,表明某一单位教师的平均教学工作量越小,反映教育的投入大而整体的教育质量也应较好。专任教师的学历结构和职称结构则选

---

[1] 孙方礼,周群.图书馆信息化对民族地区转变经济增长方式的作用机理研究[J].图书馆理论与实践,1999(03):45-47.
[2] 邢西深,许林.2.0时代的学前教育信息化发展路径探究[J].中国电化教育,2019(05):49-55.
[3] 周大平.以信息化带动教育现代化[J].瞭望新闻周刊,2000(47):53.
[4] 张万朋,李梦琦.新常态下我国教育资源配置改革的特点、挑战与应对[J].苏州大学学报(教育科学版),2020,8(03):38-45.
[5] 潘世祥.以信息化推动区域教育现代化——深圳市宝安区教育信息化实践探索[J].电化教育研究,2007(08):94-96.
[6] 张虹波,李正宇.以教育信息化带动首都教育现代化[J].中国教育信息化,2009(04):4-7.
[7] 顾明远.教育大辞典[M].上海:上海教育出版社,1998:769.

取高学历(本科及以上)和高职称比例来衡量。①2015年,重庆市民族地区通过优惠政策大力引进研究生、中青年骨干教师等专业技术人才,不断充实教研员和教师队伍。②

2016年,黔江区教职工6 966人,比2015年增加248人,增长3.69%。通过定向招聘、特岗计划等公开招聘教师161名,其中,招聘艺体、信息技术等专业教师32名。③为引进高素质人才,到部属师范院校考核招聘教师30人。面向社会公开招聘学科教师71人,招聘"双特"教师35人。完成国培2 886人次,市培310人次,区培3 992人次,校本培训8 559人次。实施新教师远程培训108人次,村校教师能力提升培训60人次,教育学、心理学、教师资格培训120人次,高中教师全员培训800人次,家庭教育培训400人次,信息技术能力提升培训2 500人次,送教下乡培训700人次,农村教师网络研修与校本培训整合培训750人次,幼儿园园长、教师高端培训220人次。④2015年黔江区在编教职工5 512人,比2014年减少311人,下降5.34%。⑤2014年,黔江区在编教职工5 823人,比2013年增加106人,增长1.86%,见表4-17。⑥2013年,黔江区在编教职工5 717人,比上年减少155,下降2.64%。

表4-17　2013—2016年黔江区教职工数统计情况

单位:人

	2013年教职工数 计	其中专任教师	2014年教职工数 计	其中专任教师	2015年教职工数 计	其中专任教师	2016年教职工数 计	其中专任教师
总计	5 717	5 474	5 823	5 368	5 512	5 296	6 806	6 521
中职教育	376	331	434	351	423	376	428	383
普通高中	774	754	773	738	803	750	1 237	1 173
普通初中	1 791	1 685	2 128	2 046	1 834	1 765	2 683	2 557
普通小学	2 776	2 704	2 488	2 433	2 452	2 405	2 458	2 408

注:数据摘自《重庆教育年鉴》,有的经计算而得。

① 文军,顾楚丹.基础教育资源分配的城乡差异及其社会后果——基于中国教育统计数据的分析[J].华东师范大学学报(教育科学版),2017,35(02):33-42+117.
② 重庆市教育委员会.重庆教育年鉴2015[M].重庆:重庆出版社,2016:98.
③ 重庆市教育委员会.重庆教育年鉴2016[M].重庆:重庆出版社,2017:114.
④ 重庆市教育委员会.重庆教育年鉴2016[M].重庆:重庆出版社,2017:153.
⑤ 重庆市教育委员会.重庆教育年鉴2016[M].重庆:重庆出版社,2017:151.
⑥ 重庆市教育委员会.重庆教育年鉴2016[M].重庆:重庆出版社,2015:156.

2015年,石柱土家族自治县招聘新教师136名,在城区优质学校选派20名优秀教师到边远薄弱学校支教,1 449人完成"国培计划"培训,举办信息技术应用能力提升试点学校教师全员网络研修+校本研修培训,培训教师2 144人次。市级培训542人次,县级培训3 315人次,培训累计教师7 450人次。[1]2016年,石柱县招聘新教师208名,其中村小教师10名。修改完善《乡镇教师进城考试方案》,为城区学校选调优秀教师49名。积极推进教师交流工作,交流校级干部44余名,专任教师249名。2013—2016年石柱土家族自治县教职工数见表4-18。2016年完成"国培项目"1 269人次,远程培训600人次,市级培训234人次,完成县级各类教师培训4 944人次。开展乡镇教师、幼儿教师送教培训450人次,争取培训资金83.25万元。[2]

2016年,石柱县承办国家教育资源公共服务平台规模化应用国家级骨干教师培训会和渝东南教育信息技术与装备工作片区会。4 067名教师、37 489名学生和26 300名家长登录国家数字教育资源公共服务平台实名注册获取个人学习空间。开展"一师一优课、一课一名师"活动,报名教师2 197人,获市级优课15节。

表4-18　2013—2016年石柱土家族自治县教职工数统计情况

单位:人

项目	2013年教职工数 计	其中专任教师	2014年教职工数 计	其中专任教师	2015年教职工数 计	其中专任教师	2016年教职工数 计	其中专任教师
总计	5 142	4 894	5 062	4 916	5 113	4 915	5 084	4 969
中职教育	270	265	276	270	273	266	268	262
普通高中	650	602	633	602	698	663	631	583
普通初中	1 476	1 385	1 407	1 402	1 463	1 388	1 589	1 558
普通小学	2 746	2 642	2 746	2 642	2 679	2 598	2 596	2 566

注:数据摘自《重庆教育年鉴》,有的经计算而得。

2016年秀山土家族苗族自治县有教职工5 882人,比2015年减少226人,下降3.70%。以国培、市培为载体,开展培训34项,投入经费553.6万元,培训

---

[1] 重庆市教育委员会.重庆教育年鉴2016[M].重庆:重庆出版社,2017:330.
[2] 重庆市教育委员会.重庆教育年鉴2017[M].重庆:重庆出版社,2018:266.

10 317人次,开展县级以上教研活动25次。科学规划人才引进工作,新补充中小学紧缺学科教师45人,县外调进教师10人,定向培养农村全科教师30人、学前教育免费师范生5人。为城区学校考调教师99人。按照新的编制标准将县镇、农村中小学教职工编制标准与城区统一,对农村规模较小的村小、教学点按照教职工与学生比例和教职工与班级比例相结合的方式核定教职工编制,重新核定全县中小学教师编制5 632名,结构更加科学合理。①2015年,秀山县以国培、市培为载体共举办各种培训50余期(次),培训各类教师9 817人次,组织县内外骨干教师84人到农村薄弱学校支教。以帮扶发展促进教师交流,秀山高级中学、秀山一中、民族中学、凤栖小学等6所中小学与重庆主城6所中小学交流合作开展"结对帮扶"活动。13所相对优质学校与乡镇薄弱学校实施捆绑发展。科学规划人才引进工作,通过免费师范生双选、公开招聘、考核招聘等方式新补充中小学紧缺学科教师100人,县外调进教师13人,"定向培养"农村全科教师52名、学前教育免费师范生10名,实行城乡编制总额动态管理,为城区学校考调教师18人,干部教师轮岗交流350人。②2013—2016年秀山土家族苗族自治县职工数见表4-19。

表4-19 2013—2016年秀山土家族苗族自治县教职工数统计情况

单位:人

项目	2013年教职工数 计	其中专任教师	2014年教职工数 计	其中专任教师	2015年教职工数 计	其中专任教师	2016年教职工数 计	其中专任教师
总计	6 190	5 590	6 115	5 459	6 108	5 516	5 882	5 270
中职教育	250	216	242	183	236	179	256	200
普通高中	718	589	610	576	673	624	690	642
普通初中	2 131	1 832	2 202	1 813	2 180	1 819	2 091	1 721
普通小学	3 091	2 953	3 061	2 887	3 019	2 894	2 845	2 707

注:数据摘自《重庆教育年鉴》,有的经计算而得。

2016年,酉阳土家族苗族自治县有教职工7 702人,比2015年减少550人,下降6.67%。酉阳县教委会同县机构编制、财政部门,对各校教职工编制进行了重新核定,较原中小学教职工编制总数增加193人。制定并发布了《酉阳土家族

---
① 重庆市教育委员会.重庆教育年鉴2017[M].重庆:重庆出版社,2018:270-271.
② 重庆市教育委员会.重庆教育年鉴2016[M].重庆:重庆出版社,2017:333.

苗族自治县2016年中小学(幼儿园)干部教师培训工作方案》，投入资金650余万元，先后开展了23个县级培训项目，培训干部教师3 382人次，8个市级培训项目，培训干部教师5 118人次；组织动员145名中小学教师参加了学历提高培训。补充招录新教师240人，公开考调教师进城56人，交流轮岗校长、副校长20名，派出"三区人才支持计划"支教教师18名。贯彻落实乡村教师支持计划，开展了乡村教师荣誉制度建设。[1]2015年，酉阳县补充教师220人，其中，招聘特岗教师64名，考核引进研究生2名，酉阳籍调入37名，安置定向委培生35名，免费师范生44名，县级定向招录村小及幼儿教师38名。全科教师80名，其中乡镇小学50名，学前幼儿教育30名。落实48名教师到差编及边远学校支教。培训干部教师5 283人次。聘请42名市内外专家学者和县内优秀教师举办业务讲座。[2]2013—2016年酉阳土家族苗族自治县职工数见表4-20。

表4-20　2013—2016年酉阳土家族苗族自治县教职工数统计情况

单位：人

	2013年教职工数		2014年教职工数		2015年教职工数		2016年教职工数	
	计	其中专任教师	计	其中专任教师	计	其中专任教师	计	其中专任教师
总计	7 682	7 063	6 782	6 248	8 252	7 294	7 702	7 276
中职教育	382	273	375	293	349	278	349	278
普通高中	1 216	1 090	430	386	427	415	1 373	1 278
普通初中	2 036	1 843	2 068	1 827	3 554	2 759	2 058	1 896
普通小学	40 48	3 857	3 909	3 742	3 922	3 842	3 922	3 824

注：数据摘自《重庆教育年鉴》，有的经计算而得。

2016年，彭水苗族土家族自治县公开引进和招聘新教师168人，"特岗"教师49人，支教、交流学习和公选县城学校教师73人，储备培养"全科教师""学前教育免费师范生"70人，统筹化解农村学校青年教师紧缺的问题。县财政按照不低于全县在职教师职工工资总额的1.5%安排教师培训经费，完成"国培""市培"2 000余人次，利用暑期开展为期一周的教师全员培训，全年累计培训教师1.2万余人次。大力推进"微课""名师课堂"等新型课堂建设与应用，64名教师

---

[1] 重庆市教育委员会.重庆教育年鉴2017[M].重庆：重庆出版社，2018：274.
[2] 重庆市教育委员会.重庆教育年鉴2016[M].重庆：重庆出版社，2017：336-337.

参与"三区支教"、城镇学校支教计划。①2016年,彭水苗族土家族自治县有教职工6 387人,比2015年减少27人,下降0.42%。成立初中、高中中心学科教研组,定期开展研修活动。2015年,彭水县被确定为市首批"国培计划"项目区县,开展"国培项目"送教下乡活动,构建置换脱产、网络研修、送教下乡、乡村教师访名校、校(园)长访学一体化的培训项目体系,建立起高校、区县、片区、学校"四位一体"的教师专业发展长效机制。实施末端村小"全科教师"培训、校长治校能力提升培训、信息技术提升能力培训、高中教师学习能力提升培训、小学语文作文教学培训、中小学英语教师培训、新教师岗前培训七大类培训,培训教师9 000余人次。②2013—2016年彭水苗族土家族自治县职工数见表4-21。

表4-21　2013—2016年彭水苗族土家族自治县教职工数统计情况

单位:人

	2013年教职工数		2014年教职工数		2015年教职工数		2016年教职工数	
	计	其中专任教师	计	其中专任教师	计	其中专任教师	计	其中专任教师
总计	6 178	5 837	6 459	6 142	6 414	6 088	6 387	5 995
中职教育	163	154	202	187	193	178	200	189
普通高中	1 090	987	1 114	1 029	1 134	1 029	1 164	1 072
普通初中	1 443	1 345	1 717	1 619	1 632	1 543	1 433	1 311
普通小学	3 482	3 351	3 426	3 307	3 455	3 338	3 590	3 423

注:数据摘自《重庆教育年鉴》,有的经计算而得。

(二)物力资源

教育物力资源是用于教育领域的各种资料的总称,体现为教育过程中物化劳动的占用和消耗。教职工和学生工作、学习、生活不可缺少的物质技术条件、人才培养的物质基础,主要包括固定资产、材料和低值易耗品。③办学条件包括很多方面,我们在此主要选取学校占地面积和资产情况以及学校的图书馆和多

---

① 重庆市教育委员会.重庆教育年鉴2016[M].重庆:重庆出版社,2017:286.
② 重庆市教育委员会.重庆教育年鉴2015[M].重庆:重庆出版社,2016:341.
③ 顾明远.教育大辞典[M].上海:上海教育出版社,1998:782.

媒体等数字资源的配置情况来进行说明和分析。[①]重庆市黔江区教育委员会办公室关于征求《黔江区教育2019年工作要点》意见建议的通知,明确提出了持续改善办学条件,主要包括:加大项目争取力度,加快校舍场地建设、加强设施设备配置。黔江区教育委员会印发《2016年度教育信息化和教育装备标准化建设规划》,投入6 300万元,建设"六大功能室"284间、标准化实验室58间,配置图书41.94万册,建成教育系统视频监控报警系统、校园明厨亮灶工程、民族中学高考标准化考点,建设计算机网络室35间、录播教室8间、云教室3间,配置纸质图书41.94万册,配备"班班通"教学设备612套。图书配备达标率小学、初中分别为100%、95.45%;标准化实验室达标率小学、初中分别为96.04%、100%;"六大功能室"达标率小学、初中分别为96.04%、95.45%;百生计算机配备达标率小学、初中均为100%;班级多媒体配备达标率、校园网建成率均为100%。师生参加各类教育技术应用活动获国家级奖项32个、市级奖项95个。参加第二十届全国教育教学信息化大奖赛获市一等奖7个,二等奖5个,三等奖14个,其中,民族中学教师的微课作品《科举制的文化影响》代表重庆参赛,获全国一等奖。[②]

彭水县在有序推进全县教育信息化方面,制定了教育信息化发展规划。按照"总体规划、分步实施"的原则,着手编制《彭水苗族土家族自治县智慧校园三年发展规划》,拟定未来三年各中小学信息化建设的构想。在改善教育信息化硬件条件方面,初步完成教育城域网核心交换机设备的升级,实现与全市教育宽带网同步对接;改造了大垭中心校、彭水四小等11所学校的校园网络,实现全县宽带网络全覆盖;更新部分义务教育学校多媒体设备1 347套,基本实现优质资源"班班通";完成彭水思源实验学校、彭水中学、汉葭中学等学校云教室建设42间,开始课堂教学融合创新的有效探索。建成森林希望小学结对大垭中心校、彭水一小结对三义中心校的"远程同步课堂",实现优质学校与薄弱学校之间的远程在线课堂教学与教研。在积极服务教育城域网运维方面,网络中心工作人员经常深入学校,现场培训、维修,排除网络故障,确保网络信息传输畅通;结合县网信办的要求,加强监管,及时举办培训,严格执行网络安全的各项制度,做到网络运行安全。

[①] 文军,顾楚丹.基础教育资源分配的城乡差异及其社会后果——基于中国教育统计数据的分析[J].华东师范大学学报(教育科学版),2017,35(02):33-42+117.
[②] 重庆市教育委员会.重庆教育年鉴2017[M].重庆:重庆出版社,2018:115.

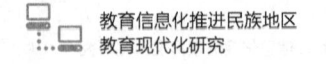

1. 校舍的建筑面积

黔江区2013—2016年学校占地面积总体呈平稳上升趋势，2013年和2014年的增长速度较为缓慢，2015年开始加速增长，2016年增长幅度尤其明显，如图4-2所示。

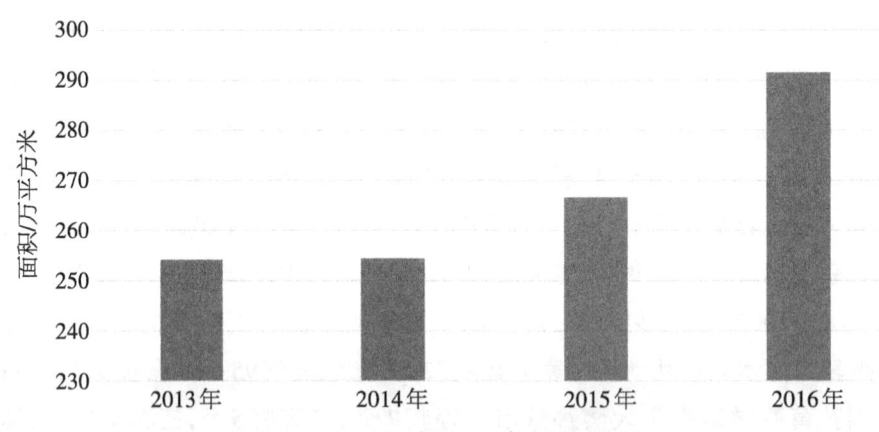

图4-2 2013—2016年黔江区学校占地面积统计图

2013年，酉阳土家族苗族自治县校舍建筑面积114.6万平方米，学校占地324.48万平方米，比上年增加5.01万平方米，增长1.55%。2013年，酉阳县新发包建设项目140个，新建和维修校舍建筑面积10.84万平方米，在建项目85个。2014年酉阳县校舍建筑面积121.67万平方米。[①]各级各类学校451所，比上年减少2所，下降0.44%。[②]

2015年，酉阳土家族苗族自治县发包建设项目192个，新建校舍建筑总面积73 919平方米，新建运动场32 357平方米，维修校舍3 908平方米，施工合同总价14 664.8万元，完成固定资产投资21 586万元；累计完成教师周转宿舍430套，建筑面积15 050平方米，完成投资2 269万元。完成寄宿制学校建设15所，建筑面积35 618平方米，完成投资4 645万元。完成农村义务教育薄改工程14个，完成投资2 274.19万元，完成任务数的37%。[③]2016年酉阳县校舍建筑面积147.26万平方米，比2015年增加10.33万平方米，增长7.5%。[④]2016年酉阳县学

[①] 重庆市教育委员会.重庆教育年鉴2014[M].重庆：重庆出版社，2015：324.
[②] 重庆市教育委员会.重庆教育年鉴2014[M].重庆：重庆出版社，2015：285.
[③] 重庆市教育委员会.重庆教育年鉴2016[M].重庆：重庆出版社，2017：337.
[④] 重庆市教育委员会.重庆教育年鉴2016[M].重庆：重庆出版社，2017：273.

校占地面积370.96万平方米,比2015年增加16.05万平方米,增长4.5%,如图4-3所示。

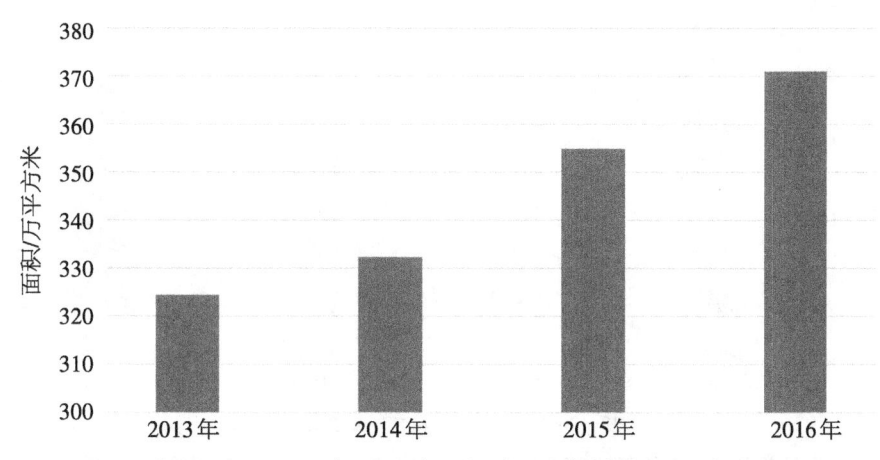

图4-3 2013—2016年酉阳土家族苗族自治县学校占地面积统计图

秀山土家族苗族自治县在2013—2016年学校占地面积总体平稳,增长或下降幅度均不大,占地面积保持相对稳定,没有出现大起大落的情况,如图4-4所示。

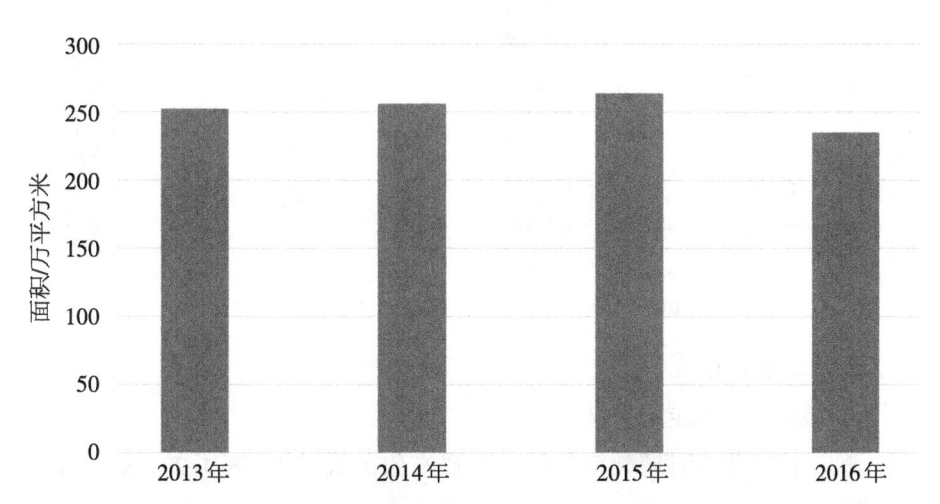

图4-4 2013—2016年秀山土家族苗族自治县学校占地面积统计图

石柱土家族自治县学校占地面积总体呈下降趋势,2014年下降幅度尤为明显,虽然2015年稍微增加,但2016年又再次下降,如图4-5所示。

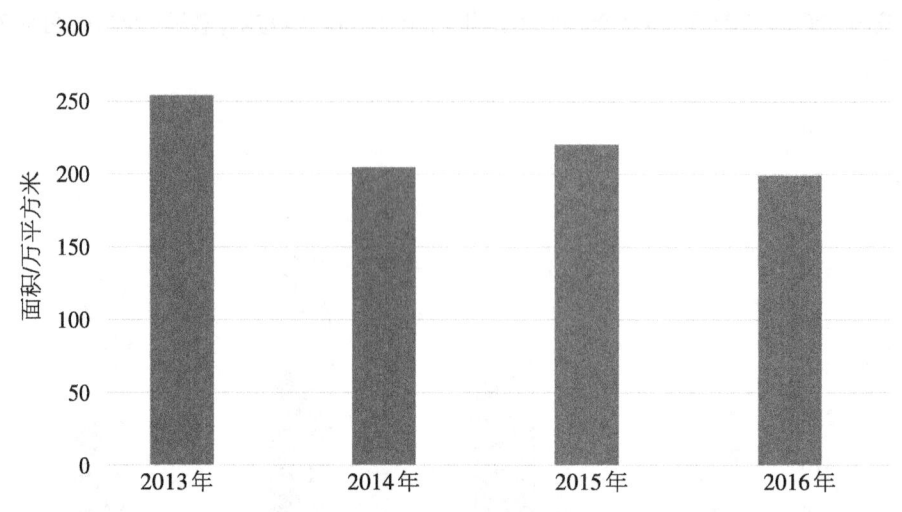

图4-5　2013—2016年石柱土家族自治县学校占地面积统计图

彭水苗族土家族自治县在2013—2016年学校占地面积总体平稳,2013—2015年均略有增长,但2016年出现明显下降,如图4-6所示。

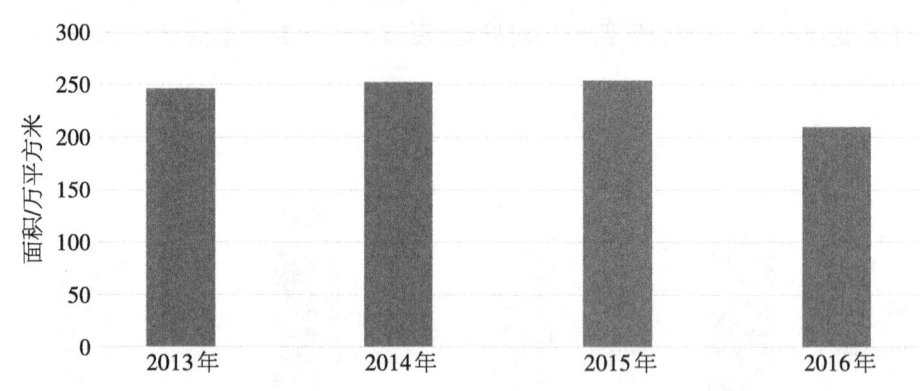

图4-6　2013—2016年彭水苗族土家族自治县学校占地面积统计图

2.固定资产值

(1)教育行业固定资产值

重庆市"一区四县"教育行业固定资产值见表4-22、表4-23、表4-24、表4-25、表4-26。

表4-22　2013—2016年黔江区固定资产值

单位:万元

	2013年		2014年		2015年		2016年	
	计	其中教学仪器设备值	计	其中教学仪器设备值	计	其中教学仪器设备值	计	其中教学仪器设备值
总计	81 518	13 346	85 584	15 373	94 396	16 834	115 900	20 400
中职教育	17 197	3 732	18 651	3 946	22 862	3 597	21 500	3 800
普通高中	20 814	2 471	21 218	3 097	22 314	4 551	24 700	3 800
普通初中	20 118	2 836	20 415	3 401	20 923	3 585	42 000	7 300
普通小学	23 389	4 307	25 300	4 929	28 297	5 101	27 700	5 500

注:数据摘自《重庆教育年鉴》,有的经计算而得。

2013年,黔江区投入资金3 000余万元,推进教育信息化与标准化建设。改造了18所学校的校园网,为15所学校新建计算机网络教室19间。为义务教育阶段教师购置笔记本电脑896台,为全区每个中小学校采购电子音像资料各1套。

表4-23　2013—2016年石柱土家族自治县固定资产值

单位:亿元

	2013年		2014年		2015年		2016年	
	计	其中教学仪器设备值	计	其中教学仪器设备值	计	其中教学仪器设备值	计	其中教学仪器设备值
总计	7.17	0.68	6.98	0.72	8.29	0.81	9.93	1.14
中职教育	0.83	0.25	0.84	0.26	0.88	0.28	0.88	0.29
普通高中	1.58	0.10	1.59	0.12	1.88	0.12	2.56	0.12
普通初中	2.36	0.14	2.04	0.15	2.73	0.17	2.90	0.23
普通小学	2.40	0.19	2.51	0.19	2.80	0.24	3.59	0.50

注:数据摘自《重庆教育年鉴》,有的经计算而得。

对比2015年和2016年石柱县教育行业固定资产值可以看出,教学仪器和设备明显增加,尤其是小学的教学仪器成倍增加。同时,教育用计算机也从4 641台增加到了7 728台,尤其是普通小学的教学计算机从1 771台增加到了3 905台。

表4-24　2013—2016年秀山土家族苗族自治县固定资产值

单位：万元

	2013年		2014年		2015年		2016年	
	计	其中教学仪器设备值	计	其中教学仪器设备值	计	其中教学仪器设备值	计	其中教学仪器设备值
总计	105 995.28	5 272.64	109 925.39	6 123.60	129 826.89	9099.07	154 238.93	13 443.00
中职教育	11 899.60	930.71	12 258.20	1 473.80	12 430.30	1 575.30	12 467.39	1 575.30
普通高中	32 956.50	1 333.00	33 191.50	2 016.00	42 857.00	2 577.00	42 943.00	2 577.00
普通初中	36 890.94	1 710.02	37 258.50	1 142.70	47 225.49	3 093.30	56 241.93	3 698.48
普通小学	24 248.24	1 298.91	27 217.19	1 491.10	27 314.10	1 853.47	42 586.61	5 592.22

注：数据摘自《重庆教育年鉴》，有的经计算而得。

总体来看，对比2013年和2016年秀山土家族苗族自治县教育行业固定资产值可以看出，教学仪器和设备逐年增加，教学仪器设备值大约是原来的2.5倍，且在中小学体现得尤为明显，中职教育和普通高中的教学仪器设备值约是原来的两倍。

表4-25　2013—2016年彭水苗族土家族自治县固定资产值

单位：亿元

	2013年		2014年		2015年		2016年	
	计	其中教学仪器设备值	计	其中教学仪器设备值	计	其中教学仪器设备值	计	其中教学仪器设备值
总计	8.31	0.54	9.30	0.60	10.87	0.93	17.07	1.32
中职教育	1.20	0.09	1.30	0.12	1.30	0.12	1.34	0.16
普通高中	4.09	0.18	4.09	0.19	4.12	0.20	6.09	0.29
普通初中	1.16	0.08	1.28	0.08	2.23	0.17	5.80	0.27
普通小学	1.86	0.19	2.63	0.21	3.22	0.44	3.84	0.60

注：数据摘自《重庆教育年鉴》，有的经计算而得。

总体来看,对比2013年和2016年彭水苗族土家族自治县教育行业固定资产值可以看出,教学仪器和设备也是逐年增加,教学仪器设备值是原来的两倍多,且在普通初中体现得尤为明显。

表4-26　2013—2016年酉阳土家族苗族自治县固定资产值

单位:亿元

	2013年		2014年		2015年		2016年	
	计	其中教学仪器设备值	计	其中教学仪器设备值	计	其中教学仪器设备值	计	其中教学仪器设备值
总计	11.67	1.15	1.41	0.09	16.60	1.27	18.54	1.69
中职教育	0.38	0.14	0.35	0.01	3.83	0.20	3.85	0.21
普通高中	2.25	0.33	0.24	0.03	1.87	0.13	5.18	0.40
普通初中	5.33	0.45	0.36	0.02	6.04	0.47	4.02	0.35
普通小学	3.71	0.23	0.46	0.03	4.86	0.47	5.49	0.73

注:数据摘自《重庆教育年鉴》,有的经计算而得。

2013年,酉阳土家族苗族自治县中小学有各类实验室及功能室160余间,配置教育教学计算机5 879台。进行了普通高中教育信息化改造后,投资150万元,添置36.78万元的理化生实验仪器和20.22万元的音体美器材,建成高中"班班通"39套,添置电脑28台,显示器88台,电视24台,专业级校园电视台设备1套,教学互动平台1套。[①]

(2)学校的图书馆资源建设

重庆市"一区四县"教育行业图书馆资源建设情况见表4-27、表4-28、表4-29、表4-30、表4-31。

---

① 重庆市教育委员会.重庆教育年鉴2014[M].重庆:重庆出版社,2015:327.

表4-27 2013—2016年黔江区图书馆资源建设情况

	2013年		2014年		2015年		2016年	
	计/万册	电子图书/GB	计/万册	电子图书/GB	计/万册	电子图书/GB	计/万册	电子图书/GB
总计	173.69	—	160.26	—	177.89	10.00	199.34	1 133.34
中职教育	27.20	—	27.78	—	27.78	—	12.08	1.33
普通高中	18.30	—	18.40	—	25.30	—	23.84	30.00
普通初中	54.89	—	43.14	—	53.51	—	83.09	201.01
普通小学	73.30	—	70.94	—	71.30	—	80.33	901.00

注：数据摘自《重庆教育年鉴》，有的经计算而得。

2013—2016年黔江区图书馆的图书在逐年增加。电子图书也从无到有，而且2016年增加的数量可谓惊人。其中，普通中小学的电子图书增长速度明显是最突出的。

表4-28 2013—2016年石柱土家族自治县图书馆资源建设情况

	2013年		2014年		2015年		2016年	
	计/万册	电子图书/GB	计/万册	电子图书/GB	计/万册	电子图书/GB	计/万册	电子图书/GB
总计	113.77	13 179.00	118.03	—	123.63	—	132.57	—
中职教育	20.15	6 500.00	20.15	—	20.15	—	20.15	—
普通高中	13.98	4 774.00	14.68	—	15.18	—	30.00	—
普通初中	25.46	187.00	27.66	—	29.99	—	30.14	—
普通小学	54.18	1 718.00	55.54	—	58.31	—	52.28	—

注：数据摘自《重庆教育年鉴》，有的经计算而得。

2013—2016年石柱土家族自治县的图书数量也在逐年缓慢增加。

表4-29 2013—2016年秀山土家族苗族自治县图书馆资源建设情况

	2013年		2014年		2015年		2016年	
	计/万册	电子图书/GB	计/万册	电子图书/GB	计/万册	电子图书/GB	计/万册	电子图书/GB
总计	133.19	467.00	134.20	415.50	150.13	2 418.00	154.43	0.87
中职教育	2.55	—	14.37	—	14.37	1 260.00	14.37	—
普通高中	27.80	—	20.45	—	11.17	400.00	11.27	—
普通初中	37.39	—	32.81	—	49.55	290.00	59.98	—
普通小学	65.45	—	66.57	—	75.04	468.00	68.81	—

注：数据摘自《重庆教育年鉴》，有的经计算而得。

2013—2016年秀山土家族苗族自治县图书数量也呈逐年递增的趋势，其中电子图书主要集中在学前教育。

表4-30 2013—2016年酉阳土家族苗族自治县图书馆资源建设情况

	2013年		2014年		2015年		2016年	
	计/万册	电子图书/GB	计/万册	电子图书/GB	计/万册	电子图书/GB	计/万册	电子图书/GB
总计	136.97	—	141.00	—	218.75	74.03	221.76	14.00
中职教育	4.00	—	35.00	—	3.00	—	6.00	—
普通高中	18.02	—	24.00	—	30.47	—	30.47	—
普通初中	47.55	—	36.00	—	70.03	—	70.04	—
普通小学	67.40	—	46.00	—	115.25	—	115.25	—

注：数据摘自《重庆教育年鉴》，有的经计算而得。

表4-31　2013—2016年彭水苗族土家族自治县图书馆资源建设情况

	2013年		2014年		2015年		2016年	
	计/万册	电子图书/GB	计/万册	电子图书/GB	计/万册	电子图书/GB	计/万册	电子图书/GB
总计	83.21	4.60	85.25	4.60	171.98	4.60	148.74	4.84
中职教育	2.68	0.10	3.13	0.10	3.18	0.10	3.55	0.11
普通高中	14.13	0.07	14.64	0.07	23.88	0.07	41.04	0.20
普通初中	22.02	3.84	22.35	3.84	55.44	3.84	38.78	3.92
普通小学	44.38	0.59	45.13	0.59	89.48	0.59	65.37	0.61

注：数据摘自《重庆教育年鉴》，有的经计算而得。

2013—2016年彭水苗族土家族自治县的图书在2015年达到最多，共215.54万册，电子图书的数量呈逐年递增的趋势。特殊教育图书资源匮乏。

3.多媒体等数字资源的配置情况

硬件基础设施是信息化的物质载体，没有硬件设施一切都无从谈起。因此，计算机、多媒体设施、通信设备等硬件建设是民族教育信息化的首要工作和前提。[1]通过将2014—2017年出版的《重庆教育年鉴》关于黔江区、石柱县、秀山县、酉阳县、彭水县多媒体设备的配置汇总，情况见表4-32、表4-33、表4-34、表4-35、表4-36（主要选取教学用计算机），做一个详细统计对比会发现，每个县的教学用计算机配置情况既有相同点，又各有特色。

表4-32　2013—2016年黔江区多媒体设备的配置情况（教学用计算机）

单位：台

	2013年	2014年	2015年	2016年
总计	9 895	10 538	11 357	11 855
中职教育	1 201	1 523	1 523	1 353
普通高中	2 218	2 426	2 591	1 917
普通初中	2 787	2 453	2 909	4 330
普通小学	3 689	4 136	4 334	4 255

注：数据摘自《重庆教育年鉴》，有的经计算而得。

---

[1] 瞿堃，钟晓燕.教育信息化概论[M].重庆：西南师范大学出版社，2012：25.

2013—2016年黔江区教学用计算机总量呈逐年递增的趋势,主要集中在普通初中、普通小学,普通初中的增量明显超过普通小学。

表4-33 2013—2016年石柱土家族自治县多媒体设备的配置情况(教学用计算机)

单位:台

	2013年	2014年	2015年	2016年
总计	3 661	4 081	4 641	7 728
中职教育	860	687	843	843
普通高中	539	584	641	1 414
普通初中	910	1 409	1 386	1 566
普通小学	1 352	1 401	1 771	3 905

注:此表数据包含民办教育,数据源于《2016—2017学年初石柱县教育事业统计综合报表》

2013—2016年石柱土家族自治县教学用计算机总量呈上升趋势,尤其是在2016年几乎是成倍地增加。从表中可以看出,石柱县教学用计算机数量增长主要集中在普通小学,2015—2016年教学用计算机从1 771台增加到3 905台。

表4-34 2013—2016年秀山土家族苗族自治县多媒体设备的配置情况(教学用计算机)

单位:台

	2013年	2014年	2015年	2016年
总计	1 688	3 851	5 152	9 096
中职教育	120	660	790	790
普通高中	671	786	933	861
普通初中	877	1 137	1 631	2 653
普通小学	—	1 268	1 798	4 792

注:数据摘自《重庆教育年鉴》,有的经计算而得。

2013—2016年秀山土家族苗族自治县教学用计算机每年几乎都是成倍地增加,普通小学起步晚,但增长快,在2016年相对于其他阶段教育的数量增长是最多的。普通高中教学用计算机增速缓慢。

表4-35 2013—2016年酉阳土家族苗族自治县多媒体设备的配置情况（教学用计算机）

单位：台

	2013年	2014年	2015年	2016年
总计	5 879	5 666	13 130	12 229
中职教育	500	—	—	721
普通高中	655	756	1 796	1 646
普通初中	2 077	1 724	3 127	2 569
普通小学	2 647	3 186	8 207	7 293

注：数据摘自《重庆教育年鉴》，有的经计算而得。

从2013—2016年酉阳土家族苗族自治县教学用计算机统计情况来看，教学用计算机的数量在2015年增长最多，这与2015年普通小学的教学用计算机数量迅猛增长密不可分。2016年普通高中和普通初中的教学用计算机有减少趋势。普通初中的教学用计算机增长趋势不稳定。

表4-36 2013—2016年彭水苗族土家族自治县多媒体设备的配置情况（教学用计算机）

单位：台

	2013年	2014年	2015年	2016年
总计	3 712	5 508	6 628	10 615
中职教育	380	670	537	685
普通高中	1 026	1 040	1 118	2 077
普通初中	799	1 440	1 121	1 969
普通小学	1 507	2 358	3 852	5 884

注：数据摘自《重庆教育年鉴》，有的经计算而得。

2016年，酉阳土家族苗族自治县完成全县164所义务教育发展基本均衡县创建对象学校教学设施设备、实验室、六大功能室、图书室、教学仪器、校园网、多媒体、计算机等建设情况摸底调查，并制定了配备计划。投入资金7 127万元，装备"班班通"设备323套、网络教室设备20套、实验室设备32.49万件（台）、艺体劳科器材21万件（台）、教学点综合活动室142间、阅览室设备3133件（套）、电脑883台、图书23.32万册、课桌椅3.33万套。投入资金521.36万元，为34所学校配置学生食堂设备11 766台(件),为33所学校配置学生宿舍设备3567件(套),为65所学校配置饮水设备193套。推进"宽带网络校校通""优质资源班班通""网络学习空间人人通"、公共信息服务平台、"智慧校园"建设,全县学校通10兆光纤164个、4兆宽带29个,优质资源班班通实现全覆盖,桃花源中学、民族小学、桃花源小学启动"智慧校园"建设试点。[①]

(三)财力资源

财力资源主要是经费。2016年,彭水苗族土家族自治县全年教育经费总投入142 501万元,比2015年增加18 401万元,增长14.83%;[②]2013年重庆市设立300万元市级少数民族教育补助费,累计安排301个项目,投入3 500万元改善民族地区和少数民族相对集中地区的办学条件。[③]从2014年起,市级财政对内地民族教育高中和中职班,按照生均8 000元/年补助公用经费。共投入民族班教育经费940万元。[④]黔江区的办学条件也不断改善,投资10.86亿元完成黔江中学科技楼、学生宿舍,新华中学实验楼,民族中学综合楼、学生食堂,黔江初级中学、人民中学、舟白中学、金溪学校等改扩建工程,城东中心校、正阳中心校迁建项目,持续推进职教中心迁建项目,新增城区学位11 500个。扎实推进农村"两类学校"建设,村完小布局进一步优化,24所乡镇中心校全部建成寄宿制学校,"全面改薄"项目绩效评估全市第一。配备班班通、互动式多媒体设备1 300余套,新建录播教室、计算机教室、云教室等86间,百生计算机占比中学14.6台,小学11.7台。配备理化生及科学实验室、功能室393间,仪器设备3.2万台(件、套),生均设备值中学1 834.47元、小学1 388.81元。配备图书49.46万册及配套设备,生均图书中学30.87册、小学20.1册。升级改造3所高中学校标准化考点系统,建成高中学生综合素质评价系统、走班教学排课系统、生涯规划教育系统,新高考综合改革基础条件保障不断完善。

2016年,石柱县土家族自治区投入资金891万元,建成6所农村寄宿制学校校舍。投入资金205万元,在3所学校建成67套教师周转宿舍,又投入资金4 223.75万元,整治全县学校校园环境。投入资金1 260万元新建或改扩建

---

① 重庆市教育委员会.重庆教育年鉴2016[M].重庆:重庆出版社,2017:274.
② 重庆市教育委员会.重庆教育年鉴2016[M].重庆:重庆出版社,2017:278.
③ 重庆市教育委员会.重庆教育年鉴2013[M].重庆:重庆出版社,2014:90.
④ 重庆市教育委员会.重庆教育年鉴2014[M].重庆:重庆出版社,2015:84.

21所幼儿园。[1]2016年,石柱土家族自治县完成教育城域网集约化搬迁,各中小学作为二级网站纳入教育城域网集群管理。投入资金2 429.32万元,配置纸质图书19.95万册、图书架617个,配置中学物理实验室2间、化学实验室2间、生物实验室2间、小学科学实验室31间,新建音乐教室24间、体育教室38间、美术教室20间、卫生室53间、科技教室47间、劳技教室49间、村小综合室39间,新建计算机教室18间,新增班班通多媒体510套,完成3所农村中小学科技馆建设的招标。全县图书配备率、中学理科实验室标准化建设、小学科学实验室建设、中小学音体美卫劳科六大功能室建设率100%。

2014年,黔江区全年教育经费总收入114 970万元,比2013年增加6 776万元,增长6%;总支出119 764万元,比2013年增加11 687万元,增长10.81%。[2]建成职教中心实训楼、南宾小学B区一期工程,完成师范附小B区前期工作。[3]

(四)教学应用

从图4-7可以看出,重庆市教育应用发展指数低于全国大部分省市。从上述统计数据可以看出,重庆市的基础教育基础设施较为完善,但是教学资源和教育应用的作用没有得到充分发挥。

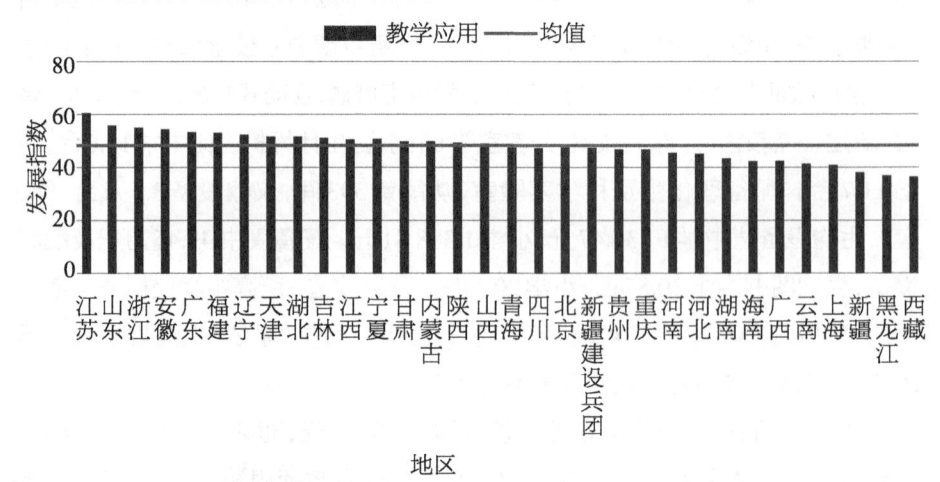

图4-7 教学应用发展指数

---

[1] 重庆市教育委员会.重庆教育年鉴2016[M].重庆:重庆出版社,2017:266.
[2] 重庆市教育委员会.重庆教育年鉴2014[M].重庆:重庆出版社,2015:109.
[3] 重庆市教育委员会.重庆教育年鉴2016[M].重庆:重庆出版社,2017:266.

(五)管理信息化

从某种意义上讲,教育管理现代化是实现民族教育现代化的根本保证。[①] 2018年《教育部关于完善教育标准化工作的指导意见》发布,进一步规范教育标准化工作,加强对教育部教育标准委员会的管理和指导,组织制定教育信息化标准规划,有序推进教育信息化标准规范研制。加强校长培训,提高民族地区学校的管理水平。2002年,国务院印发的《国务院关于深化改革加快发展民族教育的决定》中提出:"加强校长培训,提高民族地区学校的管理水平。"人才培养质量的高低取决于教学、管理效果的优劣,少数民族高层次人才的培养必须依靠现代化的教学管理。[②]

(六)民族地区教育信息化体系建设

教育信息化包括两方面的内容:一是教育的数字化和智能化;二是在数字化平台上构建的优化的教育体系。[③]民族教育信息化资源建设要走出单调的、处于辅助地位的校本课程定位,必须将民族教育资源有机融入各学科中,实现校内、校外多元一体整合格局。[④]

2020年6月,重庆市教育信息技术与装备中心发布的《重庆市教育信息技术与装备中心关于利用教育信息化平台支持服务中小学教育教学工作的通知》指出,根据《重庆市教育委员会关于做好疫情防控延迟开学期间中小学教育教学工作的通知》(渝教基发〔2020〕4号)要求,充分发挥"互联网+教育"优势,积极利用教育信息化平台,为疫情防控延迟开学期间全市中小学"停课不停学"提供支持服务。主要包括:一是依托国家中小学网络云课堂(国家教育资源公共服务平台)实现网络在线备课、学习。国家中小学网络云课堂以部编教材及各地使用较多的教材版本为基础,覆盖小学一年级至普通高中三年级各年级,以教学周为单位,建立符合教学进度安排的统一课程表,提供网络点播课程。学校既可以采用平台上设计好的模块化课程教学,也可以利用平台提供的工具组织本校教师根据网上学习资源清单,结合本校自身特点,形成灵活课程表,推送给学生自主点播学习。平台还提供了教师与本班级、本校学生在线讲课、互动辅

---

① 乌云特娜.当代民族教育发展的若干现实问题研究[M].北京:中国社会科学出版社,2014.
② 吴霓.中国民办教育发展报告[M].北京:教育科学出版社,2013:119.
③ 郭加书,崔然,崔静.论教育信息化与高等教育现代化[J].中国成人教育,2008(03):8-9.
④ 瞿堃,钟晓燕.教育信息化概论[M].重庆:西南师范大学出版社,2012:107.

导功能。同时,人民教育出版社也将"人教点读"数字教学资源库免费向社会开放。二是通过中国教育电视台解决学生在家学习问题。针对各区县部分农村地区和边远地区无网络或网速慢等情况,可通过电视收看中国教育电视台播出的有关课程和资源,便于学生在家学习。三是依托重庆市基础教育资源公共服务平台实现网络在线备课、学习。重庆市基础教育资源公共服务平台(以下简称"基教资源平台")是以网络学习空间为基础的教育教学资源应用平台,主要提供学科同步资源、数字虚拟仿真实验资源、微课资源、国家资源和人人通空间(渝教通)App应用、习惯养成学习应用等,并于2020年2月7日起,供全市中小学师生通过互联网访问使用。

二、重庆民族地区教育信息化取得的成就

(一)建立健全教育信息化发展体制机制

21世纪以来,重庆市政府更加重视民族教育信息化和现代化的发展进程,紧随国家政策发布了一系列鼓励民族教育信息化和现代化的政策。重庆市高度重视教育信息化建设,1999年11月,重庆市委、重庆市人民政府将现代远程教育工程列为重庆市实施的八大重点教育工程之一。[1]2004年重庆市教委在发布的《关于普及中小学信息技术教育实施意见》中明确指出,以开设信息技术教育课和实施"校校通"为主要内容,以队伍建设、资源建设和网络建设为重点,以培养学生应用信息技术的能力,实现信息技术与学科教学的整合为目标,统筹规划、分步实施、因地制宜、注重实效,全面推进中小学信息技术的普及,以教育的信息化带动全市教育的现代化,实现我市基础教育的跨越式发展。2006年12月,重庆市教育委员会发布的《关于印发重庆市教育信息化"十一五"发展规划纲要的通知》中明确提出,"十一五"时期,是重庆教育信息化为建设长江上游教育中心和打造西部教育高地提供全面信息服务的关键时期。教育信息化引领教育现代化,实现教育现代化必须率先实现教育信息化。"信息技术对教育发展具有革命性影响"就是教育信息化对教育理念和教育模式的一场深刻变革。充分认识教育信息化的重要性、紧迫性和必要性,重新审视、调整教育信息化工作思路,抓住重点,坚持应用驱动理念,创新工作机制,真正做到信息技术与教育教

---

[1] 重庆市教育委员会.重庆市教育信息化"十一五"发展规划纲要(2006-2010年)[EB/OL].(2007-04-23)[2023-09-06].http://www.ict.edu.cn/news/gddt/xxhdt/n20070423_72.shtml.

学的深度融合。2017年8月8日,《重庆市教育信息化"十三五"规划》发布,推动实施重庆市教育信息化"1125"工程,着力打造1个渝教云,建设1张重庆教育宽带网,加强市级教育管理和教育资源2个公共服务平台建设,实施培训、安全、督导、试点应用和机制完善等5项配套支撑计划。该规划明确规定,"十三五"期间,重庆市将着力完成以下九大任务:一是加强教育信息化基本条件建设;二是构建"渝教云"教育公共服务体系;三是共建共享优质数字资源;四是加快各类教育信息化进程;五是推动信息技术与教育教学融合创新;六是提升教育治理现代化支撑能力;七是提高教育管理者和师生信息素养;八是构建网络安全与信息化协调发展体系;九是扩大教育信息化合作与交流。同时,还将从组织领导、经费投入、机制创新、试点示范和督导评估等五方面强化教育信息化保障。

(二)"三通两平台"建设得到长足发展

近年来,重庆不断加大投入,全市各区县基本建成教育城域网,2018年全市"宽带网络校校通"接入率达96.7%,中小学校多媒体教学设备配备率达98.9%,每位中小学专任教师一台笔记本电脑,全市教育"云—管—端"架构初具雏形,偏远山区小学也能享受优质的教育资源。《重庆市智慧教育五年工作方案(2018—2022年)》提出,深化"渝教云"建设、完善智慧学习环境等八项重点任务。注重发挥标准引领作用,在全面执行国家标准基础上,结合重庆实际,发布《重庆市教育信息系统基础数据标准》,着力打破数据壁垒,为全市教育数据共建共享夯实基础。《重庆市智慧校园建设基本指南(试行)》为全市各级各类学校开展智慧校园建设提供指导,着力以智慧教育引领教育信息化创新发展。2020年重庆市加快发展"互联网+教育",全力助推教育改革创新。2020年7月21日,重庆市开展2019年度高校在线课程建设与应用示范案例评选活动,134项案例入选。

如表4-37,在《中国教育信息化发展报告(2018)》中,省域基础教育信息化发展指数相较全国,重庆发展指数略高于均值。从省域基础教育信息化发展指数聚类结果可以看出,基础教育信息化发展指数分为教育资源、教学应用、基础设施、管理信息化以及保障措施五个维度。重庆市综合指数在全国排名第十,高于全国其他大部分省份基础教育信息化发展水平。其中,管理信息化和保障措施位居前列,分别排名第七和第十二,属于第二类;基础设施发展指数聚类结果是53.51,排名第六,属于第三类。但是,教育资源和教学应用水平较低,分别为46.37和47.66,省域排名第二十二,属于第三类。

表4-37 基础教育发展指数

省份	综合指数	排名	教育资源	排名	教学应用	排名	基础设施	排名	管理信息化	排名	保障措施	排名
浙江	58.83	1	59.17	5	56.25	3	60.91	3	66.73	1	48.53	16
江苏	58.20	2	63.76	2	62.10	1	58.11	5	53.68	8	57.29	2
北京	53.74	3	38.85	27	48.79	19	65.91	2	58.99	2	50.88	9
广东	53.24	4	56.28	8	54.57	5	50.91	10	57.64	3	45.66	24
上海	52.24	5	36.40	31	42.29	29	69.10	1	56.52	4	52.79	5
安徽	52.10	6	64.48	1	55.76	4	51.56	9	47.62	18	47.61	18
山东	51.62	7	52.86	12	57.28	2	58.73	4	39.56	29	56.48	3
福建	51.30	8	59.46	4	54.01	6	46.79	17	52.16	11	45.91	22
天津	51.19	9	52.00	13	52.83	8	49.66	12	52.93	9	47.77	17
重庆	50.89	10	46.37	22	47.66	22	53.51	6	54.31	7	50.06	12
辽宁	50.58	11	56.62	7	53.70	7	49.39	14	46.36	21	50.58	11
宁夏	50.27	12	57.18	6	51.73	12	44.42	20	51.49	13	47.45	19
四川	50.09	13	49.21	16	49.98	18	45.14	18	55.57	6	46.88	20
江西	49.77	14	59.73	3	51.91	11	43.72	23	52.77	10	42.08	29
湖北	49.58	15	53.33	11	52.75	9	49.43	13	49.90	14	43.73	27
内蒙古	49.13	16	53.71	9	50.94	14	49.16	15	45.48	23	49.61	14
山西	49.09	17	50.44	15	50.60	16	48.82	16	46.89	19	49.90	13
新疆建设兵团	49.06	18	50.50	14	48.22	20	50.66	11	44.38	24	54.39	4
贵州	48.51	19	41.78	25	47.93	21	42.85	28	56.37	5	46.55	21
青海	48.16	20	46.41	21	50.01	17	52.35	7	42.37	26	52.17	8
吉林	47.74	21	46.45	20	52.25	10	39.79	30	39.75	28	61.32	1
黑龙江	46.78	22	45.51	23	37.63	31	43.33	25	51.75	12	52.64	6
湖南	46.33	23	48.17	17	44.42	25	42.83	29	46.68	20	49.40	15

续表

省份	综合指数	排名	教育资源	排名	教学应用	排名	基础设施	排名	管理信息化	排名	保障措施	排名
陕西	46.26	24	47.16	18	50.76	15	52.32	8	34.93	31	52.27	7
河南	46.18	25	46.74	19	46.43	23	43.12	26	48.98	16	44.03	26
甘肃	45.93	26	53.68	10	51.19	13	43.92	21	42.23	27	42.61	28
云南	44.98	27	36.43	29	42.42	28	45.12	19	49.82	15	45.84	23
新疆	44.66	28	37.59	28	38.93	30	43.05	27	48.38	17	50.81	10
河北	44.21	29	44.15	24	46.37	24	43.84	22	42.45	25	44.78	25
广西	42.12	30	36.43	30	43.52	27	43.50	24	45.56	22	38.21	30
海南	39.55	31	39.89	26	43.54	26	37.83	31	39.40	30	36.79	31
西藏	38.71	32	31.73	32	37.00	32	43.53	24	37.63	31	42.44	29

第一类　第二类　第三类　第四类

重庆市的基础设施发展指数位居全国前列,仅次于上海、北京、浙江、山东、江苏,高于全国基础设施省域发展指数均值。重庆市的基础教育资源发展指数处于全国中下水平。重庆市网络宽带1000 Mbps及以上的中小学比例为60.67%。根据各区县教委对教育信息化工作的总体要求,全市教育信息技术与装备工作以党和国家的要求为引领,紧紧围绕"义务教育发展基本均衡县"创建的重点任务,技装工作遵循"补差缺、重应用、促融合"的工作思路,在各中小学的密切配合下,各项工作得以有效开展。教育信息化是实现优质教育资源共享、促进义务教育均衡发展的重要手段。2013年中央和市财政累计投入建设资金7.8亿元,新建和改扩建校舍53万平方米。发挥民族地区重点学校信息技术设施的辐射带动功能,支持校园网、局域网建设,实现民族地区教育资源共建共享。推进农村中小学现代远程教育,基本形成面向渝东南地区中小学的卫星教育网络,将城市优质教育资源输送到农村中小学。[①]

2016年,秀山土家族苗族自治县全面完成教育设施设备采购任务,投入资金7 388万元。全县中、小学实验室仪器配齐率分别为99%、92%,六大功能室设备配齐率分别为92%、91%,图书室达标率分别为100%、91%,教学仪器生均设

---

① 重庆市教育委员会.重庆教育年鉴2013[M].重庆:重庆出版社,2014:91.

备、校园网建设、多媒体设备配备率、百生计算机比达标率均为100%。全县义务教育阶段学校标准化率达85%。①

2016年,彭水苗族土家族自治县全年下拨教育专项资金4.23亿元,完成投资任务的102.9%,其中校舍建设资金1.3亿元。完工项目12个,完工校舍面积89 912平方米,在建项目9个,在建面积150 985平方米。规划建设幼儿园项目6个,长滩幼儿园、彭水第一示范幼儿园已经完工,面积10 449平方米。多渠道筹资1.2亿元重点解决教学仪器设备采购、教师继续教育经费不足等问题,累计化解均衡达标难题50个,启动征地扩建学校21所,办理66所学校的不动产登记证,开办1社区教育学院,各乡镇依托教管中心成立社区教育学校,所有村(居委)成立社区教育学习点,层层落实社区教育工作。

(三)信息化教学资源共享

信息化资源是信息化教育成功的必要保障,是信息化教育中最为关键的要素之一,也是教育信息化建设的重点内容之一。在现代教育活动中,信息化资源起着决定性的作用。②信息化教学资源是基础教育新课改的重要支撑条件,可以促进信息化教学。③信息化资源共享可以提高资源利用率,促进教育公平。

数字图书馆实质上是一种以多媒体形式呈现的分布式信息系统。④图书馆自动化是指图书馆业务与服务自动化,它是社会发展的必然要求,也是图书馆自身发展的方向。⑤2014年,重庆市中小学数字图书馆平台资源建设项目经费预算方案通过专家评审。是年,全市中心校以上学校中小学数字图书馆平台开通率达85%,共2 452所中小学,2 415 052名师生申请开通使用本平台,日均访问量10万人次。完成了全市数字图书馆及"区域化中小学图书馆管理系统"专管员专项培训。全市新建"重庆市区域化中小学图书馆管理系统"平台3个,累计15个区县使用了图书馆管理系统。⑥民族学校教育必须从民族其他方面的教育经验中汲取必需的养分,最终使外发的现代教育系统在民族文化的沃土

---

① 重庆市教育委员会.重庆教育年鉴2016[M].重庆:重庆出版社,2017:271.
② 瞿堃,钟晓燕.教育信息化概论[M].重庆:西南师范大学出版社,2012:63.
③ 杨方琦,杨晓宏.我国民族教育信息化研究现状与发展对策[J].现代远程教育研究,2014(04):71-79+88.
④ 毛赣鸣.图书馆隐性文化特质的历史演进[J].河北科技图苑,2015,28(02):3-7.
⑤ 孙方礼,周群.图书馆信息化对民族地区转变经济增长方式的作用机理研究[J].图书馆理论与实践,1999(03):45-47.
⑥ 重庆市教育委员会.重庆教育年鉴2014[M].重庆:重庆出版社,2015:603.

中深深地扎下根,成为民族自己的教育。①

(四)保障机制

民族教育信息化要在民族地区教育信息化工作推进机制、管理体制、教育信息化经费投入、利益分配机制、教师资源合理配置机制等方面确立重要地位和保障措施,保障民族地区教育信息化的可持续发展。重庆市教育信息化还存在基础设施较薄弱、观念意识不强、缺乏系统的规划、没有完全建立分工合作的运作模式和工作模式等问题。

第三节 重庆教育信息化推进民族地区教育普及程度研究

项目组关于教师对本校是否需要加大"教育信息化"的推广力度的问卷调查结果显示:39.5%的教师认为"非常需要",58.1%的教师认为"需要",1.9%的教师认为"无所谓",0.5%的教师认为"不需要"。可见,97.6%的教师认为加大教育信息化的推广力度是有必要的。关于"在信息化教学过程中,教师更希望进行什么样的教学?"的问题中,56.2%的教师赞同"以学生为中心的交互性教学(如翻转课堂)",39.4%的教师赞同"传统讲授型与交互型相结合的混合型模式",说明95.6%的教师认可教学现代化的重要性。在关于"认为'互联网+教育'的教学模式对教学工作是否有帮助?"的问题中,59.8%的教师认为有些效果。说明教师对在教学过程中使用电子设备能提高教学效果的认可度较高,但是还不是所有人认可电子设备对提高教学效果的作用。

一、从正反两个方面看重庆民族地区基础教育发展

(一)学前教育

2014年,重庆市全面落实学前教育三年行动计划,大力推进普惠性幼儿园建设,加快民族地区乡镇中心幼儿园新、改、扩建进度,提高城乡公办园和普惠

---

① 张诗亚.祭坛与讲坛——西部民族宗教教育比较研究[M].昆明:云南教育出版社,1992:90.

性民办园的覆盖面,努力构建"广覆盖、保基本、多形式、有质量"的学前教育公共服务体系,建立幼儿园督导考核评估机制和贫困幼儿资助体系,学前1年和3年幼儿入园率分别达97%和68%,"入园难"问题基本得到解决。① 具体情况见表4-38。

表4-38　2013—2016年重庆"一区四县"学前教育事业发展情况汇总表

	2013年			2014年			2015年			2016年		
	学校数/所	招生数/人	专任教师/人	学校数/所	招生数/人	专任教师/人	学校数/所	招生数/人	专任教师/人	学校数/所	招生数/人	专任教师/人
黔江区	74	4 859	50	94	4 691	49	95	14 161	49	90	14 674	570
酉阳县	239	2 701	698	230	14 788	478	63	15 101	698	87	15 072	698
秀山县	117	10 725	799	131	12 222	795	141	13 092	1 032	144	11 706	1 093
石柱县	62	9 055	276	62	8 191	283	62	7 302	281	1	3 888	62
彭水县	54	14 382	330	50	13 818	357	52	9 914	437	50	15 554	442

注:数据摘自《重庆教育年鉴》,有的经计算而得。

2013年,黔江区新建石家、南海、沙坝等5所乡镇幼儿园,利用闲置校舍改扩建农村小学附设幼儿园5所。新批准民办幼儿园8所,全区各级各类幼儿园由2012年的66所增加到74所(含附设园)。规范办园行为,城区小学附设幼儿园大班额问题基本化解,幼儿入园与就读小学挂钩的现象已杜绝。全区有一级园5所,二级园19所,三级园30所,普惠性幼儿园53所。建立学前教育互助帮扶捆绑发展机制,发挥示范园、一级园的辐射带动作用。②

2013年,黔江区学前教育三年入学率达79.82%,学前三年行动计划目标基本实现。2014年黔江区新建杉岭、舟白2所乡镇幼儿园,改扩建邻鄂、鹅池、金溪等9所乡镇幼儿园。新批准民办幼儿园1所,全区各级各类幼儿园增加到95所,其中公办幼儿园3所,小学附设园36所,民办幼儿园56所。建立学前教育发展共同体,区内幼儿园资源共享、互动帮扶、共同发展,学前三年毛入园率达80.2%。出台了《学前教育第二期三年行动计划(2014—2016年)》。

2016年,黔江区实施学前教育第二期"三年行动计划"。完善《黔江区普惠

---

① 重庆市教育委员会.重庆教育年鉴2014[M].重庆:重庆出版社,2015:84.
② 重庆市教育委员会.重庆教育年鉴2013[M].重庆:重庆出版社,2014:156.

性幼儿园管理办法》。新建中塘乡中心幼儿园、太极小学附属幼儿园,审批民办幼儿园22所,新增学前教育学位2 130个。在园幼儿17 317人(包含民办教育),比2015年增加1 507人。完成7所幼儿园等级评定,学前三年毛入园率82.1%,新认定普惠性幼儿园6所,普惠幼儿园共90所,占比85.2%。加大普惠性幼儿园考核奖补力度,奖补资金1 660万元。[①]

2016年,石柱土家族自治县在学前教育方面,启动石柱县第三期学前教育行动计划,大力发展公办园,积极扶持普惠性民办园。贯彻落实《幼儿园工作规程》,深入实施《3—6岁儿童学习与发展指南》,启动幼儿园办园行为督导评估试点,全面提高保育教育质量,学前教育一年毛入园率达93%以上,学前教育三年毛入园率达80.5%以上,在园幼儿普惠覆盖率达95%以上。学前教育管理信息系统进一步规范完善,实现幼儿园规范管理,开展学前教育片区教研交流、展示活动15次,培训幼儿教师1 000余人次。实施幼儿园课程改革与城乡幼儿园帮扶共进计划,推进早期教育试点工作,提高保教质量,防止和纠正学前教育"小学化"倾向。

2015年秀山土家族苗族自治县有幼儿园141所,其中教育部门办11所、民办130所。有三级以上幼儿园100所,普惠性幼儿园90所。有幼儿教师2 029人,有在园幼儿21 213人。[②]秀山县稳步推进学前教育三年行动计划,切实加强幼儿园保教保育工作的指导,开展规范办园、科学保教工作专项检查,全县学前三年毛入园率为80.6%,普惠率达72.4%。[③]

2016年秀山土家族苗族自治县有幼儿园144所,其中教育部门办14所、民办130所。有三级以上幼儿园121所,普惠性幼儿园114所。有幼儿教师2 238人,有在园幼儿21 515人。稳步推进学前教育三年行动计划,切实加强幼儿园保教保育工作的指导,开展规范办园、科学保教工作专项检查,进一步规范民办幼儿园收费行为,全县学前三年毛入园率为84.8%,普惠率达79.2%。[④]

2014年4月7日至5月17日,酉阳土家族苗族自治县按照《重庆市幼儿园等级标准》对102所幼儿园进行等级评定。将幼儿园等级有效期从2年调整至3年,对70所普惠性幼儿园进行年检。6月4日,城区14所幼儿园开展学前教育宣传

---

① 重庆市教育委员会.重庆教育年鉴2016[M].重庆:重庆出版社,2017:115.
② 重庆市教育委员会.重庆教育年鉴2016[M].重庆:重庆出版社,2017:334.
③ 重庆市教育委员会.重庆教育年鉴2015[M].重庆:重庆出版社,2016:333.
④ 重庆市教育委员会.重庆教育年鉴2017[M].重庆:重庆出版社,2018:271.

活动,免费发放宣传资料2 000册。5月9—11日,132名幼儿教师参加《3—6岁儿童学习与发展指南》培训,城区14所幼儿园园长、教师对落实《3—6岁儿童学习与发展指南》提出建议。学前一年和三年毛入学率分别为96%和45.76%。[①]酉阳土家族苗族自治县按照《重庆市幼儿园等级标准》要求,对全县15所新申请评定和15所复评幼儿园开展等级评定、复评工作。新申请评定的15所幼儿园中有3所晋升为二级园,9所被评定为三级园。积极开展普惠性幼儿园评定,新评定普惠性幼儿园35所(其中公办园19所,民办园16所)。开展学前教育宣传活动。组织城区14所幼儿园集中宣传,并免费发放3万册宣传资料。6月4日,在县机关幼儿园内开展全县首届优秀幼儿教师自制玩教具评选活动,收到作品478件。开展送教下乡活动,发挥示范引领作用。9月25日,组织县机关幼儿园到酉水河镇中心幼儿园开展送教下乡活动。[②]2015年,酉阳县学前三年毛入学率达63.27%。

2016年,彭水苗族土家族自治县在学前教育方面,深入贯彻《3—6岁儿童学习与发展指南》(以下简称《指南》),组织全县幼儿教师学习《指南》活动,并在自学、培训的基础上,组织了有关《指南》内容的测试。全县学前教育入学儿童达19 262人,学前三年入园率达71.82%,学前一年入园率达93.1%,普惠性幼儿园比例达80%。加强科学管理,切实规范办园行为,严格执行学前教育机构准入制度、年检制度和幼儿园动态监管制度,办园水平进一步提升。持续开展了幼儿园区角活动环境创设评比活动,进一步创设良好的育人环境,丰富幼儿教育内涵,促进幼儿园科学实施保教活动,幼儿园"小学化"倾向得到进一步纠正。

2012年,全国民族地区建立了义务教育经费保障机制,全面实施了"两免一补"政策,建立了农村中小学校舍维修和农村中小学教师工资保障机制。[③]从省域基础教育信息化各维度发展指数比较结果来看,重庆市的基础教育设施发展指数高于全国平均水平。虽然我国西部民族地区基础教育发展取得了显著的成就,但是与东部发达地区和全国发展水平仍存在一定差距,导致西部民族地区适龄儿童受教育机会的不均等。[④]西部地区基础教育供给问题主要是基础教

---

① 重庆市教育委员会.重庆教育年鉴2014[M].重庆:重庆出版社,2015:326.
② 重庆市教育委员会.重庆教育年鉴2013[M].重庆:重庆出版社,2014:285.
③ 吴霓.中国民办教育发展报告2012[M].北京:教育科学出版社,2013:2.
④ 吴敏娜.包容性增长视角下的西部民族地区基础教育均等化问题研究[M].北京:经济科学出版社,2015:2.

育的投入不足。[1]西部民族地区基础教育供给不足,基础教育发展水平低,明显低于东部经济发达地区;城乡基础教育供给差距较大;存在接受教育者性别不平等现象。[2]民族地区男女接受基础教育存在性别不平等的现象。[3]重庆市民族地区义务教育事业发展具体情况见表4-39。

表4-39 2013—2016年重庆"一区四县"义务教育事业发展情况汇总表

	2013年			2014年			2015年			2016年		
	学校数/所	招生数/人	专任教师/人	学校数/所	招生数/人	专任教师/人	学校数/所	招生数/人	专任教师/人	学校数/所	招生数/人	专任教师/人
黔江区	19	8 248	1 685	20	8 634	2 046	20	8 457	1 765	21	8 320	2 557
酉阳县	35	10 659	1 843	36	10 344	1 827	36	11 152	2 759	34	11 152	1 896
秀山县	23	7 672	1 832	22	7 340	1 813	23	7 507	1 819	23	7 318	1 721
石柱县	18	6 754	1 385	16	6 691	1 402	19	6 736	1 388	15	6 743	1 558
彭水县	23	9 120	1 345	21	8 950	1 619	19	8 796	1 543	16	8 558	1 311

注:数据摘自《重庆教育年鉴》,有的经计算而得。

2013年,黔江区建成新城第一所区教委直属小学菁华小学。学校占地87.3亩,建筑面积16 423平方米,办学规模36个班。黔江区制定《进一步推进义务教育阶段学校标准化建设的实施意见》和《推进义务教育均衡发展实施方案》等重要文件,编定《黔江区义务教育阶段学校质量标准》《学生发展标准》,确立7所标准化建设试点学校。制定《关于推进学区化管理试点工作的实施意见》,试行学区制管理,打破教师的学校身份限制,把教师由"学校人"变成"学区人"。强化村完小管理,制定《村完小管理意见》,把村完小纳入所属乡镇中心校工作考核,促进中心校内均衡发展。全区小学适龄儿童、初中和三类残疾儿童少年入学率分别达100%、98.87%、100%;小学、初中毕业率均达100%。

2015年,黔江区认真落实《国务院关于进一步加强农村教育工作的决定》,

---

[1] 吴敏娜.包容性增长视角下的西部民族地区基础教育均等化问题研究[M].北京:经济科学出版社,2015:3.

[2] 吴敏娜.包容性增长视角下的西部民族地区基础教育均等化问题研究[M].北京:经济科学出版社,2015:3.

[3] 吴敏娜.包容性增长视角下的西部民族地区基础教育均等化问题研究[M].北京:经济科学出版社,2015:3.

推进城乡义务教育一体化发展,继续实施"全面改薄"工程,舟白中学教学楼主体完工,人民中学、黄溪中学等7个在建项目推进顺利。累计完成石家小学、黄溪中学等12所寄宿制学校建设,新建校舍69 814平方米,完成投资9 661.98万元。加快推进特色学校建设,确定第二批领雁工程项目校3所,新增乡村少年宫学校2所。统筹安排3 000余名进城务工经商人员随迁子女在义务教育阶段学校就读,随迁人员子女100%实现就近或相对就近入学,小学、初中毕业率均达100%。

2016年,石柱土家族自治县在义务教育方面,全面开展教育质量综合评价改革,对学生和学校教育质量的评价不再以分数和升学率作为唯一的评价标准。对学生的评价包含品德发展水平、学业发展水平、身心发展水平、兴趣特长养成和学业负担状况等五个方面。对学生、教师、学校、校长的评价,在评价主体、评价方式上变得多元,这项改革在重庆市开展的首届教育综合改革试点成果评审中获三等奖。继续推进学生综合素质评价改革,进一步提高学生综合素质评价分在中考中的比重,全县所有乡镇中学学生综合素质评价分从之前的20分提高到50分。开展课外辅导活动、体育艺术活动、校园文化活动,促进学生全面发展。中考在原有考试科目基础上增加三科考查科目,物理、化学、生物实作考查各10分纳入中考总成绩,地理、生物结业考试成绩由原来的按20%计入中考总成绩提升到按30%计入中考总成绩。2016年,石柱县教委在县委、县政府领导下,围绕全年教育工作目标,进一步优化教育布局,加大教育扶贫、教育均衡力度,落实教育民生,深化教育领域综合改革,全面提升教育教学质量,推进教育事业发展。义务教育均衡发展取得阶段性成果,顺利接受市级达标综合督导,教育扶贫愈发精准,涉及教育领域4个贫困村建设项目全面完工并投用。全面完成民生工程各项任务。[①]2016年,黔江区全区小学招生6 898人,初中招生8 320人,入学率分别为100%、99%。探索走班选课、微课、翻转课堂等教学模式,提高课堂教学有效性。承办渝东南领雁工程项目学校培训会,新增乡村少年宫学校3所。统筹安排3 000余名随迁子女在义务教育阶段学校就读,800余名随迁子女学生参加中考。制定《黔江区消除大班额工作实施方案》,严控大校额、大班额。[②]

---

① 重庆市教育委员会.重庆教育年鉴2016[M].重庆:重庆出版社,2017:264.
② 重庆市教育委员会.重庆教育年鉴2016[M].重庆:重庆出版社,2017:115.

2015年，秀山土家族苗族自治县全县有义务教育阶段学校159所，其中教育部门办学校153所（普通初中18所、普通小学135所），民办学校6所（普通初中5所、普通小学1所）；有教职工5 199人，其中教育部门办的学校4 786人，民办学校413人；有学生64 928人，其中教育部门办的学校61 118人（普通初中19 044人、普通小学42 074人），民办学校3 810人（普通初中2 707人、普通小学1 103人）。全面实施义务教育阶段学校"就近、免试入学、平行分班"，有效化解"大班额"问题，全县"标准班额"比例初中从80.96%上升到81.71%、小学从68.65%上升到69.27%。全县义务教育阶段学校标准化率达82.4%。是年，全县小学生毕业水平测试语文、数学双科平均分为82.4分，较2014年提高2.3分；及格率为91.9%，较2014年提高0.8个百分点；优生率为73.9%，较2014年提高7.4个百分点。中考600分以上1 856人，占毕业生比例为25.94%，较2014年提高2.27个百分点；700分以上84人，占毕业生比例为1.17%；上重庆市联招线2 512人，占毕业生比例为35.11%，较2014年提高4.25个百分点，居渝东南前列。[①]

2016年，秀山土家族苗族自治县在义务教育方面，全县有义务教育阶段学校169所，其中教育部门办学校165所，民办学校4所；有教职工4 921人，其中教育部门办的学校4 528人（普通初中1 698人、普通小学2 830人），民办学校393人；有学生65 714人，其中教育部门办的学校61 675人（普通初中18 481人、普通小学431 194人），民办学校4 114人（普通初中3 058人、普通小学1 056人）。[②]是年，全县全力推进创建国家义务教育发展基本均衡县的工作。县委、县政府落实专项资金8 100万元，县四大班子领导深入学校开展专题调研180人次，召开现场办公会70余次，召开工作推进会10次。县级部门为教育项目建设开辟"绿色通道"。县教委组建7个专项督查组、380余人的资料建设队伍，下发《创建国家义务教育发展基本均衡县创建工作实施方案》《秀山土家族苗族自治县创建义务教育发展基本均衡县"百日攻坚"行动工作方案》《关于严明创建义务教育发展基本均衡县工作纪律的通知》《秀山土家族苗族自治县创建国家义务教育发展基本均衡县工作指南》《义务教育均衡发展知识60问》等文件资料，组织召开片区督导办、校长、全县学校资料员培训等大小会议30余次。开展创建义务教育发展基本均衡县"百日攻坚"行动，教委机关科室人员和片区督导办工作人

[①] 重庆市教育委员会.重庆教育年鉴2015[M].重庆：重庆出版社，2016：334.
[②] 重庆市教育委员会.重庆教育年鉴2017[M].重庆：重庆出版社，2018：271.

员认真落实创建工作要求,主动放弃法定休息时间,全面完成指导、督查、服务等工作任务。各中小学按照县教委、县政府教育督导室要求,通过"摸家底、学标准、找短板、做方案、定人选、分任务、强整改、建资料"等举措,全力推进义务教育均衡发展。2016年10月10—12日,石柱县接受综合督导组督导评估,义务教育入学机会、教育投入、队伍建设、体制机制、管理与质量、校际均衡、公众满意度等指标基本合格。

2015年,酉阳土家族苗族自治县小学适龄儿童入学率、初中阶段入学率分别达100%、99.6%,7—15周岁"三残"儿童少年入学率达82.5%;2015年,酉阳县小学、初中在校生年辍学率分别控制在0.5%、2%以下。2015年,酉阳县义务教育阶段招生21 668人,适龄儿童少年全部入学。2015年,酉阳县普通高中招生4 948人,县内中职招生1 506人,中职毕业生就业率为97%。[①]2016年彭水土家族自治县义务教育阶段大班额有了明显下降,小学56人以上大班415个,占总班数的35.99%;初中56人以上的大班206个,占总班数的42.73%。坚持重点高中招生指标70%到校,保证农村学校的学生有更多机会享受优质教育资源,实现优质教育资源全覆盖。初中毕业生升入高中阶段比例突破93%,义务教育巩固率小学达99.51%、初中达98.2%。

2015年彭水苗族土家族自治县小学入学率99.99%,初中入学率98.99%,义务教育巩固率96.15%;"三残"儿童少年入学率84.6%;初中毕业生升入高中阶段学校比例93.14%。出台《彭水苗族土家族自治县2015年县城小学招生方案》,严格执行义务教育入学"三对口"政策,新生年级班级人数全部控制在60人以内,义务教育阶段大班额问题明显下降。对流动人口随迁子女入学,实行以流入地政府为主,将公办学校和指定学校就读相结合,有效化解社会矛盾。[②]

(三)高中教育

2015年,彭水苗族土家族自治县在普通高中教育方面实施普通高中"卓越课堂"行动计划,着力推进有效课堂。定期召开课堂教学改革现场会,推进课改向纵深发展。推进彭水中学、彭水一中课改实验,教师教育观念不断更新,教学方式不断优化,课堂教学更有效,学生学习方式有了较大转变,综合素质不断提高,课改良好氛围基本形成,"先学后教,以学定教,课随心动,心随课动"的新课

---

① 重庆市教育委员会.重庆教育年鉴2015[M].重庆:重庆出版社,2016:335.
② 重庆市教育委员会.重庆教育年鉴2015[M].重庆:重庆出版社,2016:340.

程理念逐步被师生接受，以校为本的教研制度基本建立。实施普通高中发展促进计划，中学生野外生存技能教育，土家竹铃球、土家摆手舞、手工花制作3门课程获市级精品选修课程立项，有2个一般课题通过市级教育教学改革研究立项评审。全县高考各批次上线4 296人，上线率达98.71%，同比提升2.39%。其中：本科各批次上线2 493人，上线率达57.28%，同比提升8.645%，重点本科上线670人。[①]重庆市民族地区高中教育事业发展具体情况见表4-40。

表4-40　2013—2016年重庆"一区四县"高中教育事业发展情况汇总表

	2013年			2014年			2015年			2016年		
	学校数/所	招生数/人	专任教师/人	学校数/所	招生数/人	专任教师/人	学校数/所	招生数/人	专任教师/人	学校数/所	招生数/人	专任教师/人
黔江区	3	4 989	754	3	4 512	738	3	4 506	750	3	4 280	1 173
酉阳县	4	5 538	1 090	4	4 633	386	4	5 417	415	4	5 417	1 278
秀山县	3	3 347	589	3	3 076	576	3	3 310	624	2	3 295	642
石柱县	3	3 598	602	3	3 446	602	3	3 243	663	3	3 509	583
彭水县	3	4 774	987	3	4 580	1 029	3	4 681	1 029	3	4 578	1 072

注：数据摘自《重庆教育年鉴》，有的经计算而得。

在少数民族学生培养方面，除按教育部下达的计划招收藏族学生外，2014年9月，根据重庆市对口帮扶青海、西藏教育事业发展的有关文件精神，文理学院附中继续招收40名青海藏族学生就读普通高中，新招收178名青海藏族学生来渝就读中职学校；重庆29中、重庆18中、重庆11中、重庆37中、重庆杨家坪中学分别接收西藏昌都市藏族学生，共计30人/年。[②]

2016年，石柱土家族自治县在普通高中教育方面，全县3所学校开展"课程创新基地"建设和"卓越课堂"建设。实施集体备课制度，探索性地开展走班制教学，开展"师徒结对"活动，更新老教师的教育观念，丰富新教师教学经验，提升教师执教水平。

2015年秀山土家族苗族自治县有普通高中3所、中等职业学校1所，在职教

[①] 重庆市教育委员会.重庆教育年鉴2016[M].重庆：重庆出版社，2017：279.
[②] 重庆市教育委员会.重庆教育年鉴2014[M].重庆：重庆出版社，2015：84.

职工909人，学生14 423人。是年，高考本科上线2 358人，重本上线1 044人，4人被北大、清华录取，47人被全国"十大名校"录取。高级中学单校上线人数居武陵山区第1名，全市第6名，文科上重本人数居全市第2名。县职教中心招生1 692人，招生任务完成率居全市第1名。298名职高学生参加高考，293人上线，其中，文化、专业均上本科线76人，18名同学高考成绩进入全市中职本科前100名。①

2016年秀山土家族苗族自治县在高中教育方面，全县有普通高中2所、中等职业学校2所，在职教职工946人，学生14 246人。高考本科上线2 655人，重本上线971人，1人被清华录取，本科上线率、重本上线率均列渝东南第一。县职教中心招生1 629人，超额完成招生任务。职高学生本科上线87人，15名考生高考成绩进入全市中职考生本科线前100名。是年，秀山高级中学与秀山一中签订《捆绑发展协议书》，实行资源共享，捆绑发展。职教中心成为重庆市第三批中等职业教育改革发展示范学校拟建设单位。

基础教育对经济的作用不是表现为直接创造物质财富或经济利润，而是表现在对未来的劳动力的培养和科学技术发展的推动作用。②民族地区基础教育的存在和发展受限于当地的物质和精神文化背景，教育制度、手段、内容、方法等的选择只能基于现实情况进行。③2014年，酉阳土家族苗族自治县按照"城镇学校+农村学校""优质学校+薄弱学校""公办学校+民办学校""1+N"模式，将全县义务教育学校组建成8个捆绑发展集团，重点开展全员全科赛课活动和教育教学管理剖析活动。实施"领雁工程"，首批3所市级"领雁工程"项目学校通过市教委评估验收，其中麻旺镇中心校获优秀等次。麻旺镇中心校、李溪镇中心校的领雁工程研究成果分别获得市级一等奖、二等奖。

2013年，黔江区扩大优质高中教育资源供给，民族中学正阳校区一期工程投入使用。9月1日，高一年级1 571名新生正式入住。全面推进普通高中新课程改革，拓宽人才培养模式，构建符合新课程理念的教学特色。④

2015年，黔江区推进正阳中学二期工程和舟白中学改扩建工程，新建黔江

---

① 重庆市教育委员会.重庆教育年鉴2014[M].重庆：重庆出版社，2015：334.
② 吴敏娜.包容性增长视角下的西部民族地区基础教育均等化问题研究[M].北京：经济科学出版社，2015：2.
③ 瞿堃，钟晓燕.教育信息化概论[M].重庆：西南师范大学出版社，2012：74.
④ 重庆市教育委员会.重庆教育年鉴2014[M].重庆：重庆出版社，2015：157.

中学教学科技楼、学生宿舍,增加高中学位,优化高中结构。2门选修课程、7个教育教学课题入选重庆市普通高中发展促进计划市级精品选修课程和高中教育改革重点课题、一般课题。普通高中特色建设工作和对外合作办学正式启动。普通高考实际参考人数4 965人,本科上线2 760人,上线率55.6%,分别较2014年增加274人、6.2个百分点,被全国重点大学录取973人,其中被北大清华录取6人,分别较去年增加189人、1人。

黔江区实施普通高中发展促进计划,黔江中学语文、新华中学地理被确定为重庆市普通高中课程创新基地,5门精品选修课程、3项教育改革研究重点课题和1项一般课题获市确认。落实《黔江区深化高中阶段教育改革发展的意见》,启动特色高中建设和市级重点中学高、初中分设单办,完成民族中学高、初中分离。

二、职业教育和高等教育普及程度与区域教育信息化的关系

重庆民族地区职业教育近几十年来发展较快,现共有职业技术学校10余所。秀山县有秀山职业教育中心,酉阳县有酉阳职业教育中心,彭水县有彭水职教中心和郁山职业中学,石柱县有石柱职业教育中心、石柱县职教中心黄水分校和石柱县职教中心县城分部,黔江区有黔江综合中等专业学校、黔江工业技术学校等七所职业技术学校。[1]职业教育信息化包括信息化环境建设、数字资源开发、教师专业发展、信息化教学应用、职业教育管理信息化。职业教育的任务是培养大批高素质的技能型人才,培养学生的职业知识和实践技能是其重要内容。[2]民族地区和其他地区在经济基础、文化体系各方面有所不同,职业教育尤其要强调地方性,加强本土性建设。[3]教育信息化使得教育观念和教育手段现代化,高等教育的现代化特征也越来越明显。[4]重庆市民族地区职业教育事业发展具体情况见表4-41。

---

[1] 王孔敬.重庆民族地区职业教育可持续发展研究[J].贵州民族研究,2009,29(02):135-141.
[2] 江玉梅,邢西深,佟元之.2.0时代的职业教育信息化现状、问题与发展路径[J].中国电化教育,2020(07):119-124.
[3] 张小梨.少数民族地区职业教育的地方性完善[J].贵州民族研究,2019,40(03):233-236.
[4] 郭加书,崔然,崔静.论教育信息化与高等教育现代化[J].中国成人教育,2008(03):8-9.

表4-41　2013—2016年重庆"一区四县"职业教育事业发展情况汇总表

	2013年			2014年			2015年			2016年		
	学校数/所	招生数/人	专任教师/人	学校数/所	招生数/人	专任教师/人	学校数/所	招生数/人	专任教师/人	学校数/所	招生数/人	专任教师/人
黔江区	2	4 106	331	2	4 076	351	2	3 297	376	2	3 433	383
酉阳县	2	1 442	273	2	1 106	270	2	1 612	278	2	1 612	278
秀山县	2	1 925	216	2	1 880	183	2	1 692	179	2	1 629	200
石柱县	2	1 822	262	2	1 278	270	2	834	266	2	1 279	262
彭水县	1	875	154	2	1 221	187	2	1 458	178	2	1 754	189

注：数据摘自《重庆教育年鉴》，有的经计算而得。

2000年7月国家民委、教育部印发《关于加快少数民族和民族地区职业教育改革和发展的意见》的通知，明确指出："要充分利用广播、电视、录像、互联网络等先进的现代化教学手段，大力发展民族地区的远程教育，逐步建立覆盖民族地区的信息、技术、教育一体化的综合性立体网络，使教育资源能直接有效地服务于民族地区的各项建设，有效地降低民族地区由于环境、交通等自然条件造成的教育上的高成本。"2012年，国务院办公厅印发的《少数民族事业"十二五"规划》中明确指出："加快发展民族地区职业教育，办好一批适应当地经济发展方式转变和产业结构调整要求的职业院校，加大符合当地产业发展需求的优势特色专业建设支持力度，中等职业教育改革发展示范校建设项目、职业教育实训基地建设项目等国家实施的项目向民族地区倾斜。继续办好内地西藏班、新疆高中班和内地西藏、新疆中职班，鼓励和支持有关省市相对发达城市面向当地民族地区举办中职班。"[1]民族地区职业教育的地方性发展符合民族地区的经济转型趋势，是民族地区经济成功转型的教育保障。[2]

2013年，全市5个少数民族自治区（县）有高等职业院校2所，中等职业学校7所。[3]重庆民族地区实施民族地区县级职教中心、示范性职业学校、实习实训

---

[1] 国务院办公厅.少数民族事业"十二五"规划[EB/OL].(2012-07-20)[2023-09-06].http://www.gov.cn/zwgk/2012-07/20/content_2187830.htm.
[2] 张小梨.少数民族地区职业教育的地方性完善[J].贵州民族研究，2019，40(03)：233-236.
[3] 重庆市教育委员会.重庆教育年鉴2014[M].重庆：重庆出版社，2015：90.

基地等建设计划,重点支持渝东南地区建设多功能的职教中心。建成、扩建黔江区民族职业教育中心等国家级、市级重点中职学校,每年培养技能型人才1.2万余人,劳动力转移培训1.6万人。

2013年4月10日,重庆市2013年度职业教育和成人教育工作会议在黔江区召开,共同探讨如何搭建校际合作、校企合作、教育与产业互动三个平台,促进融合发展。扎实开展"院校互动",实现校企资源共享、互惠共赢。中职毕业生就业率达98%以上,稳定就业率达90%以上,中职毕业生高考上线率95.8%,本科上线率40%。新认定初级"双师型"教师45人,申报高级、中级"双师型"教师10人。①

2015年黔江区招收职教新生5 126人,其中职教中心3 364人,旅游职业学院1 000人,经贸职业学院762人。中职高考本科上线率达78.3%,较2014年提高17.5个百分点,3名学生分别获重庆市对口升学计算机类、机械类、电子技术类第一名。对口高职录取率达94.2%,中职直升计划录取率为95.5%。中职毕业生就业率达98.2%以上,稳定就业率达90%。学生参加黔江区第八届中小学生艺术展演获奖10项,两名学生获第二届黔江区青少年科技创新区长奖,师生参加国家、市、区级职业院校技能大赛获奖50项,学生参加全国、市级中等职业学校"文明风采"大赛获奖119项。立项市级课题4个,结题市、区、校级课题41个。黔江职教中心被原人社部、教育部、财政部确定为"国家中等职业教育改革发展示范学校"。

2014年,酉阳土家族苗族自治县完成中职招生4 660人,其中县内招生1 511人,县内中职在校生超过4 000人。酉阳职教中心教师参加国家级培训4人次,市级培训25人次,参与县(校)级培训500多人次。依靠行业、企业,深入推进校企合作和集团化办学,继续探索联合办学、校企联姻、订单培养的人才培养模式。酉阳职教中心与重庆电信职业学院签订"3+2"计算机和"3+2"电子技术合作协议,与山东海事学院开展联合办学,强化学生技能培养。2014年5月29日,酉阳职教中心学生参加市中职学生技能大赛,有4个项目(种植质量检测、职业英语技能、电子装配与调试、服装模特展示)获三等奖。酉阳职教中心加强毕业生就业指导管理,学生就业率为96.8%。酉阳县规范管理中职学生资

---

① 重庆市教育委员会.重庆教育年鉴2013[M].重庆:重庆出版社,2014:157.

助工作,县教委每月1次到酉阳职教中心的班级核实学生人数。[1]2015年,教育部与重庆市人民政府签署协议,共建现代职业教育体系国家制度建设试验区(教育部文件)。据《重庆教育年鉴2016》,酉阳县中职示范校项目建设顺利通过中期验收评估。

2016年,彭水苗族土家族自治县职教中心开展民歌、民舞、跆拳礼仪操、竹铃球、传统射弩、剪纸、印染等艺术活动,深化民族活动进课程、进课堂,并由班级试点走向全面推广。深化中等职业教育"3+2"五年学制合作办学改革,先后与3所高职院校实行"3+2"合作办学,联合落实五年制学生培养计划136人。全年组织542名学生教学实习、217名学生顶岗实习。与重庆洲际酒店、重庆旅投乌江山峡旅游有限公司、中业集团等7家企业签订了"订单培养"计划,就业渠道逐渐往沿海城市发展,并首次安置10名服装专业学生出国研修,学生就业率达100%,对口率达85%。中职毕业生参加高考,本科上线率达81%。[2]

第四节　重庆民族地区教育信息化推进地区教育公平与城乡教育一体化研究

改革开放40多年来,从资源建设到深化应用,从硬件配置到数据革命,教育信息化水平不断提高。21世纪以来,国家将教育信息化的地位提到前所未有的高度,创建教育信息化"三通两平台",即"宽带网络校校通""优质资源班班通""网络学习空间人人通"和"教育资源公共服务平台""教育管理公平服务平台"。我国基础教育信息化水平从加强基础设施建设、资源共享到网络学习空间的建设,极大地促进了优质教育资源的共享,促进了教育公平迈上新的台阶。[3]2007年经济合作与发展组织(OECD)将教育公平定义为:一是公正(fairness),就是要保证性别、社会经济地位和种族等个人和社会因素不妨碍人达到其能力所允许的教育高度。二是覆盖(inclusion),就是要保证所有的人都受到基本的、最

---

[1] 重庆市教育委员会.重庆教育年鉴2016[M].重庆:重庆出版社,2017:285.
[2] 重庆市教育委员会.重庆教育年鉴2016[M].重庆:重庆出版社,2017:279.
[3] 袁振国.教育公平的中国之路[EB/OL].(2019-09-20)[2023-09-06].http://www.moe.gov.cn/jyb_xwfb/moe_2082/zl_2019n/2019_zl69/201909/t20190920_399882.html.

低标准的教育。例如,每个人都应该能够读、写和做简单的算术。[1]以信息化推动基础教育公平发展,既是响应新时代号召的迫切需要,也是加快教育现代化的必然选择。[2]

　　2009年,国务院颁发的《关于推进重庆市统筹城乡改革和发展的若干意见》中明确指出:"加快重庆市统筹城乡改革和发展,是深入实施西部大开发战略的需要,是为全国统筹城乡改革提供示范的需要,是形成沿海与内陆联动开发开放新格局的需要,是保障长江流域生态环境安全的需要。"2018年黔江区全力服务地方发展,突出教育贡献力。坚持努力找准结合点和突破口,服务地方经济社会发展。一是实施精准扶贫。构建了国家资助与社会资助并重的教育资助体系,做到资助政策宣传、对象识别、标准兑现三个精准,多渠道筹资1.01亿元,资助学生8.8万人,办理大学生生源地助学贷款2 402.5万元,惠及学生3 372人,切实保障了各学段学生不因贫失学、不因学致贫。教委机关投入85万元,帮扶小南海镇新建村和荆竹村,5所初级学校认真开展帮扶村扶贫工作,全系统干部职工扎实开展结对帮扶工作。常态开展全覆盖教师家访,提升老百姓对教育以及对党和政府工作的满意度。扎实推进全市深度贫困乡镇金溪学校教育扶贫各项工作。二是助力"三大建设"。制定教育系统"四创一巩"月督查考核方案,深入推进未成年人思想道德建设,认真开展"小手拉大手"等志愿者服务活动,切实履行好校园周边环境管理主体责任。在全区"两城同创"次月督查中,黔江区教委、黔江中学各获流动红旗1次。职业院校输送中高职毕业生4 061人,优先满足黔江区相关企业需要,开展中短期培训3 000余人,为黔江区工业和旅游等产业发展提供人才支持和智力支撑,创编精品民族文化节目6个,参加大型文化艺术交流活动33场次。区教委主动指导服务旅游企业成功创建市级中小学社会实践基地2个、区级1个,组织师生开展研学旅行活动10 000余人次。三是集聚新城人口。加快新城学校建设,完善教育服务功能,提升办学质量,增加新城区中小学招生计划,新增新城教育人口2 553人;打造一体化教育亮点,以教育信息化加快城乡教育一体化进程;充分利用"互联网+教育",加快建设市级教育资源数据中心云、教育资源公共服务平台、本地特色教育资源库,促进优质教

---

[1] Field, Simon, Malgorzata Kuczera, etc. No More Failures:Ten Steps to Equity in Education[M]Paris:OECD Publishing,2007.
[2] 胡小勇,许婷,曹宇星,等.信息化促进新时代基础教育公平理论研究:内涵、路径与策略[J].电化教育研究,2020,41(09):34-40.

育资源共建共享。黔江区以教育信息化提升城乡一体化水平,适应建设国家中心城市和内陆开放高地需要,促进城乡各级各类教育融入国际交流合作,不断提高城乡教育一体化水平。①不断研究教育信息化的理论、实践及其发展趋势,加强相关管理机构、科研教学单位与企业之间的纵向沟通与横向交流,研究信息化促进教育公平发展的价值。②

第五节 重庆教育信息化推进地区教育质量提升研究

一、人才培养质量与结构

新中国成立以来,党中央、国务院十分关心和重视少数民族人才培养和使用工作,采取一系列特殊措施培养了一大批少数民族党政干部和各类专业人才。③民族教育信息化工作中需要的人才包括师资、骨干人才,也包括通过教育培养的同时具有信息化特质和民族化特质的专门人才。④2006年,国家五部委联合印发的《关于大力培养少数民族高层次骨干人才的意见》中明确提出:"努力培养造就一大批坚定地拥护党的领导和社会主义制度、坚定地维护民族团结和国家统一、为西部大开发和民族地区的发展乐于奉献的具有较高科学人文素质和创新能力的少数民族高层次骨干人才;逐步缓解并扭转西部和民族地区少数民族高层次人才匮乏的状况,改善少数民族人才的层次结构,提升少数民族人才存量的综合水平,为我国民族团结进步事业和全面建成小康社会伟大目标的实现提供强有力的人才和智力支撑。"⑤"大力培养少数民族高层次骨干人才,努力培育少数民族优质人力资源是实现我国强国安邦和各民族人民共同富裕

---

① 贾伟,苏飞跃.重庆:以城带乡实现一体化发展——以空间、物质、社会、文化为维度统筹推进市域教育融合[EB/OL].(2020-09-09)[2023-09-06].https://web.ict.edu.cn/news/gddt/jydt/n20200909_72787.shtml.
② 胡小勇,许婷,曹宇星,等.信息化促进新时代基础教育公平理论研究:内涵、路径与策略[J].电化教育研究,2020,41(09):34-40.
③ 吴霓.中国民族教育发展报告2012[M].北京:教育科学出版社,2013:5.
④ 瞿堃,钟晓燕.教育信息化概论[M].重庆:西南师范大学出版社,2012:134.
⑤ 教育部,发展改革委,国家民委,等.培养少数民族高层次骨干人才计划的实施方案[EB/OL].(2005-06-10)[2023-09-06].http://www.gov.cn/gongbao/content/2006/content_292095.htm.

的重要政策"。①目前我国已经初步建立起包括内地民族班、少数民族预科教育、"9+3"职业教育、免费师范生教育、少数民族高层次骨干人才培养计划和高校对口支援计划为主的多样化培养体系,涵盖了从基础教育到高等教育多个层次。②西部大开发战略的顺利实施,取决于西部地区教育科技的发展,归根结底是各类专门人才的培养。③从2006年开始,主要面向西部民族地区的"少数民族骨干人才培养计划",年招研究生规模稳定在每年5 000人,经费享受中央级高校研究生的拨款政策。截至2014年,"骨干计划"招生共40 100人,为民族地区培养了大量少数民族高层次人才,对推动民族地区经济社会发展起到了重要作用。④

因此,无论是国民经济和社会信息化,还是教育的信息化,都迫切需要培养一大批具有创新精神的信息化人才。⑤民族教育信息化在民族地区的学校教育中,培养了能够对信息化过程进行研究、开发、管理、普及或应用的专门人才。⑥

二、对重庆民族地区招生考试制度等进行研究

我国少数民族学生十分之一以上就读于民族学院。民族院校少数民族在校本、专科生数不断增加。⑦各地区在专业结构上,充分结合民族地区经济发展需求和专业人才的需求调整人才的招生及培养政策。2013年,重庆少数民族地区西藏中学按教育部招生计划全部招收藏族学生,重庆一中、南开中学、重庆七中、重庆八中4所学校招收散插班的西藏学生,文理学院附属中学建立藏族学生班招收青海海北州藏族学生,目前在渝藏族学生1 500余人。重庆文理学院、重庆三峡学院、长江师范学院、重庆人文科技学院4所市属高校举办少数民族预科班,每年招收维吾尔族等少数民族预科生900余人。⑧

---

① [特约评论员].大力培养少数民族高层次骨干人才[J].中国民族教育,2004(03):1.
② 吴霓.中国民办教育发展报告2012[M].北京:教育科学出版社,2013:7.
③ 吴霓.中国民办教育发展报告2012[M].北京:教育科学出版社,2013:54.
④ 吴霓.中国民办教育发展报告2012[M].北京:教育科学出版社,2013:83.
⑤ 杨东占.推进教育信息化建设加快教育现代化进程[J].中国高等教育,2002(05):26-27.
⑥ 吴霓.中国民办教育发展报告2012[M].北京:教育科学出版社,2013:6.
⑦ 吴霓.中国民办教育发展报告2012[M].北京:教育科学出版社,2013:6.
⑧ 重庆市教育委员会.重庆教育年鉴2014[M].重庆:重庆出版社,2015:91.

第六节　重庆教育信息化推进地区教育保障水平研究

一、重庆市民族地区教育经费投入保障机制

在民族教育经费投入方面,从2014年起,市级财政对内地民族教育高中和中职班,按照生均8 000元/年补助公用经费。共投入民族班经费956.8万元。其中西藏中学800万元;文理学院附中青藏班80万元;对2014年4所中职学校新招收的青海班,补助76.8万元。2013年,石柱土家族自治县全年教育经费总支出65 524.70万元,比上年减少18 363.80万元,减少21.89%。[①]秀山土家族苗族自治县全年教育经费总支出77 991.8万元,比上年减少12 289.7万元,下降13.61%。[②]投入1 300余万元,实施秀山一中高中部、第一民族小学等学校班班通、计算机网络教室建设。组织科技教师、音乐教师、数字化校园应用平台、教学设备管理平台等培训,开展学生实验技能操作大赛、教师资源应用说课大赛,参加培训和活动的教师共计2 000余人次。获国家百秀网站1个、网站建设先进个人2人。[③]2013年,酉阳土家族苗族自治县教育总支出11.96亿元,比上年增加了2.35亿元,增长率为19.65%。[④]投入"农薄"项目设备采购资金2 821.96万元,建成"班班通"994套,网络教室26间,多媒体教室52间,中小学各类实验室及功能室160余间,配置教育教学计算机1 712台。进行普通高中教育信息化改造,投资150万元,添置36.78万元的理化生实验仪器和20.22万元的音体美器械,建成高中"班班通"39套,添置电脑28台,显示器88台,电视24台,专业级校园电视设备1套,教学互动平台1套。[⑤]

二、重庆市民族地区教师队伍建设

教师是推动教育信息化建设的主要力量,教育信息化离不开广大教师的积

[①] 重庆市教育委员会.重庆教育年鉴2014[M].重庆:重庆出版社,2015:316.
[②] 重庆市教育委员会.重庆教育年鉴2014[M].重庆:重庆出版社,2015:321.
[③] 重庆市教育委员会.重庆教育年鉴2014[M].重庆:重庆出版社,2015:323.
[④] 重庆市教育委员会.重庆教育年鉴2014[M].重庆:重庆出版社,2015:324.
[⑤] 重庆市教育委员会.重庆教育年鉴2014[M].重庆:重庆出版社,2015:327.

极参与。①教师信息化能力主要包括教师对信息的处理能力,信息化教学意识和信息化教学设计、实施与评价的能力。②师生信息素养全面提升,完成义务教育阶段学生信息素养评价指标体系和评估模型设计,开展对2万名中小学生信息素养测评。1957年3月,教育部发布《关于解决各地民族学院师资问题的意见》,2018年,教育部等五部门联合发布《教师教育振兴行动计划(2018—2022年)》,启动"互联网+教师教育"创新行动,印发《关于实施全国中小学教师信息技术应用能力提升工程2.0的意见》,完成教育厅局长教育信息化专题培训900人次。③2002年3月,教育部颁发的《关于推进教师信息化建设的意见》明确指出:"鼓励和支持东西部地区师范院校之间广泛开展信息化建设的对口支援和相互协作,实现全国教师教育信息化的协同发展。"以及"配合中小学'校校通'工程的实施,加强各级教师培训机构,特别是县级教师培训机构的信息基础设施建设,增强其为中小学教师开展校本培训和为日常教学提供支持与服务的能力。国家将重点支持中西部贫困地区县级教师培训机构信息基础设施建设。"④2009年在上海举办的第五届民族中学"民教杯"教育信息化主题活动,旨在深入总结全国各地民族中学教育信息化工作的经验,积极推进全国民族中学教育信息化的建设与应用,提高教师利用信息技术进行教学资源整合的能力,增进各民族中学在信息技术方面的交流与合作。⑤

  2013年,重庆民族地区实施渝东南地区中小学骨干校长、骨干教师、专任教师学历提高计划,教育干部培训计划,农村中小学师资队伍建设计划,教师教育网络联盟计划,农村义务教育阶段学校教师特设岗位计划,构建国家、市、县、校"四级"培训网络,累计培训民族地区师资4万余人次。开展"送教帮教"促教行动,选派重庆市名师、中小学特级教师、中学研究员到渝东南民族地区送教帮

---

① 杨方琦,杨晓宏.我国民族教育信息化研究现状与发展对策[J].现代远程教育研究,2014(04):71-79+88.
② 顾小清,祝智庭,庞艳霞.教师的信息化专业发展:现状与问题[J].电化教育研究,2004(01):12-18.
③ 教育部办公厅.2019年教育信息化和网络安全工作要点[EB/OL].(2019-03-13)[2023-09-06].http://www.gov.cn/xinwen/2019-03/13/content_5373399.htm.
④ 教育部.教育部关于全面推进教师管理信息化的意见[EB/OL].(2017-04-05)[2023-09-06].http://www.moe.gov.cn/srcsite/A10/s7151/201704/t20170419_302874.html.
⑤ 赵岩.以信息化推动民族教育现代化——第五届全国民族中学"民教杯"教育信息化主题活动纪实[J].民族教育研究,2010,21(S1):147-150.

教,组织上百名渝东南地区教师到主城区学校锻炼学习。①

2014年,酉阳土家族苗族自治县完成"国培计划""市培计划"项目,培训693人次。通过聘请县外专家、本县教研员和市县级骨干教师,高校委托培训,跟踪研修等方式,开展教师培训项目13个,培训中小学干部师资2 582人次。选派53名城区学校优秀教师到偏远农村学校支教轮教,接受重庆主城区支教教师14人,签约引进和安置免费师范生、研究生和定向委培生61人,特色岗位考调中小学教师89人,调剂安置酉阳籍外地教师67人,考调补充城区学校差缺学科教师及教辅人员108人。规范教育人事管理,重点开展全员全科赛课活动和教育教学管理剖析活动。实施"领雁工程",首批3所市级"领雁工程"项目学校通过市教委评估验收,其中麻旺镇中心校获优秀等次。麻旺镇中心校、李溪镇中心校的领雁工程研究成果分别获得市级一等奖、二等奖。②

三、教育督导在督查过程中的作用及趋势

督导评估不仅为民族教育工作指明了方向,还为提高民族教育质量和水平,促进少数民族高层次人才培养起到了保障作用。③规范化的督导评估为民族教育工作指明了方向,明确了要求,尤其对于改进民族教育工作,提高教育质量和水平,促进少数民族教育的良性发展具有不可替代的作用。④通过信息化驱动教育督导现代化是解决我国教育督导现实问题的有效途径,是促使教育回归本分,促进公平,提高质量,实现教育现代化的重要支撑。⑤

教育部先后出台了《普通高等学校少数民族预科班、民族班管理办法(试行)》和《普通高等学校少数民族预科班高层次骨干人才硕士研究生基础强化班管理办法》。2014年《深化教育督导改革转变教育管理方式的意见》强调了深化教育督导改革的重要性、总体思路、工作目标和主要任务,并确立了加强教育督导改革工作的组织领导。2020年,中共中央办公厅、国务院办公厅印发《关于深化新时代教育督导机制改革的意见》,提出进一步深化教育督导管理体制改革、教育督导运行机制改革、教育督导问责机制改革、督学聘用和管理改革,教育督

---

① 重庆市教育委员会.重庆教育年鉴2014[M].重庆:重庆出版社,2015:90.
② 重庆市教育委员会.重庆教育年鉴2015[M].重庆:重庆出版社,2016:284.
③ 吴霓.中国民办教育发展报告2012[M].北京:教育科学出版社,2013:8.
④ 吴霓.中国民办教育发展报告2012[M].北京:教育科学出版社,2013:1295.
⑤ 杨宗凯.信息化驱动教育督导现代化[J].国家教育行政学院学报,2017(07):3-8.

导机制改革对深化新时代教育督导体制改革,充分发挥教育督导作用指明了方向和路径。2010年教育督导局印发《重庆市2010年教育督导工作要点》《重庆2010年教育督导工作新进展》。2013年《重庆创新教育督导体制完善教育督导制度》按照构建决策、执行、监督相互协调的行政管理新体制的要求,结合重庆大城市、大农村、大库区的实际,不断完善教育督导制度,强化教育督导队伍,努力构建督政、督学、监测相结合的中国特色的教育督导体系。在创新教育督导体制、完善教育督导制度、优化教师督导队伍的基础上,在过程中加强和改进教育督导。重庆市教育督导工作要点围绕提高教育质量、促进内涵发展这个根本,着力构建督政、督学、监测并重并举的教育督导体系,大力推进督导改革,不断扩大督导范围,着力实现重点突破,为办好人民满意的教育提供重要保障。建立双语教学质量评价与督导机制,完善与双语教学配套的升学考试、就业等政策措施。[1]以信息化推进教育督导现代化已经成为我国教育督导发展的重点方向,受到党和政府的高度重视。[2]

2016年,石柱县成立石柱土家族自治县人民政府教育督导委员会,石柱土家族自治县人民政府教育督导委员会的办事机构,新设了教育督导评估中心和教育督导科,设立了8个教育督导责任区,任命了35名县政府专职督学和18名兼职督学,设立了责任督导工作室,配备兼职人员,形成县级、片区、学校三级督导网络体系。建立督学责任区制度,定期开展教育活动,完成义务教育学校五年级、九年级的艺术、语文学科质量监测任务。[3]

2014年,酉阳土家族苗族自治县贯彻落实国家《教育督导条例》,拟定督导职责制度和《责任区督学工作手册》,印发《关于进一步加强和改进教育督导责任区建设的实施方案》,落实片区领导、政府督学督导责任,调研和督导全县中小学教育教学管理200人次,对均衡发展、校园文化建设、特色学校创建、执行课程计划、减负提质、"1+7"素质教育活动等学校常规管理工作以及重点工作进行经常性督导,细查学校34所。开学、期末集中检查学校128次,细查学校477所。[4]

2015年修订《酉阳自治县责任区督学工作手册》,印发《酉阳自治县教育督

---

[1] 吴霓.中国民办教育发展报告2012[M].北京:教育科学出版社,2013:32.
[2] 杨宗凯.信息化驱动教育督导现代化[J].国家教育行政学院学报,2017(07):3-8.
[3] 重庆市教育委员会.重庆教育年鉴2016[M].重庆:重庆出版社,2017:279.
[4] 重庆市教育委员会.重庆教育年鉴2016[M].重庆:重庆出版社,2017:279.

导责任区办公室管理办法(试行)》,细化《酉阳自治县2015年教育督导责任区督导工作安排》,全县设8个教育督导责任区办公室,每个办公室设专职主任1名,专职督导员2~3名,每年工作经费10万元。教育督导责任区办公室实行工作任务清单管理,以月为单位提前确定任务清单,月底收集各责任区工作完成情况。县督导室对责任区完成工作情况进行等级评定,并纳入县教委对督导责任区年度督导工作目标考核。各教育督导责任区撰写了关于简政放权的调研报告和义务教育发展基本均衡县创建工作推进情况的调研报告。全年组织144人细查482校次。2015年12月10日,组织20所样本中小学参加2015年基础教育质量监测工作。①

2016年彭水苗族土家族自治县以整改问题为导向,全年开展5次义务教育均衡发展办学基本标准摸底、学年初教育事业报表等专项督导,形成了"一校一策"。配合县人大组织市、县、乡人大代表对全县39个乡镇(街道办)的90余所义务教育学校,采取现场调研与委托调研、查阅资料与座谈走访相结合的方式,以义务教育学校办学基本标准、教育教学质量与管理、公众满意度评价等方面为重点,开展了检查监督,了解发展中存在的问题和困难,梳理均衡发展问题395个,统一建立学校问题整改工作台账,逐一明确责任领导、科室、责任人和整改时限。配合县政府实施教育均衡发展月督查通报机制,对县级相关部门、乡镇(街道办事处)完成教育经费投入、基建项目、教师编制、职称晋升、教学设备配置等工作任务进行检查督办。全县实施责任督学挂牌制度的公民办学校(含幼儿园)141所,责任督学挂牌覆盖率达到100%。开展春秋开学、义务教育学校办学基本标准摸底督查、学校安全、幼儿园保教管理、生态文明、德育管理、寄宿制学校自习管理、国家质量监测巡考、学校"三个一小时工程""全面改薄"项目特色打造、教育信息化建设等12项督导工作,督导人员进学校食堂督查883次,督查校园安全工作896次,全体督学听、评课2 816节,抽查教案9 405人次,抽查作业批改18 282人次,抽查相关考试及分析2 050人次,指导参与片区教研活动68次。②大数据技术支持下的教育督导对教育精细化治理和科学化决策起到关键作用,使得对教育教学过程的实时监测、教育教学绩效的精准评估、教育治理问题的科学决策成为可能。③

---

① 重庆市教育委员会.重庆教育年鉴2016[M].重庆:重庆出版社,2017:338.
② 重庆市教育委员会.重庆教育年鉴2015[M].重庆:重庆出版社,2016:279.
③ 杨宗凯.信息化驱动教育督导现代化[J].国家教育行政学院学报,2017(07):3-8.

2016年,黔江区建立区政府教育督导室、督导责任区、学校督导工作室"三位一体"的教育督导网络,配备专、兼职督学41人,设置6个督导责任区、61个学校督导工作室,制定《2016年相关部门履职教育工作目标考核办法》,强化部门履行教育职责,制定《2016年学校工作综合考核办法》,实行职工与科室、教职工与学校捆绑考核,分等次发放绩效考核奖。开展学校教育教学经常性督导、义务教育发展基本均衡县创建和教育信息化等专项督导。[1]

第七节　重庆教育信息化推进民族地区教育服务与贡献研究

为了加快民族地区教育事业发展,加速推进民族教育基本公共服务均等化,切实保障民族地区各族人民群众基本教育权利,进而推进民族地区经济社会全面进步,民族地区教育治理现代化已经成为必然趋势和重要抓手。[2]

一、教育信息化促进了民族地区学校课程开发

《国家中长期教育改革和发展规划纲要(2010—2020年)》中明确提出:"大力推进双语教学。全面开设汉语文课程,全面推广国家通用语言文字。尊重和保障少数民族使用本民族语言文字接受教育的权利。全面加强学前双语教育。国家对双语教学的师资培养培训、教学研究、教材开发和出版给予支持……支持民族地区发展现代远程教育,扩大优质教育资源覆盖面。""互联网+"改变了传统的课堂形态。教育信息化带来的不仅仅是教学平台的拓展,更是教育模式,即教师教学和学生学习方式的改变。也就是说,"互联网+"正在改变着传统的课堂形态。[3]信息化教学主要包括物理环境(教学媒介——计算机、网络、教学软件、教学硬件;教学资源——社会专家学者学术成果汇报;学习环境——电子图书室、机房)、技术环境(网络资源、网络教学平台、模式实验软件)以及情感

---

[1] 重庆市教育委员会.重庆教育年鉴2016[M].重庆:重庆出版社,2017:114.
[2] 刘孙渊,车双龙,王路路.民族地区教育治理现代化:发展特征、现实挑战与变革路径[J].民族教育研究,2020,31(05):42-49.
[3] 匡丽娜.重庆:信息化引领教育现代化 各区县基本建成教育城域网[EB/OL].(2018-09-11)[2023-09-06].https://web.ict.edu.cn/news/gddt/xxhdt/n20180911_52418.shtml.

环境(带有学术氛围的情感交流,自由、融洽、没有时空限制)。计算机教室、多媒体教室、微格教室、DVD播放室、地面卫星接收点等教学环境,改变了黑板加粉笔的传统教室。[①]2012年国务院办公厅印发的《少数民族事业"十二五"规划》中明确指出:"推进学科专业调整和课程改革,重点加强应用型学科、特色学科建设。"

二、教育信息化促进了民族地区师资队伍建设

民族地区教师队伍的专业化建设体现为地区性差异和民族文化的独特性差异。[②]要注意关照民族地区教师专业发展中的主体性诉求,切实解决他们专业发展的各种现实问题。[③]开展网络远程培训,跨越时间和地域的限制,推进教师掌握现代化教学的培训模式。2002年7月国务院印发的《国务院关于深化改革加快发展民族教育的决定》中明确指出:"要把教师队伍建设作为民族教育发展的重点,教育投入要保证教师队伍建设的需要。少数民族和西部地区教师队伍建设要把培养、培训双语教师作为重点,建设一支合格的双语型教师队伍。进一步深化教师教育制度改革,提高师范院校教师队伍的教学和科研水平,加强县级教师培训基地的建设。同时,采用远程教育等现代化手段,提高继续教育的质量和效益。"

为了适应时代的要求,以及社会对人才培养的需要,促进学习者个性的发展和终身学习体系的建立和发展,教师需要主动改变自己的知识结构和教学方法。[④]作为学习的促进者、引导者和学习伙伴的教师,更需要具有较高信息素养、能力,在教学过程中,利用各种信息技术和工具,特别是互联网和社会性媒体,不断更新已有的知识结构,拓展知识面,更好地引导学习者构建知识,学会学习。[⑤]专业能力方面:信息技术教学能力,如熟练地掌握学科教学知识,能够

---

① 杨改学,付道明.教育信息化对民族教育发展影响的前后20年[J].中国电化教育,2011(07):11-16.

② 蹇世琼,彭寿清,郑一.教育治理现代化视野下民族地区乡村教师队伍建设的路径研究[J].民族教育研究,2020,31(05):50-56.

③ 蹇世琼,彭寿清,郑一.教育治理现代化视野下民族地区乡村教师队伍建设的路径研究[J].民族教育研究,2020,31(05):50-56.

④ 教育部.基础教育课程改革纲要(试行)[EB/OL].(2001-06-08)[2023-09-06].http://www.moe.gov.cn/srcsite/A26/jcj_kcjcgh/200106/t20010608_167343.html.

⑤ 杨兆云,谷雨.民族教育信息化理论与实践[M].西安:西安交通大学出版社,2013:11.

结合地方特色和学生的生活实际对教材进行灵活处理,能根据学科内容和学生特点选择合适的教学方法,以及对学生合理评价的能力;组织管理能力,如信息技术教师的信息技能培训、中小学兴趣小组的组织与活动、信息技术竞赛的组织与训练等;反思和终身学习的能力,信息技术的迅速发展,导致知识更新极快,其硬件设备、软件环境、教学内容、教师的知识结构都需要不断更新。①

疫情期间,彭水县职教中心为保障"停课不停学",由教务科牵头制定了《彭水县职教中心疫情防控延迟开学期间开展网络教学实施方案》,利用钉钉、QQ、微信和超星学习等平台抽查教师在线辅导情况。为促进学校信息化教学进程,提高教师课堂教学效率,发挥智慧教室智能优势。2020年11月,在教育部民族教育发展中心主办的"合作创新助力赋能民族地区智能教育试验区试验校"建设工作落实会上,酉阳县民族小学、酉州中学两所学校荣获国家首批民族地区"智能教育试验区试验校"。公办学校主动承担社区教育的社会责任,开放共享学校资源,利用图书室、微机室、体育场(馆)以及职教中心技能培训师资、实训设备、远程教育资源等为社区教育服务。

三、教育信息化改善了民族地区教材供应

民族地区还存在教育理念落后、民族性校本资源开发与利用意识薄弱等问题。②《国家中长期教育改革和发展规划纲要(2010—2020年)》中,明确提出:"全面加强学前双语教育。国家对双语教学的师资培养培训、教学研究、教材开发和出版给予支持。"提供双语教学的教材,符合民族地区特色发展的需要。1992年3月15日,李铁映在全国民族教育工作会议上的讲话——《大力改革和发展民族教育,促进各民族教育的共同繁荣》中指出:"认真抓好民族文字教材编译出版和审定工作。民族文字教材的编辑出版,除省(区)拨款给予一定的支持外,还要改革管理体制,按照以教材养教材的原则以盈补亏。跨省(区)使用教材,由国家教委组织审定;本省(区)使用的教材,由省(区)教委负责组织审定。未经审定,不得作为教材。"③

---

① 杨兆云,谷雨.民族教育信息化理论与实践[M].西安:西安交通大学出版社,2013:84.
② 蹇世琼,彭寿清,郑一.教育治理现代化视野下民族地区乡村教师队伍建设的路径研究[J].民族教育研究,2020,31(05):50-56.
③ 李铁映.大力改革和发展民族教育 促进各民族共同繁荣[J].中国民族,1992(05):6-8.

四、完善了民族地区教育信息化制度

教育信息化的快速发展和普及应用,除了信息技术的快速发展,还离不开教育信息化规章制度给予的政策支持。①民族教育信息化是一项系统工程,该工程得以实现需要政府相关部门对教育信息资源开发、教育信息网络建设、教育信息技术应用、教育信息技术产业等各方面制定一系列政策、法规和标准,唯有建立一套完善的、促进信息化建设的政策法规环境和标准体系,才能规范和协调各要素之间的关系。②政策法规是教育信息化理论具体化进而转化为现实的桥梁,也是保证教育信息化良性发展的重要力量。③2018年,彭水苗族土家族自治县为保证所采购设施设备能正常投入使用,按照"以督促用""以训促用""以赛促用"原则,组织单位职工深入学校一线,检查督促设备管理使用,全年共下乡指导330余人次;组织中标企业、聘请专业人员对学校多媒体使用教师、功能室(实验室、图书室)管理人员进行应用培训,全年共培训20余场,培训教师2 000余人次;组织实验室教师参加市级实验操作比赛并获得可喜成绩,组织全县中小学生参加实验操作比赛,获得学校师生广泛好评,有力促进了对教学设备的使用。

五、教育信息化促进了重庆民族地区治理现代化

教育治理现代化的民主化、法治化、科学化等特征是民族地区乡村教师队伍建设的逻辑前提和价值依存。④民族地区社会经济发展相对滞后,要实现治理现代化,必须积极发挥教育的基础性、先导性、长期性作用,优先推进民族地区治理现代化。民族地区治理现代化的终极目标是服务于民族大团结和民族大融合,实现民族地区城乡教育一体化的发展。教育治理现代化语境下的乡村教师队伍建设,应致力于激发教师个人专业发展和队伍专业化发展,改变过度依赖中央层面管理政策的现状,引导乡村教师自主、自觉发展。⑤

---

① 江玉梅,邢西深,佟元之.2.0时代的职业教育信息化现状、问题与发展路径[J].中国电化教育,2020(07):119-124.
② 瞿堃,钟晓燕.教育信息化概论[M].重庆:西南师范大学出版社,2012:27.
③ 瞿堃,钟晓燕.教育信息化概论[M].重庆:西南师范大学出版社,2012:48.
④ 蹇世琼,彭寿清,郑一.教育治理现代化视野下民族地区乡村教师队伍建设的路径研究[J].民族教育研究,2020,31(05):50-56.
⑤ 蹇世琼,彭寿清,郑一.教育治理现代化视野下民族地区乡村教师队伍建设的路径研究[J].民族教育研究,2020,31(05):50-56.

第五章

内蒙古自治区教育信息化促进教育现代化研究

第一节　内蒙古教育现代化现状调查研究

《中国教育现代化2035》提出推进教育现代化的指导思想是：以习近平新时代中国特色社会主义思想为指导，全面贯彻党的十九大和十九届二中、三中全会精神，坚定实施科教兴国战略、人才强国战略，紧紧围绕统筹推进"五位一体"总体布局和协调推进"四个全面"战略布局，在党的坚强领导下，全面贯彻党的教育方针，坚持马克思主义指导地位，坚持中国特色社会主义教育发展道路，坚持社会主义办学方向，立足基本国情，遵循教育规律，坚持改革创新，以凝聚人心、完善人格、开发人力、培育人才、造福人民为工作目标，培养德智体美劳全面发展的社会主义建设者和接班人，加快推进教育现代化、建设教育强国、办好人民满意的教育。将服务中华民族伟大复兴作为教育的重要使命，坚持教育为人民服务、为中国共产党治国理政服务、为巩固和发展中国特色社会主义制度服务、为改革开放和社会主义现代化建设服务，优先发展教育，大力推进教育理念、体系、制度、内容、方法、治理现代化，着力提高教育质量，促进教育公平，优化教育结构，为决胜全面建成小康社会、实现新时代中国特色社会主义发展的奋斗目标提供有力支撑。

一、民族地区教育现代化已有的现状

近年来，随着教育现代化的不断推进，内蒙古在教育现代化的建设中取得了卓越成就。

内蒙古自治区的办学条件得到极大改善。内蒙古积极争取国家和社会的支持，在257个项目学校中实施了二期"危房改造工程"，总投资25 666万元，其中中央专项资金9 000万元、自治区配套3 000万元，规划建筑面积35.55万平方米，实际开工20.6万平方米。制定了《内蒙古自治区农村牧区寄宿制学校管理暂行办法》，在115个项目学校中实施了"寄宿制学校建设工程"，总投资25 941.6万元，其中中央专项资金23 000万元、自治区配套1 500万元，规划建筑面积32.56万平方米，竣工11.81万平方米。同时争取到台塑集团捐助5 000万元，三年内将建设125所农村牧区小学，还争取到邵逸夫捐款495万港元，用于14所中小学。

在现代远程教育网络建设中,2005年,内蒙古自治区工程建设总投资共计9 893万元,其中国家投入6 590万元,自治区本级财政配套2 100万元,盟市和旗县财政承担1 203万元。制定了工程设备招标方案,落实项目设备,加大督促检查的力度,使农村牧区2 265所卫星收视项目小学、418所中学计算机教室工程建设项目在当年12月底前全部竣工。通过实施现代远程教育网络工程,全区各级各类学校远程教育得到了较快发展。在工程建设的时间、规模、速度以及投入等方面,走在了西部省区的前列。2007年,全区完成了8 109所农村牧区中小学校的现代远程教育网络工程建设任务,完成量占全区农村牧区中小学校总数的96.88%,教学点光盘播放和小学卫星收视系统已全部覆盖。自治区本级财政为此投入9 985.8万元,盟市和旗县财政投入5 203万元,国家投入13 985.7万元,总计投入29 174.5万元。

为加强教师队伍建设,内蒙古教育部门积极与现代教育技术研究部门联系,制定了《新一轮中小学教师全员培训课程方案》,并按计划对全区11 708名中小学教师进行了自治区级培训,利用美国英特尔公司、英语学会等机构和联合国儿童基金会提供的资金100余万元,培训英语、计算机等教师8 460人次;争取到6.35亿日元贷款,正式启动信息化人才培养项目;委托北京师范大学,开展了第二期中学校长培训,共培训校长300多人次;培养高校学科带头人和学术骨干的"111人才工程"也进展顺利。经过努力,全区专任教师学历合格率有了明显提高,小学、初中、高中专任教师的学历合格率分别达到98.74%、94.58%、79.44%,较上年分别提高了0.55、1.98、5.46个百分点。小学教师专科以上学历、初中教师本科以上学历、高中教师研究生以上学历占教师总数的比例,分别达到59.22%、37.6%、0.92%,较上年分别提高了11.14、9.24、0.35个百分点。

在教育现代化过程中,蒙古语与汉语的双语教育一直是内蒙古自治区的重点。在教学教材建设中,民族中小学新课程改革有序进行,历时5年的民族中小学蒙古语文、汉语文教改实验取得显著成效。"蒙古族中小学汉语教学课件"开发和"蒙古语教学资源库"建设进展顺利。启动了蒙古族中小学汉语教学课件研发工作。组织审查各种蒙古文教材102种,约1 100万字。

此外,改善办学条件也是内蒙古自治区教育现代化的重要步骤。经过努力,2005年普通高校扩展新校区面积达7 500亩;新增校舍达61.6万平方米(其中教学行政用房40.2万平方米,生活和其他用房21.4万平方米),完成土建投资7.5亿元;签订占地4 000多亩的新高职园区建设协议。这是内蒙古高等教育办学条件改善幅度较大的一年。

教育现代化的重要一项内容是信息化,2012年校园信息化已覆盖全区715所中小学,服务教职工、学生及家长46.6万户;光纤互联网接入已使全区400多所学校实现了校校通;"平安校园"建设已覆盖全区430余所学校(含幼儿园),校园监控点近万个,到、离校安全通知应用学校近200所;包括家校互动、报平安短信等功能的"翼校通"已覆盖学生及家长用户近30万人;由中国电信经教育部授权引入人教版、北师大版、苏教版、粤教版、华师大版、岳麓版等教材教辅类正版资源,自主研发的满足80%以上中小学电子化教学使用需求的优质教育资源,已让全区1 800多个班级享受到了与全国大城市相当的高品质的教学[①]。

蒙古语是内蒙古自治区法定的语言文字,是与汉语同等重要的语言文字,也是蒙古族人民行使自治权的重要工具。2012年,自治区人民政府以《内蒙古自治区关于加快推进蒙古语言文字信息化建设的意见》(内政发〔2012〕106号)的文件,明确了自治区要大力发展蒙古语言文字信息化、数字化、网络化,并对此项工作的基础研究、技术开发、应用推广提出了一系列要求。内蒙古自治区现已建成"蒙古语综合信息服务云平台",该平台集合了民族政策、促农促牧优惠政策、市场供求、就业服务、思想教育等多种信息。云平台的建设为蒙古语言文字信息化提供了基地,为蒙古语的教育奠定了扎实的信息基础,使用蒙汉双语智能手机的百姓都可以从云平台获得服务信息,缩小了农牧区蒙古族群众与现代经济社会的数字鸿沟,促进农牧区的经济发展。

蒙汉双语智能手机,将独有的蒙古语言文字字库技术和文字编辑技术及先进的蒙古文文字浏览技术与文字排列技术加载到安卓系统中,实现了传统蒙古语言文字和世界上使用最广泛的手机操作系统的兼容。搭载了蒙古语综合信息服务云平台的智能手机,一举解决了蒙古语进入移动互联网的难题,实现了蒙古语在移动互联网上的传播。以通辽为例:通辽市人口近310万人,其中蒙古族约占46.6%,是全国蒙古族人口数量最多的一个城市,是典型的少数

---

① 韩永军,王国英.内蒙古"互联网+教育":现代化手段推进教育公平[EB/OL].(2015-11-19)[2023-09-06].https://web.ict.edu.cn/news/gddt/xxhdt/n20151119_29669.shtml.

民族聚居地区。2015年通辽市民委完成蒙汉双语智能手机的推广,为通辽市建设"内蒙古自治区少数民族团结进步示范盟市"添砖加瓦,为全市蒙古族同胞搭建一条通往移动互联网世界的高速公路,向世界发出草原的声音,为蒙古族用户提供更加方便、快捷的服务。

走入"互联网+教育"的新模式。"互联网+"热切地"拥抱"着教育,教育这个古老而崭新的行业,正在大草原上焕发出新的勃勃生机!

干净漂亮的巴彦淖尔市第一中学是一所接近全封闭的学校,数千师生聚集在一所学校里,管理难度大且事务烦琐。学校加大了信息化基础设施的建设力度,构建了"翼校通"平台,实现了宿舍门禁、考勤、就餐、图书馆、超市、洗浴等刷卡式管理,降低了学校管理的难度,同时也让家长对学生在校期间的消费可以做到统筹安排。杨校长告诉记者,校园全球眼智能监控、翼校通、OA无纸化办公,专业化的考勤、门禁,会议签到管理,教学资源共享,教辅平台等一系列很实用、很先进的支撑平台,极大地方便了教学及教育管理。现在,学生迟到的少了,课堂纪律好了,学校的管理效率和针对性也提高了,同时还节省了大量管理资金。

在"互联网+"的整体环境下,赤峰市教育局结合赤峰地区教育发展实际情况,充分发挥"互联网+"优势,以校园信息化产品为切入点,在2015年秋季校园市场的拓展上显现优势。赤峰市松山区第四中学,作为盟市级规范化中学,积极参与教育现代化和信息化建设,不仅使用光纤互联网,还以"翼校通"为切入点,构建了一整套的智慧校园解决方案。目前,该校已有1 766名学生使用"翼校通",并在相关单位支持下构建了光纤互联网、全球眼智能监控等现代化设施。

"Wi-Fi+C"成为大中专院校的新宠。活跃而求新、求变的大学校园更是中国电信内蒙古分公司推进教育信息化的重中之重。呼和浩特集中了内蒙古63%的大学。呼和浩特分公司通过深入研究集团公司"互联网化"转型战略,对照自身的发展模式,及时转变营销策略,将院校营销团队转换为院校信息化建设的合作者,校园经理由"销售员"转变为学生用户的销售顾问;变"经营学生"为"经营学校";深挖校园和学生的信息化需求,引入分期购换机等方式,利用自身在互联网方面的资源优势,通过满足"大校园"的综合信息化需求,获得主动营销机会,提升用户在网黏性。

抓住高校师生要求高速访问互联网的刚性需求,呼和浩特电信分公司采用百兆光纤接入学生宿舍+Wi-Fi的方式,为内蒙古大学、内蒙古经贸外语职业学院、内蒙古鸿德文理学院、内蒙古能源职业技术学院等解决了室内室外高速无线上网的问题,赢得了广大师生的认可。还有呼伦贝尔职业技术学院、乌海市职业技术学院、内蒙古民族大学、通辽职业技术学院、河套学院等都是通过这种方式让大学师生体验到中国电信无线高速互联网的魅力。

在呼伦贝尔职业技术学院、呼伦贝尔学院、鄂尔多斯现代服务业学校、赤峰工业职业技术学校、赤峰农牧学校、巴彦淖尔职业技术学校等学校,中国电信提供的翼机通、翼支付等智慧校园综合解决方案,让持有NFC(近场通信)功能的手机的师生在校内实现刷手机消费、门禁出入、图书馆借阅等功能,全球眼智能监控让学校管理者可在任何地方通过中国电信的移动网络观看各监控点的实时影像信息。

二、民族地区教育现代化存在的突出问题

民族地区基础教育不均衡、质量参差不齐。均衡发展与优质发展是教育现代化的重要体现,质量公平是教育公平的实质体现,提高边境民族地区学校教育质量、不断缩小地区差距是促进边境民族地区教育公平和社会公平的有力措施。研究发现,"供给侧"与民众"需求侧"的矛盾、政策倾斜与群众需要的矛盾、课程设置与地区实际的矛盾、文化冲突的挑战以及教师队伍综合素质等方面的问题制约着边境民族地区义务教育质量提升。

教育理念与教育模式现代化不足。教育理念现代化是教育现代化的重点环节,也是教育模式现代化的基础和保障,包括核心素养、教育信息化等理念。譬如在教育现代化背景下的学生学习空间转变,传统课堂教学环境与培养具备现代核心素养的学生的目标之间存在矛盾等问题待解决。在高等教育领域,内蒙古自治区教育现代化所面临的主要问题如下。

首先,内蒙古自治区教育现代化的创新意识不强,思想相对保守。由于长期受计划经济模式的影响,内蒙古高校人才培养与社会需求、社会分工之间保持着一致性,然而随着社会经济的发展以及市场经济的引入,这种一致性被打破,快速的社会经济发展需要更多具有创新精神和实践能力的人才。传统的教育教学理念注重知识的传授,以应试教育为典型特征,人才培养模式单一,忽视了人才的知识、能力和素质的全面发展需求。

其次,高校社会服务意识亟待强化。内蒙古大部分地区深处内陆,长期受传统思想观念的影响,封闭保守、安于现状,高校在发展过程中缺乏创新意识、合作服务意识,缺乏强烈的社会责任感。

再次,管理理念陈旧,管理模式高度行政化。一方面,政府对高校干预过多、管理过细,行政化、官本位现象严重,高校仍面临行政权力和学术权力失衡的严重局面;另一方面,政府对高校过多的直接管理,致使高校"等、靠、要"的思想依然根深蒂固,自身主动发展意识不足,导致高校发展缓慢。内蒙古高等教育规模和优质教育资源的不足,影响了高层次人才的培养,从而制约了内蒙古高等教育现代化的进程。专业和层次结构不均衡,中西部高等教育专业结构错位,脱离地方经济发展;高校区域结构分布不均。

最后,人才流失严重。由于受工作环境、工资待遇和事业发展平台等因素的影响,内蒙古高校高层次人才依然短缺。一是难以引进高学历、高职称的教师;二是"孔雀东南飞",人才流失严重。

三、内蒙古教育现代化采取的措施与发展趋势

当前,民族教育现代化建设工作尚处于探索阶段,与"民族特色、全国水平"目标有很大差距。针对内蒙古在民族教育现代化中所遇到的问题,应该从以下方面展开。

第一,民族教育理念现代化。教育理念是教育主体在教育实践和思维活动中形成的对"教育应然"的理性认识和主观诉求,引领着教育现代化的全过程。在教育全球化浪潮里,现代化教育理念可以说无人质疑,而根植于民族传统和国情域况的教育理念亦不容忽视,比如顾明远先生从教育观念层面提出"教育现代化的基本特征"[1]就具有明显的全球视野、时代特征和中国特色。他在文中提出教育现代化更加注重以德为先、全面发展、面向人人、终身学习、因材施教、知行合一、融合发展和共建共享的基本理念,结合民族特色可将民族教育现代化归纳为"全纳教育""以学习者为中心""传承民族文化""共享共建"。第二,民族学校的教育现代化。学校教育是由专门机构和专业人员承担的有制度保障、有目的、有计划、有组织的以影响学生身心发展为直接目标的社会实践活动,作为一种制度化教育,具有专业性、可控性和可操作性,对人的发

---

[1] 顾明远.试论教育现代化的基本特征[J].教育研究,2012,33(09):4-10+26.

展具有核心作用,是民族教育走向现代化"基础中的基础,关键中的关键",所以民族学校要突破师资瓶颈,在构建学习型社会和传承民族文化上不遗余力。第三,信息技术的现代化。信息技术是推动民族教育现代化跨越式发展的技术,是推动人类社会文明进步的重要因素,让教育在技术革新的强大推力下砥砺前行。当前,以云计算、大数据、物联网和人工智能等为代表的信息技术在教育领域被广泛应用,"信息技术对教育发展具有革命性影响,必须予以高度重视"[1],"没有信息化就没有现代化"[2]。民族教育不能像以往几次与"技术革命"擦肩而过,而应充分利用信息技术"逆序创新""跨界融合""共享"等优势,以"后发优势"实现"弯道超车",突破传统物理环境的先天缺陷,构建以信息技术为核心的现代教育环境,转变教育理念,协同教育治理,优化学校教育质量,逐步构建学习型社会,创建教育现代化的"民族模式"。

第二节 内蒙古教育信息化现状调查研究

内蒙古自治区位于我国北部,紧邻蒙古国和俄罗斯,面积118.3万平方千米,约占我国陆地面积的12.3%,人口2 401.17万人,以蒙古族和汉族数量为多。该地区东部草原辽阔,西部沙漠广布,以高原为主,多数地区海拔在1 000米以上,通称内蒙古高原。新中国成立70年来,内蒙古自治区经济建设和社会发展取得了历史性进步,各项事业包括民族教育事业取得了举世瞩目的成就。信息化建设主要是"三件"建设。(1)硬件建设。即信息技术设备、设施的建设,这是基础。(2)软件建设。即信息技术课程、教材的建设,这是核心。(3)潜件建设。即信息技术理论、方法的建设,这是关键。教育信息化是教育现代化的途径,必须有计划、有步骤地进行信息化资源建设。由于内蒙古地区民族教育的特殊性,又是经济基础薄弱地区,为了实现国家教育现代化的目标,其民族教育信息化也是非常艰巨的任务。2002年内蒙古正式推出了全国计算机信息高

---

[1] 国家中长期教育改革和发展规划纲要工作小组办公室.国家中长期教育改革和发展规划纲要(2010-2020年)[EB/OL].(2010-07-29)[2020-6-4]. http://www.moe.gov.cn/srcsite/A01/s7048/201007/t20100729_171904.html.
[2] 新华网.中央网络安全和信息化领导小组第一次会议召开习近平发表重要讲话[EB/OL].(2014-02-27)[2020-6-4]. http://www.cac.gov.cn/2014-02/27/c_133148354.htm?from=timeline.

新技术办公软件应用模块(蒙古文平台)考试制度,以进一步促进民族企业信息化建设,推广和普及计算机应用,提高少数民族从业人员的职业技能和竞争力。全国计算机信息高新技术办公软件应用模块(蒙古文平台)考试,是国家原劳动和社会保障部职业技能鉴定中心授权内蒙古组织开发,并在全国统一组织实施的社会化职业技能考试。该中心按照"统一命题、统一管理、统一培训、统一考核、统一证书"的原则进行质量管理。考试合格者由原劳动和社会保障部职业技能鉴定中心统一颁发考试合格证书。内蒙古是少数民族自治区,蒙古语言文字广泛应用于社会各个领域。此项评价制度的出台填补了我国计算机考试中蒙古文处理平台的空白,方便了少数民族地区计算机应用者职业技能的鉴定和提升。研究和规划21世纪内蒙古自治区民族教育的发展,我们已不能不正视知识经济的时代特征,这种特征主要表现为"网络化的生产关系,数字化的生产力"。完全可以认为,以电脑化、数字化、网络化为主要内容的信息化将是知识经济时代教育的重要标志,是新世纪教育发展的基石。当社会经济向着以信息产业为主导的方向演进时,服务于经济基础的教育,若不率先超前实现自身的信息化,必将扩大与社会发展业已存在的差距。我们需要以全新的视角,重新认识教育信息化的重大意义——离开了教育信息化,教育创新就没有了载体和失去了必要的物质基础。1988年初,《新华文摘》就转载了一篇题为《网络化建设:中华民族21世纪文明的生命线》的文章。该文指出,信息化、网络化是人类21世纪文明报到的窗口,具有5 000多年文明史的中华民族,不上网,就跟不上时代发展步伐。面对扑面而来的知识经济,中国信息化建设是已经启动的21世纪教育的生命线,是内蒙古地区民族教育发展与进步的生命源泉,内蒙古地区民族教育若不迎头赶上信息化、网络化浪潮,所有教师和学生就不得不"下课"。

一、民族地区教育信息化基础设施建设

民族教育是国家教育的重要组成部分,但也具有相对独立的完整的系统,所以,它的发展应该是完整的、全面的,如果只发展了民族教育的某些方面,而忽略其他方面,那么,民族教育的整体发展仍然会受到影响。换句话来说,对内蒙古自治区民族教育来讲,教育内容体系的完整与否直接影响着教育整体能否完善发展。特别是在信息化条件下,各类教育内容都在与信息技术进行

整合，以此推动教育进步，使人才培养达到"创新教育""素质教育"的目标，民族教育不能自身孤立地发展，应该加大力度，与信息技术进行整合，向现代化目标迈进。因为民族教育信息化的发展不单纯服务于本民族，也会对全民族作出非常大的贡献。

从信息社会对人才培养的要求以及教育发展中存在的问题出发，把培养学生的"生存能力"作为21世纪教育的发展方向。所谓"生存能力"，是"一种全身心的力量"，从信息化社会发展的角度看，"生存能力"是具备分析、解决问题的素质和能力。面对纷至沓来的信息情报，具备正确选择、加工、处理信息的能力和自主思考的能力是"生存能力"的两个要素。应从重视平等、均一的学校教育转变为重视个人能力开发、培养学生的创造性与挑战性精神、立足终身学习的学校教育，以此推进教育改革。所有对教育发展的展望与预测也正是教育未来的必然趋势，当然内蒙古也要面对这一形势。"教育信息化，不光是教育手段的改变，更是教育思想、教育观念和教育模式的转变，离开了教育信息化，谈不上教育现代化。"内蒙古积极推进"互联网+教育"发展，聚焦智慧教学应用、"三个课堂"建设与应用、线上线下融合等信息化教学应用模式，以应用融合创新支撑教育教学方式改革创新，提升全区中小学教育教学质量，内蒙古自治区教育厅评选出5项"内蒙古教育信息化教学应用实践共同体项目"，分别是呼和浩特市的"名校网络共享课堂"、包头市的"运用智慧平台助推'教研大脑'的建设与应用"、通辽市的"智慧研修赋能区域教育高质量发展"、赤峰市的"智慧教学环境下新型课堂教学模式探究"、乌海市的"中小学人工智能教学实践共同体"。[1]教育信息化给内蒙古教育带来了第二个春天，实现了教育跨越式发展，内蒙古现代远程教育网络工程也已经启动。自2002年起，内蒙古投资4.5亿元建设远程教育网络。这一工程建设完成后，将满足内蒙古自治区各级各类教育对网络信息的需要，在一定程度实现全区教育的信息化、现代化。[2]首先，建设全区现代远程教育计算机地面光纤网络系统，使12个盟市的50%以上的旗县城镇普通高中以上学校，以光纤方式接入我国教育和科研计算机网。内蒙古自治区2002年开始实施"农村中小学现代远程教育工程"，截

---

[1] 中国教育报.内蒙古创建首批"教育信息化教学应用实践共同体"[EB/OL].(2022-12-19)[2023-10-10].https://baijiahao.baidu.com/s?id=1752641340708708888&wfr=spider&for=pc.
[2] 中国教育.内蒙古启动现代远程教育网络建设工程[EB/OL].(2002-07-11)[2023-10-10].https://www.edu.cn/edu/yuan_cheng/yuan_cheng_jiao_yu/200603/t20060323_55710.shtml.

至2007年,已有8 153所中小学(含教学点)建成现代教育网络,占全区农村牧区中小学校总数的70%。这一工程缩小了城乡教育差距,遏制了农村牧区教育教学质量下滑的势头,使学校办学效益得到提高。[①]自治区现代远程教育工程共分四部分实施:一是内蒙古现代远程教育网络建设工程,由自治区政府出资建设,现已完成2 630所农村牧区中小学校的建设。二是教育部、李嘉诚基金会西部中小学现代远程教育工程项目,共完成了790所项目学校的建设。三是2003年国家农村中小学现代远程教育工程试点示范项目,采用教学光盘播放点、卫星教学收视点和计算机教室三种建设模式,自治区共有2 160所中小学(教学点)列入试点示范项目。四是2004年国家农村中小学现代远程教育工程试点项目,自治区共争取到国家试点工程项目学校2 570所,其中,教学光盘播放点945所,卫星教学收视点1 418所,计算机教室207间,工程现已全部建设完成。"西部大学校园计算机网络建设工程"项目是教育信息化、现代化的基础工作,是经国务院批准,原国家计委批复立项,由教育部组织实施的重点建设项目。内蒙古抓住机遇,加快了高等教育的信息化、现代化进程,有力地促进了教育从观念到机制、从内容到方法、从理论到实践的改革,把教育信息化建设作为重要的基础性和前瞻性工作,以此来推进教育现代化、一体化。实施"西部大学校园计算机网络建设工程"项目,是推动教育信息化建设,贯彻"科教兴国"战略,实现西部高等教育跨越式发展的必然要求,内蒙古力争使包括民族教育在内的各级各类教育的教育信息化水平有质的飞跃。全面提高大学校园网的水平,扩大校园网的应用范围和规模,为高校教师教学和科研以及广大学生进入网络平台提供基本保证,为内蒙古社会信息化的发展和全面提高社会经济发展水平提供可靠的人才支持。从教育的发展趋势看,教育信息化必将带动教育的终身化、国际化;同样,教育的终身化、国际化也必将推进教育的信息化。内蒙古教育担负着发展民族教育的重任,一是超前发展,二是调整结构,三是提高质量,应该把三者统一到教育适应经济和社会发展上来。上述三项任务应合理利用信息化的现代性理念,调整结构是关键,从宏观到微观,应不断调整层次和类别结构、专业和课程结构、教学内容的知识结构等,使教育质量在发展中得到提高。信息化是民族教育发展的战略性武器,基于现

---

① 戴宏,苏芝英.内蒙古:农牧区中小学受益现代远程教育工程[EB/OL].(2005-05-09)[2023-10-10].https://www.edu.cn/jiaoyu_xinxi/jian_she_kcd/yuan_cheng_jy/yuancheng_jy/200603/t20060323_125141.shtml.

代教育理论,利用信息化推进教育教学改革并谋求发展。

民族教育除了具有一般的教育属性以外,更重要的是民族性。民族性体现在教育上,可以有许多方面,但很重要的一条是采用民族语言文字进行教育。《中华人民共和国宪法》明确规定"各民族都有使用和发展自己语言文字的自由,都有保持或改革自己的风俗习惯的自由"。《中华人民共和国民族区域自治法》也规定"民族自治机关教育和鼓励各民族的干部互相学习语言文字。汉族干部要学习当地少数民族的语言文字,少数民族干部在学习、使用本民族语言文字的同时,也要学习全国通用的普通话和汉文"。因此,蒙古语言文字信息化的发展当然也就成为蒙古族地区民族教育发展的重要内容,这方面取得了令人瞩目的发展,2002年6月由内蒙古大学蒙古学学院、中国科学院计算技术研究所、北京大学计算语言学研究所共同合作开发的"达日罕汉蒙机器翻译系统",在呼和浩特市通过国家验收,为蒙古文翻译事业掀开了新的一页,"达日罕汉蒙机器翻译系统"是国家863计划的重要项目。它是一个面向政府文献的世界唯一的汉蒙机器翻译系统。2002年7月底,合作三方的研究人员和赤峰市克什克腾旗政府有关人员会聚在克旗达日罕乌拉苏木,在前期研究的基础上,进一步讨论决定了该系统的程序、词典、规则、用户界面、系统名称等问题。专家、学者们一致同意将该系统命名为"达日罕(意为'神圣')汉蒙机器翻译系统"。同时,克什克腾旗政府受课题组的邀请,成为该系统的第一个用户。"达日罕汉蒙机器翻译系统"的研究包括汉语分析、翻译、蒙古语生成、用户界面四个部分内容。国家高技术智能计算有关专家认为,该系统的开发是一项开创性的工作,虽然刚刚起步,但有着广泛的应用价值,尤其是随着国家西部大开发战略的实施,网络化和电子商务的普及,其需求量会大大提高。这项研究成果说明蒙古语语言学研究已达到世界先进水平。如果从信息技术对整个人类生活和教育变革的角度、从知识经济时代人才培养变化的角度、从民族教育在全国教育事业中的地位和影响的角度,全面地思考民族教育信息化问题,就会发现民族教育信息化具有举足轻重的地位。因为,在向信息经济迈进的进程中,不管是哪个民族的教育对象,他们都将不可避免地要对信息技术条件下的人才需求作出反应。边疆民族教育与其他教育水平本来就有一定的差距,网络为不同地区、不同经济发展水平的民族构筑了一条新的起跑线,如果民族教育对此反应迟缓、起步慢,落后的差距将是难以计量的。蒙科立软件技术看中了民族教育市场,树立了民族教育产业发展新思维,其抓住了世界信息化的大好时机,依托内蒙古自治区社会科学学院自然语言信息技术(MIT)研发中心多年研究成果及各类复合型人才创办的专业化高技术软件企业,开发出以"蒙古文类文字多模式通用应用开发平台""蒙古文多功能多媒体通用教育教学平台""蒙古文整词智能化输出输入系统""蒙古文WPS OFFICE多功能办公组合"为代表的产品,并逐步推向国内外市场。这些产品的问世,对民族事业的发展的贡献是不可估量的,对民族教育事业迈向21世纪具有重要意义。内蒙古民族教育作为有组织、有目的地培养人才、提高民族素质的一种社会实践活动,既依赖社会环境、文化背景和经济技术现代化为其提供的物质基础,又对少数民族现代化的全过程有巨大的促进作用,现代化呼唤信息化,信息化是现代化的前提条件。从某种意义上讲,内蒙古地区民族教育的现代化,是内蒙古地区民族教育实现现代化的动力。现代化的进程与结果,信息化是必要的体现形式。

二、信息化教学应用普及的水平、问题

内蒙古自治区基础教育信息化的水平。内蒙古地区少数民族以蒙古族为主体,全区总人口为2 401.17万人,其中蒙古族人口402.92万人,占16.78%。蒙古族人口主要集中在草原牧区,考察蒙古族基础教育信息化主要是考察蒙古族中小学的教育信息化,具体考察其教育教学、学校管理、网络教育以及现代教育教学理论对教育信息化指导等工作的开展情况。民族地区基础教育是我国教育战略重点之一,教育信息化水平会对其发展产生重大影响。2002年,有关专家对内蒙古牧区部分民族中小学信息技术状况进行了抽样调查。调查结果显示:从信息化环境看,调查的内蒙古55所民族中学现共拥有在校生49 380名,拥有486以上计算机总台数为2 519台,每百名学生拥有计算机5台。建成(或正在建设)校园网的学校17所,不足三分之一,其他学校何时建成校园网还难以预期。在对信息技术教师所做的调查中,对分布在内蒙古自治区12个盟(市)的55所蒙古语授课中学的66名信息技术教师进行问卷调查,调查数据反映的最突出问题有以下几个。(1)正在从事民族中学信息技术教育工作的教师们绝大多数(占98%)没有经过系统培训,其专业结构对所从事的工作产生很大的影响。有效地开展民族教育信息化工作,人的因素

是最关键的,他们对信息技术教育的理念、策略、技能、模式、方法等多方面缺乏必要的理解,被调查的教师一般没有独立开发教学软件的能力,也不善于利用信息技术获取相关的教学资源。(2)信息技术教师整体的计算机操作技能不高。调查数据显示能熟练操作者所占比例较小,直接影响了未来民族教育的发展。(3)多数教师熟练使用的授课语言为本民族语言(占74%),所使用的信息技术教材,一半为汉文教材,另一半为蒙古语教材。而信息技术教学中使用的软件则是中文(或英文)版的,教育者、受教育者、教材、软件四者使用的语言、文字在教学中不能协调一致,给教学带来了一定困难。这说明信息技术与民族语言的整合水平有待提升,民族教育软件的开发没有跟上教育发展的速度。(4)从学历结构上看,能够满足目前的基本要求,但其职前教育所学专业则明显不同,原有的知识结构必然会对信息技术教育教学要求表现出一定的不适应性。因为根据认知的内隐理论,真正指导个体认知行为的是个体自己内在的认知结构和相关经验[1]。如果教师不能把现代教育观念内化到自己的认知结构中去,就很难在信息技术教育的教学活动中去运用它。在调查中发现,开展信息技术教育所面临的最主要难题或制约因素是蒙古语教学软件环境、硬件环境、信息技术文化氛围、信息素养。

对内蒙古自治区东、西3个县及乡镇12所(其中中学4所、小学8所)蒙古族学校的233名蒙古族教师的调查结果显示:(1)由于受软硬件的制约,教师获取最新教育教学信息的渠道不多,限制了教学活动的开展,同时教学质量的提高也受到限制。面对浩瀚的信息海洋,而民族教育却忍受着教育资源匮乏的饥渴。(2)教学方式仍然处于传统教学状态,教学媒体以幻灯片、投影教学为主,网络的普及程度很低(学生素质教育、创新教育活动的开展处于低潮)。尽管一部分教师使用了计算机与网络,但追求的目标受到质疑,很少有教师利用其进行探究式、研究式教学,教学内容的呈现比重较大。一方面受软硬件的影响,另一方面受学习理念的制约。在对内蒙古自治区东、西3个县及乡镇12所蒙古族学校的926人(小学生488名、初中生352名、高中生86名)的问卷调查中发现,绝大部分学生学习求助方式仍然是教师、同学,而对网络的利用率很低。笔者对赤峰市蒙古族中学(简称蒙中)和赤峰市蒙古族小学(简称蒙小)进

---

[1] 张英萍.内隐学习理论的新进展及其对专长研究的启示[J].心理发展与教育,2006(01):109-112.

行了走访,取得了一定的民族地区基础教育信息化状况的资料。蒙中专任教师116人,蒙古族教师占90%以上,有100多人,蒙古族初、高中学生1 500名。该中学对信息化理念有一定的认识,但也仅停留在对传统教学的辅助手段上,还没形成利用网络开展创新教育和研究性教育的新理念,同时教育个性化比较模糊,面对计算机也感觉无所适从。从目前民族教育信息化环境看,受地区经济制约,目前蒙中无计算机校园网,没有专门的多媒体教室。信息化只是教学的辅助工具,教学中的难点是教育技术系统设计的对象,还没有形成利用现代教学理论、学习理论进行教学设计的氛围。现代教育技术支持的以学生为中心的素质教育、创新教育受高考的影响不能顺利实施,没有形成教育信息化推动素质教育的认识。在这样一个层次来理解信息化,信息化发展就会受到一定程度限制。正是由于这种思想的存在,学校信息化教育资源,特别是民族教育信息化资源尚未开发,这也是内蒙古民族教育信息化与发达地区形成差距的重要原因。

调查表明,许多学校不但有自己的校园网,同时也建设了多媒体教室,这些教室配置也较高,可以满足不同层次的教学要求,对优化教学、提高教学质量起到了关键性的作用。但另一项调查表明,这些教室的利用率偏低,教师很少在建构主义教育理论指导下开展网络教学,特别是由于网络民族教育资源的匮乏,其在民族教育教学活动中成为"摆设"。即便有些教师利用了多媒体教室,很多人只是停留在简单展示教学内容的浅层次,多媒体屏幕变成黑板的另一种形式。信息化教育是一种新型的教育方式,是对传统教育的发展,教师应该树立新思路、新思想,转变教育观念,跟上时代潮流。

内蒙古自治区经济状况远不及东部地区,信息化资源建设相对滞后,教育科研领域应充分利用有效的教育科研资源。

调查发现,许多大学的教师、学生学习研究的主要信息源仍是图书馆。社会信息化正在广泛地、深刻地改变着人的学习、工作和生活方式。信息革命对教育思想有着深刻的影响,信息技术使知识形态的生产更迅速,并得到更充分的传播和发展,因而信息技术被人们称为社会生产力的加速器和倍增器。知识作为一种信息,是剥离于物质和能量及其运动的一种对客观事物的反映和评价,是唯一在使用过程中不被消耗并可以通过创新增值和供全社会共享的资源。信息革命所带来的技术工具的变化正影响着内蒙古地区民族教育生存的每个角落,迅速地改变着现代教育的基本形态。积极主动地顺应社会信息化对民族教育的要求,必须认识教育信息化对民族教育改革和发展的重大意义。

民族教育面临"平等与效益"的两难选择,如果满足该地区民族平等的教育权利,则一般的效益水平无法保证,如果仅以效益为发展的标准,则平等的教育权利受损,社会主义的民族教育不应该因为自然环境恶劣和人文环境特殊而不顾各民族教育权利的平等。民族教育的发展需要讲求效益,应把效益作为基本准则去衔接与评价民族教育的发展成效,指导民族教育的行为方式。由于民族教育发展的历史基础薄弱,学校教育的系统管理与社会教育的衔接能力较弱,不可避免地限制了民族教育效益的提高。现阶段,解决"平等与效益"双赢的出路之一就是教育信息化,但信息化又提出了一个新问题,民族地区信息化水平很低,如何实现教育信息化,这就需要民族地区教育管理者解放思想、放眼未来,用现代教育理论建立民族教育效益观。而民族教育发展整体观是把民族教育发展看作社会发展有机整体中具有特定功能并相对独立的组成部分。在民族教育发展过程中,事实上存在与整体观相悖的倾向,即:既不注意民族教育对社会发展的适应及与其他社会环节的衔接,也不重视社会其他环节对民族教育的支持,这点在民族教育信息化过程中表现得比较突出。有些教育实体不顾社会以及其他实体教育发展形势,闭门造车,教育模式仍然沿袭传统模式,这与对教育信息化的认识不足有很大关系。信息化是与外界沟通的桥梁和纽带,不进行信息化建设既忽视了学校教育与社会教育之间的互补,也缺少学校教育系统内部层次、类型、规格等结构之间的协调。这种状态导致了民族教育在社会运行过程中孤立与分散。建立民族教育发展的整体观,必须用系统论的观点认识社会发展的整体特征与民族教育信息化在这一整体结构中的特定功能和发展趋势。

三、信息化实施具体举措

"没有信息化,就没有现代化。"加快边疆民族地区教育发展、缩小民族地区与中西部地区的教育差距是促进教育公平的基本要求,是构建社会主义和谐社会和中华民族伟大复兴的客观要求。

首先,组建专业化的信息化队伍是民族地区教育信息化的首要任务。教育信息化要着地,关键在于专业的信息化队伍的建设。裴娣娜教授指出:"说到底,现代化是人的现代化。教育现代化的终极价值判断是人的发展,是人的解放和主体性的跃升。"当"互联网+"遇到民族教育时,决定成败的关键是"人"。教师在教育教学工作中一直起着引领的作用,教师只有提高自己信息技术的应用能力和水平,才能引导学生关注信息技术,使信息技术与课程教学深度融合,这是实现教育信息化的有效途径。但民族地区的教师受各种因素的影响,网络化信息教学能力较差。

其次,建设具有民族特色的MOOC资源。内蒙古地区主要少数民族是蒙古族,其民族内部交流多用自己的语言。由于对外交流的主要语种是汉语,蒙古语等少数民族语言并没有得到充分应用。在线课程设计制作应该充分考虑少数民族语言的特殊性,利用云计算技术构建民族教育信息化的智能服务平台,使之能为不同民族的学生提供差异化的学习方式,从多民族的特点出发,因地制宜,运用双语(民族语言+汉语)制作MOOC资源,在保护民族语的同时,也可使双语教学呈现新时代特征。

最后,民族教育信息化发展要注重统一性、协调性。民族教育的发展也处于社会大发展的环境之中,不可能脱离社会环境而闭关自守。在教育大变革、教育信息化的浪潮中,作为处于徘徊境地的内蒙古自治区民族教育有了注射新鲜血液的机会,民族教育要抓住这一机遇,实现民族教育与教育信息技术的整合。发展民族教育不单纯是发展民族语言,还包括文化、传统、风土人情等。从传统民族教育模式来看,对民族教育客体,甚至民族文明的传承形式都比较单一,宣传、推广、发展有一定的局限。与信息化教育整合的民族教育,融入了现代元素,信息的储存、传递、应用、处理更加个性化、人性化。例如:建立民族教育网站。利用音频、视频、图像、文本、动画等手段实现民族文明教育的多样化,使受教育者周围充满民族文化的气息,并受到熏陶。整合的目的不仅是为了实现民族语言的扫盲,使所有蒙古族儿童、青年享有同等的教育机会,更重要的是向人们播撒蒙古族文明,让人们对蒙古文化有所了解、感悟,培养一批学习、研究民族文化的专家,在不断对其进行研究的过程中得到发展。由于内蒙古自治区地域及人口特点,利用信息化优势发展民族教育是大势所趋,使信息化与民族教育形成一种关系链,切忌发展民族教育的时候,只看中传统的东西,而不接纳现代元素。随着时代发展,教育信息化一旦成为民族教育的一部分,在信息化的"高速公路"上民族教育将会得到更好的发展。

第三节　内蒙古教育信息化推进地区教育普及程度研究

在内蒙古自治区成立之前，内蒙古地区教育事业十分落后，文盲、半文盲率高达90%以上。在基础教育方面，建区初始，全区只有小学3 769所（包括教学点），在校生仅21.43万人。普通中学21所，在校生4 300人，中等技术学校3所，在校生455人，中等师范学校5所，在校生1 223人，各级各类学校教职工仅有7 319人。当时，全区没有一所高等学校，民族教育也极其落后，只有民族小学377所，在校生仅为2.26万人；民族中学4所，在校生仅为524人。在2014年，内蒙古自治区的人均受教育年限为9.30年，位列全国第9名，超过全国平均水平9.01年。在2016年，内蒙古自治区共有研究生培养机构10个，普通高等学校53所，高中阶段学校536所，在校生229 853人，其中普通高中289所，在校生69 116人。在义务教育阶段，小学共有2 423所，在校生198 507人，普通初中693所，在校生219 748人。少数民族学校共计481所，包括299所小学，123所初中和59所高中。少数民族学生共计281 790人[①]。蒙古族的民族教育在全国范围内也处于领先地位，根据2010年人口普查数据，少数民族平均受教育年限，蒙古族位列第二，平均受教育年限为9.25年，基本完成义务教育。

在职业教育方面，全区中等职业学校有国家级示范校21所、国家级重点校29所，在建自治区级示范学校39所，县域标准化学校33所。2020年，全区有中等职业学校231所，较上年度减少6所。全年各类学校共招生67 926人；在校生175 446人，较上年度增加了6 910人；毕业生56 234人，较上年度减少了3 581人。总体而言，该年度的职业教育总体办学规模较上年度有所上升，见表5-1。

---

① 张书琬.内蒙古自治区基础教育和民族基础教育的发展、挑战及应对策略[J].赤峰学院学报（汉文哲学社会科学版），2019，40（11）：22-30.

表5-1 内蒙古自治区2018—2019年中等职业学校学历教育总体办学规模统计表

类型	学校数/所		招生数/人		在校生数/人		毕业生数/人	
年份	2019年	2020年	2019年	2020年	2019年	2020年	2019年	2020年
普通中专	74	72	25 584	30 574	79 888	86 497	31 699	30 267
职业高中	108	106	31 111	35 352	83 666	88 949	26 117	25 967
成人中专	55	53	877	0	4 982	0	1 999	0
合计	237	231	57 572	67 926	168 536	175 446	59 815	56 234
变化		−6		10 354		6 910		−3 581

数据来源:《内蒙古自治区教育事业统计资料(2019、2020学年度)》(本表未含技工学校数据)

说明:表中的"2019年"指2018—2019学年度;"2020年"指2019—2020学年度(下同)。

2020年,全区中等职业学校全部接入互联网,校园网覆盖整个校园,每所学校均配备有教学计算机、多媒体教室,也可以利用网络资源和录播教室开展教育教学活动。全区中等职业教育积极探索"互联网+职业教育"的新模式,建立起了多个职教微信平台,实现了微校园、微服务、微助手。最大限度开发远程资源,实现共享共用(如仿真教学、空中课堂、名师讲座、微课等)。最大限度汇集本地区资源,实现共享共用(如课件、试卷、教案、作业、微课、教研活动、精品课堂、模拟课、研讨课等)。

各学校正在逐步实现校园办公自动化、全周期学生管理、实践基地教学管理及网络教学管理等,最终实现无纸化办公。全区中等职业教育信息化建设情况统计见表5-2。

表5-2 中等职业教育信息化建设进展情况

年份	教师人数/人	学生人数/人	校园网			多媒体教室							人人通				
^	^	^	已建设校园网学校数/所	宽带网接入学校数/所	平均宽带/M	小计	其中具有交互型设备的教室		其中具有展示型设备的教室				^	学校空间数/个	教师空间数/个	占教师数的比例/%	学生空间数/个	占学生数的比例/%
^	^	^	^	^	^	教室数/间	交互型设备教室数/间	占教室数的比例/%	其中能上网教室数/间	占交互型教室的比例/%	示型设备教室数/间	占教室数的比例/%	其中能上网教室数/间	占展示型教室的比例/%				
2019	18 195	168 536	83	121	336	4 838	2 810	58.08	2 811	58.10	1 846	38.16	1 787	36.94	8 851	8 757	79.86	74 361	74.83
2020	19 379	175 446	113	162	326	6 632	4 504	67.91	4 293	64.73	2 446	36.88	2 307	34.79	10 836	14 433	86.38	150 860	97.40

根据内蒙古自治区教育厅2019年统计结果,学校数量方面,有学历教育资格的高等学校53所,其中本科院校17所、高职院校36所。本科院校中有研究生教育资格的学校9所。在校生方面,共有博士、硕士在校研究生2.7万人,普通本专科在校生45.5万人[①]。经过几十年的发展,内蒙古的高等教育与全区其他各项事业一样取得了很大的进步。具体是:第一,空间布局比较合理。内蒙古有土地面积118万平方千米、人口2528万人,相对而言地大人稀。全区12个盟市中,8个人口较多的地区都有本科院校,另外4个人口较少的地区也有高等职业院校。第二,硬件条件较好。内蒙古自治区在21世纪的最初10年,经济快速发展,增长速度在全国领先,人均GDP在各省排名中曾达到第7位。随着财政收入的增长,各个高等学校的办学条件得到了很大的改善。第三,民族特色凸显。内蒙古是少数民族自治区,除了内蒙古民族大学、呼和浩特民族学院外,一些重点大学如内蒙古大学、内蒙古师范大学、内蒙古农业大学、内蒙古工业大学等都有民族专业教育。高等教育充分体现出民族特色。少数民族学生接受高等教育的机会不少于汉族学生。第四,高等学校总体上年轻、充满活力。本科院校中有7所学校是2008年以后批准建立的,占40%。高职院校多数是2003—2010年期间建立的,办学时间不长,也朝气蓬勃、活力十足。

第四节　内蒙古教育信息化推进地区教育公平与城乡教育一体化研究

信息化建设是一个系统工程,需要产业链各方协同努力,任何一个环节脱离轨道,信息化建设就会变成空谈。以教育信息化为手段的教育现代化是国家现代化的基础和先导,其辉煌成就在于以信息化战略领航,促进中国教育综合发展。数据化创新驱动实现了中国教育特色发展、创新发展,完成了中国教育信息化从追赶到超越的重大转变。技术在教育中的价值,并非由技术自身简单决定,而是由教学活动设计者和使用者决定的。因此,如何借助信息化力量绘制基础教育公平发展蓝图,实现"公平而有质量"的教育,依然任重道远。

---

① 周川.内蒙古高等教育新时代面临的挑战与对策[J].黑龙江民族丛刊,2020(05):144-148.

一、教育信息化在教育公平与城乡教育一体化中的作用

新时代我国教育的主要矛盾已经转变为:人民群众对更好更公平教育的需要与不平衡、不充分的教育发展之间的矛盾,"公平而有质量"成为教育的新使命。"不平衡"是指区域、城乡、校际、群体之间的教育水平差距依然较大,教育资源难以均衡覆盖到每个个体;"不充分"是指教育发展的质量和效益仍不高,难以满足人民群众对优质教育的需求。科技变革推动着人类社会变迁和时代更替。人工智能相关学科与技术的发展,使得"智能"这一要素加快渗透到生产力系统中,掀起了第四次工业革命的浪潮。科技发展体现加速度,以人工智能等为核心的新一代信息技术释放历次科技革命和产业变革积蓄的巨大能量,推动人类社会由数字化、网络化向数据化、智能化转变,实现信息时代到智能时代的更替。智能社会已经到来,技术与教育融合的广度和深度前所未有。在移动互联网、大数据、人工智能等为代表的新一代技术驱动下,信息化手段在促进教育资源共享和优化教育质量中的作用实现整体跃升,这为促进基础教育公平发展提供了新动力。

"起点公平、过程公平、结果公平"三阶段论影响广泛。教育起点公平,指每个个体都能克服经济、家庭、阶层等现实因素的影响,平等地享有受教育的权利和机会。从配齐资源到配好资源,教育起点公平的关键是机会公平,其基本要求是从基础设施配置、信息资源匹配、师资配备等方面保障每个公民依法享有受教育权利。教育过程公平,指个体在受教育过程中受到公平的对待,强调关注学生的发展需求,从有效教学到高效教学。新时代背景下,教育理念和人才培养方式都有所变化,教育活动的流程面临优化与重构,促进教师专业发展、构建高效教学模式、自适应推送学习内容,成为教育过程创新的当务之急。教育结果公平,指个体最终能获得符合自身特点的个性化教育,自身潜能充分发挥。教育结果公平的终极目标是关注教育主体的差异性。如何从尊重个体差异、教育效果与质量评估、促进学生素养发展等方面为每一位学生构建个性化的特征模型,并产生与其相匹配的数据分析结果,据此实现大规模化的个性化教育,成为新时代实现教育结果公平所要面临的挑战。

"少数民族地区中小学校要特别重视原创性信息化教学资源的开发。"[①]首先,信息化能对教育数据进行全过程、伴随式采集,实现对帮扶各要素的识别

---

① 杨改学.教育信息化促进少数民族教育的变革与发展[M].北京:科学出版社,2016.

与分析,科学调整资源投放的精准配置。其次,信息化手段能促进教师智力资源的在线流转,并建立起教师智力推送和学生特征精准匹配的智能体系,给落后地区学生创造与名师对话的机会,缩小弱势群体在受教育水平方面的差距。最后,基于互联互通的技术和开放共享的云平台,加强政府、学校、家庭、社会等帮扶方的协作交流,引导帮扶对象有效使用信息化工具,跨越因使用技术、基于信息技术的学习能力和信息素养差异而造成的新数字鸿沟。信息化促使教育服务供给方式从面向群体的供给,向面向个体的精准、个性化、适应性的供给转型,为满足新的个性化教育需求提供契机。随着新技术逐渐融入基础教育服务供给的运作流程,现已逐渐形成互联互通、开放灵活的服务供给体系,教育供给侧全要素的效率得以提高,推进供给侧的结构性改革,从根本上推动教育供给从普惠性统一服务走向广覆盖、多层次、高品质的创新服务,带动基础教育实现质量上的飞跃。信息化资源配置的城乡失衡性以及教育信息化发展程度的显著差异,是城乡基础教育发展产生"马太效应"和"数字鸿沟"的主要原因。信息化提升义务教育均衡发展的制约因素可分为社会经济发展水平、信息化领导力、信息化教育装备、信息化教学能力、信息化教育资源和技术支持体系等显性因素,以及教育思维、教育文化、教育改革的路径依赖等隐性因素。

二、信息化在实现教育公平与城乡教育一体化中的逻辑理路

我国在信息化促进教育公平方面的政策措施,体现为国家层面的整体规划和对重难点集中突破的专项方案。教育信息化从关注基础设施、教育资源到关注教师能力、教学模式、学生发展、现代化教育管理及评估等,向着系统化、全方位、多要素的方向发展。《教育信息化十年发展规划(2011—2020年)》提出把教育信息化作为国家信息化的战略重点和优先领域,全国部署、调动全社会力量积极支持和参与,加快实现面向基础设施匹配、信息化教学模式与方法创新、教育管理与评估信息系统建设、师资队伍建设、学生信息素养提升等要素的全覆盖。我国受各区域经济发展差距悬殊、城乡二元化、校际资源分配不均、群体个性差异等多重因素影响,在区域、城乡、校际、群体间教育存在沟壑,这就催生了信息化促进基础教育公平的多样化的实践探索。

(一)信息化与教育公平、城乡教育一体化的耦合

随着教育改革的深入开展,新型教育理念的树立,教育技术起着关键作用,教育技术的发展为新型教育观的实现创造了条件,新型教育观的确立又为教育技术的发展提供了发展动力,指明了发展的方向,为教育技术作用的发挥提供了一方舞台。技术变革教育的图景是让每一个人都能享受到优质的教育资源,当前面对优质教育资源发展不均衡、不充分的现象,我们试图通过教育信息化寻找解决方案。2010年,中共中央、国务院印发《国家中长期教育改革和发展规划纲要(2010—2020年)》强调,到2020年基本建成覆盖城乡各级各类学校的数字化教育服务体系,缩小城乡数字化差距。2011年,"教学点数字教育资源全覆盖""优质资源班班通"等项目启动,有效推进了偏远地区、民族地区、经济欠发达地区薄弱学校信息化资源建设。2012年,教育部印发《教育信息化发展十年规划(2011—2020年)》提出,缩小基础教育数字鸿沟,促进优质教育资源共享。全息技术和虚拟现实技术可以构建数字孪生课堂,有利于促进教育公平,促进优质教育资源共享,实现全纳教育。

2015年,习近平主席在致首届国际教育信息化大会的贺信中指出"通过教育信息化,逐步缩小区域、城乡数字差距,大力促进教育公平"。2016年,教育部等六部门印发《教育脱贫攻坚"十三五"规划》,提出"精确瞄准教育最薄弱领域和最贫困群体,实现'人人有学上、个个有技能、家家有希望、县县有帮扶',促进教育强民,技能富民,就业安民,坚决打赢教育脱贫攻坚战"。由此可知,信息化促进基础教育公平的复杂性,如何理解其不断发展的内涵及错综复杂的层次关系,如何挖掘城乡、区域、校际及不同群体间的不公平因素,如何在教育信息化的进程中寻求促进基础教育公平的"良方"与新思路,对于信息化促进基础教育公平的系统性理论建构和实践创新具有重要价值。随着"互联网+教育"的发展,信息化促进基础教育公平的内涵突显为由关注从基础设施和资源为代表的基本物质需求层面,向强调满足人对个性化优质教育服务的内生性发展层面转变。

(二)以信息化为基点,多学科介入教育公平与城乡教育一体化

面向社会服务的智库应当以区域性智能数据中心及高速互联网为基础设施,以互联网服务体系为架构,以大数据存储、处理、挖掘和交互式可视化分析

等关键技术为支撑,通过多样化移动智能终端及移动互联网为用户提供数据存储、管理及分析服务。信息化促进基础教育公平将从外延式均衡向内涵式均衡发展,研究范式从经验性决策向大数据驱动转变,研究视角从教育学理论转向生态学理论。社会学主张教育公平即教育机会均等,如贺拉斯·曼最早倡导机会教育均等;科尔曼强调教育均等的关注点应从"投入平等"转向"产出平等",格林提出的平等和最善原理,关注机会平等与结果平等。在经济学视域下,教育公平是指教育决策者在制定政策及配置资源时的价值取向;而伦理学领域则更多探讨教育伦理与道德的话题,其中较为典型的是罗尔斯的正义论。将"数字鸿沟"作为切入点并转化为数字发展机遇,开展教育信息化背景下的"数字鸿沟"变化机制研究。在教育学、人类学、社会学、文化学、信息科学、教育生态学等不同学科相关理论视角下,对信息化促进基础教育公平的实践进行提炼和创新,建构有理论说服力、实践指导力、决策参考价值的完整的理论体系,进一步推动实证研究。在现象和实践中寻找真问题,着重抓住"互联网+"时代基础教育公平发展的主要矛盾与制约因素,用理论视角对其进行深度分析,用相关数据进行合理论证,做到在理论价值层面升华、在实践层面优化。加强跨学科的协同创新研究,构建基于教育公平理念的基础教育信息化精准帮扶体系。"民族教育研究智库大数据平台可以通过部署在多个地方的智能数据中心提供大数据存储及计算服务,通过平台服务器为用户提供解决问题的各种系统功能调用。"[①]

三、信息化在实现教育公平与城乡教育一体化中的实践路径

受路径依赖影响,内蒙古很多区域的教育信息化资源建设处于保守封闭、自给自足的状态,资源低水平重复建设、同质化现象严重,可充分提高信息化教学效益的优质资源仍十分短缺。城乡教育差异主要体现在资源配置失衡、教师专业培训不足等方面,以信息化促进城乡教育一体化发展成为紧迫任务。伴随教育信息化等工作的推进,各地在城乡教育均衡发展上作出诸多有益尝试。在满足底线均衡的基础上,找出区域、城乡、校际、群体教育失衡的问题症结,实现面向群体差异、多样化需求的优质基础教育公平发展。不断探索不同

---

① 陈中永.中国民族教育发展报告(2017)——内蒙古卷[M].北京:社会科学文献出版社,2017:215.

条件下的信息化解决方案,逐渐形成了多样化的实践模式和案例。结合当前我国基础教育公平的发展现状,以区域、城乡、校际、群体等不同范围差异化需求为参照,建立基础设施、资源匹配、教学模式与方法、师资共享与流转、学生素养、教育管理与评估等各要素的对应表,体现差异化实践的灵活性与多样性。

(一)加强教育信息化顶层设计,优化资源配置

针对我国教育总体发展"不平衡、不充分"的现状,从顶层设计上发挥信息化的作用。一是加强顶层设计,以教育需求和目标为出发点,组织制定宏观政策,加快对基础教育信息化工作的超前部署,形成科学、规范的行动方案。二是坚持需求导向,把人民最关心、最直接的问题放在首位,构建差异化的实施路径并分类推进。三是多方参与,各级地方教育行政部门、教育信息化、教研等教育系统专业机构形成合力,建立起一体化、体现多方利益需求的工作机制,发挥整体效益。实施面向农村牧区义务教育学校的专项信息化基础设施建设项目,全面改善和提高学校信息化应用环境,同时建立稳定的教育信息化经费保障机制,促进农村牧区教育信息化可持续发展。教学资源的开发、收集、整合与应用是农村牧区中小学教师教育技术能力得以提高的重要表现。农村牧区中小学要把教学资源的配置作为引导教师进行教学资源开发的主要内容,要有针对性地进行教学资源配置。

加强政府对教育的统筹协调。各级政府切实履行统筹规划、政策引导的职责。学前教育推行旗县人民政府主管的体制,发展公办幼儿园,扶持民办幼儿园,扩大学前教育资源,形成政府主导、社会参与、公办民办共同发展的办园格局;义务教育进一步完善"以县为主"的管理体制,统筹城乡教育发展,全面提高义务教育普及水平,推进城乡义务教育均衡发展;职业教育强化"以盟市政府统筹为主、依靠企业、充分发挥行业作用、社会力量积极参与、公办与民办共同发展"的多元化办学体制,推动职业教育与普通教育协调发展,加快普及高中阶段教育;高等教育实行自治区、盟市共建共管,以自治区管理为主的体制,不断调整优化高等教育结构,提高教育质量和办学水平,推动高等教育的内涵发展。整合区域内优质数字教育资源,形成总量充裕、种类丰富的一体化资源库,逐步由浅层、低水平应用向深度应用整合、全面融合创新的发展阶段

迈进。推进各地区优质教育发展的实施措施主要有"三通两平台"建设、教学点数字教育资源全覆盖、数字教育资源云平台或开展大规模教师培训等,以实现优质资源共建共享,形成整体规划、多维推进、以点带面、逐步拓展的区域教育信息化发展路径。

创新数字教育资源供给服务方式,是解决好不平衡、不充分问题的关键环节之一。新时代,应加快制定数字教育资源标准规范,开发多层次、有特色的互联网化、新型数字资源,并利用大数据技术汇聚互联网上丰富的教学、科研资源,依托云平台实现资源的众筹众创。围绕用户需求特征,建立以智能、个性、精准为核心的一体化基础教育数字资源服务体系,以全局、互联、系统的理念发展"互联网+"资源服务新业态,为全体学习者提供丰富的、适切的智能化教育资源服务。以合理配置教育资源促进教育公平为核心理念,有研究者提出"区域共建共享互换"的教育信息资源配置新模式和基础教育信息资源公共服务均等化实现机制,构建基础教育信息资源建设经费动态投入策略模型。在教育信息化建设过程中,政府和教育主管机构、电信运营商、学校、师生和家长等构成了教育信息化大链条的关键环节,每个环节都不可或缺。加强政府监督管理和提供公共教育服务的职能,维护教育公平和教育秩序。明确各级政府责任,规范学校办学行为,促进管办评分离,形成政事分开、权责明确、统筹协调、规范有序的教育管理体制。自治区政府按照国家的教育方针、政策统一管理全区教育事业,制定发展规划和基本标准,统筹高等教育发展。地方政府负责区域内学前教育、基础教育、职业教育的改革发展。根据国家和自治区标准,合理确定各级各类学校办学条件、教师编制等实施标准。积极探索政府由行政管理为主向综合运用经济、法律、信息和必要的行政手段进行管理的转变,扩大办学自主权,促进教育事业健康发展。

(二)提高教师信息素养

提高教师信息素养需要加强数字化教学资源应用相关的课题实验研究,以教研促应用,提高学科教师的信息化教学科研和应用水平。针对互联网的教师智力资源应用,从生态学的动态发展与进化视角,探索新技术支持下教师在线智力资源流转机制与服务的竞争性整合机制。部分教师还是习惯于传统的教学模式,没有理解教育信息化的真正内涵,对信息化教学手段还有一部分抵制的情绪,认为信息化教学加大了教师的日常工作量,无法认识到教育信息化对教育发展的重要意义和作用。随着信息技术的发展,近年来教师的教学方式发生了很大变化,很多教师从开始的不了解,到后来的适应,目前已有部分教师逐渐适应了新的教学方式,而且成绩斐然。在教育信息化建设的过程中,越来越多的教师适应这种新的教学方式,而且充分利用新技术来提高自我的学习能力,具有更高的学习效率。让所有教师都能够获得丰富的教育资源,还应当实现信息化培训的及时与多样性,借助信息化手段,提升教师的教育信息化能力,利用社交软件以及各种平台进行网络教研以及教师之间的经验交流,线下借助区域义务教育均衡发展项目的实施,根据教师信息技术应用需求,分别对学校的骨干教师以及一线教师进行培训,线上线下双管齐下,充分发挥"互联网+教育"模式的优势。实现依托教师研修系统进行信息技术及应用技能培训常态化。"民族教育研究智库的系统应当包含三个基本模块:一是平台层,它为整个民族教育研究智库提供基础平台支持;二是功能层主要提供基本的大数据存储和挖掘功能;三是服务层,其功能是为用户提供基于互联网的大数据服务。"[1]

(三)结对帮扶,构建精准化教育信息化体系

首先,构建面向教育精准帮扶、立体化无缝学习体系,形成学习分析、知识服务等多维度融合的无缝学习体系构建方法。其次,架构无缝学习体系技术环境,设计线上线下不同情境的学习环境。再次,以教育精准帮扶中的需求为切入点,对偏好、预期、所处背景和已有教育水平要素及之间关系进行分析界定,形成面向教育过程公平的精准帮扶机制。最后,打造教育精准帮扶模式,从协同教育、远程教育等角度构建教育精准帮扶模式。《教育信息化2.0行动计划》指出,积极推进"互联网+教育",以应用驱动和机制创新为基本方针,建立健全教育信息化可持续发展机制,构建"五化"教育体系,建设人人皆学、处处能学、时时可学的学习型社会,实现更加开放、平等、可持续的教育。同时,通过信息化实现结对帮扶,缩小区域、城乡和校际差距,消除教育"数字鸿沟",实现公平而有质量的教育。从融合开放性数字教学资源和优质师资于一体的MOOC服务应用来看,可尝试通过政府—平台、学校—平台、学校—学校、学

---

[1] 陈中永.中国民族教育发展报告(2017)——内蒙古卷[M].北京:社会科学文献出版社,2017:215.

校—政府/协会等MOOC的商业化运作模式解决教育发展不均衡问题。"扶持人口较少民族非物质文化遗产的数字化保护工作,建立文献档案和数据库,用文字、音频、图片、视频等手段进行记录,定时组织学生观看,作为学习民族传统文化的宝贵资料。"[1]网络学习空间中优质师资资源智库的构建与流转应用,针对不同群体需求的"互联网+"教育资源个性化服务体系构建与实施,已有教育基础设施与新兴学习空间的无缝衔接,对基础教育公平发展的技术支撑等成为关键问题。跨越"信息鸿沟""技能鸿沟""使用鸿沟"等障碍,从精准扶贫角度破解信息化促进基础教育公平研究的应用与机制难题。从"物理鸿沟"转向"使用鸿沟"成为信息化促进基础教育公平的突破口。加大农村中小学现代远程教育资源的宣传推广力度,做好技术支持服务和督导检查,使农村牧区学校都能接收到远程教育资源。将民族文化融入信息化中,"文化数字化可以将文化遗产通过技术手段转换成数字化形态,充分应用信息技术对其进行数字勘探、挖掘,使其重现和再生。"[2]

(四)深化多元评估体系,构筑完整的教育信息化助力系统

大数据时代,新技术驱动下的"虚拟现实""云计算""智能录播技术""互联网+""移动App技术"等在教育评价中扮演的角色与功能是生动多元的。现代教育评价伴随着现代教育与信息技术的发展而不断发展,在现代新技术驱动下不断走向现代化与专业化。教育评价的现代化与专业化始终要以信息技术为支撑,信息技术助推教育评价智能化,智能化使教育评价真正走向生动的"智慧评价",进而使教育评价向现代化与专业化方向发展,成为一种生动的现实。教育评价对深化教育改革、促进教育公平具有导向作用。首先,加快评价机制改革,健全教育质量检测机制,借助新技术推进评价范式向过程性、显性的精准评价转型。其次,构建智能评价环境,利用智能录播系统、移动App技术跟踪不同时空、环节、状态的教育数据,实时把握评价对象的个体情况,以数据驱动支撑专业化教育决策。最后,促进测评方式多元化,如通过云平台建立师生电子档案袋,全方位记录教与学全过程数据,利用数据挖掘和学习分析技

---

[1] 陈中永.中国民族教育发展报告(2017)——内蒙古卷[M].北京:社会科学文献出版社,2017:107.
[2] 甘健侯,袁凌云,张姝,等.民族教育信息资源数字化建设与服务[M].北京:科学出版社,2015:12.

术精准督导教育过程、检验教学方法、测评教育质量。充分依靠高效的"互联网+"、海量的"数据库"、强大的"云计算"、生动的"仿真虚拟现实"、便捷的"移动式学习"等新技术,加快现代教育评价从数字化技术向智能化技术的转变,促进个性化智慧学习的精准诊断、教育方法的精准检验、教育过程的精准督导、教育改革的精准决策以及教育质量的精准测评,使得教育评价在大数据时代充分依靠新技术的强力推进,从而更加精准监测与智慧运行。"民族教育信息化环境评估必须正确处理整体与局部、时间与空间、数量与质量、刚性组织与弹性结构、情感逻辑与效益逻辑之间的关系,进行综合的、整体性的调查研究和分析,作出合理的评估结论。"[1]

随着教育信息化的全面推进,教育评价在技术手段与思维方式上均受到新技术的挑战,新技术成为教育评价发生变革的新型革命力量,教育评价在教育信息化的全面驱动下引发新技术的先进性需求,为了提高评价的信度与效度、难度与区分度,教育评价自然要"主动跟进"大数据时代的新技术手段,教育评价的全系统、全环节、全场域都要紧跟先进的新技术。这些需求体现在教育评价的全系统中,评价目标与指标的确定有大数据技术的多元化思维;评价主体与方法的选择体现大数据技术对不同利益主体赋值权限的分层管理;评价内容与渠道的数据采集有大数据技术的先进手段;评价过程与信息反馈体现大数据技术的智能化、共享化与个性化。逐步建立和完善评价主体多元,评价过程全面、客观、公正,评价结果具有激励和发展功能的现代教育评价体系,保证学生健康成长、教师专业化发展、学校教育质量全面提高。改进社会人才评价及选用制度,为人才培养创造良好环境。加快在校学生电子学业档案数据库建设,完善学生成长记录。建立科学的学校教育质量监控体系,做到教育教学过程得到及时评价、及时反馈、及时纠正,保证整个教学活动有序、有效完成。根据培养目标和人才理念,建立科学、多样的评价标准。探索促进学生发展的多种评价方式,激励学生乐观向上、自主自立、努力成才。树立科学人才观,建立以岗位职责为基础,以品德、能力和业绩为导向的科学化、社会化人才评价机制。

---

[1] 徐天伟,伊继东,梅英,等.民族教育信息化概论[M].北京:科学出版社,2017:129.

第五节 内蒙古教育信息化推进地区教育质量提升研究

教育信息化是指在教育领域运用计算机多媒体和网络信息技术,促进教育的全面改革,使教育适应信息化社会的新要求。教育信息化支持远程教育、科学研究、教育管理、资源共享,提供了高效便捷的网络平台。加快各级各类学校宽带网络和智慧校园建设,发展现代远程教育和网络教育,推进教育管理服务平台和资源公共服务平台的建设,促进教育管理、惠民信息和优质教育资源普及共享。

一、教育信息化对民族地区学校办学特色的影响

民族特色专业设置,要以少数民族生产生活为源泉,要挖掘和发扬少数民族文化资源。内蒙古作为自治区,人文历史悠久、文化资源丰富、民族特色浓郁,发展民族文化事业具有得天独厚的优势,也为民族地区职业教育特色专业发展提供了良好基础。办学特色是学校在长期教育实践中形成的独特的、优质的、稳定的教育风貌。办学特色是一个与特定的时空、特定的内外部条件相联系的动态概念。它有一个形成、发展、完善、演化的过程,以及随着时间流逝、条件更换而演变的可能性。办学理念就是学校领导及全体教职员工对学校的基本认识、办学理想的追求及教育本质的把握,是学校在办学实践过程中自主建立起来的办学指导思想。它反映了学校领导及教职员工共同追求的一种教育目标,是学校发展的灵魂和命脉,是学校成功办学的关键所在。全面加强双语教育工作,积极推进少数民族语文和汉语文授课的双语教学,尊重和保障少数民族使用本民族语言文字接受教育的权利,大力推广国家通用语言文字。内蒙古自治区中小学、幼儿园教育信息化环境得到持续改善,信息技术应用不断深入,教育管理信息化水平明显提高。为促进教育公平、均衡、优质发展,加快建设"教育强区",呼和浩特市回民区特制定《回民区教育信息化建设规划(2015—2017)》[1],全面推进全区教育信息化工作进程。"加速民族教育资源数字化进程,是在竞争激烈的信息社会中充分发挥民族资源的特色和优势

---

[1] 潘淑贤.内蒙古呼和浩特回民区:以信息化带动教育现代化[EB/OL].(2015-10-14)[2023-09-06].https://www.ict.edu.cn/p/neimeng/tzgg/n20151014293.html.

的关键。"①比如,内蒙古自治区图书馆数据库中的蒙古族文化艺术资源库对蒙古族舞蹈、蒙古族音乐、蒙古族服饰、蒙古族文化、乌兰牧骑等内容进行了全面的介绍,通过文字、图片以及视频等多种方式,展现了蒙古族独特的草原文化和艺术魅力。

办学特色反映了学校如何办学、如何教学以及如何管理,是校长、教师智慧和能力的集中体现,也是学校最本质"育人目标"的集中体现。内蒙古自治区各地通过"教学点数字教育资源全覆盖"等信息化项目,帮助自治区农村儿童摆脱上学远、上学难、上学险的困境。西部民族地区各项指标发展滞后,在教育信息化建设中受限于地理、历史、人才和教育等现实条件,很难在建设上实现一个突进式的、以量的增加而实现变化的建设时期。渐进式建设遵循"小步伐慢走""边走边看"的原则,符合西部民族地区发展慢节奏、稳步子的特点,能给予地方政府、教育行政部门、学校、教师可发挥的空间。新中国成立70多年来,许多领域的建设在一定意义上都归功于渐进式改革和渐进式建设。然而信息化建设不适合渐进式建设的量变,而要求以创新、开放为引领的质变。②可借鉴技术在教育教学应用中的SAMR(替代、增强、调整、重塑)模型,充分认识信息技术在教与学中的替代(Substitution)、增强(Augmentation)、调整(Modification)和重塑(Redefinition)四种功能,有效借助信息化手段促进学校课堂实践应用,促进偏远农牧地区的教育过程公平和结果公平。教师在教学过程中应与学生积极互动、共同发展,无论是线上还是线下教学,以信息化推动蒙汉双语教学质量的提升。要处理好传授知识与培养能力的关系,注重培养各族学生的独立性和自主性,引导学生质疑、调查、探究,在实践中学习,促进各族学生在教师指导下主动地、富有个性地学习。可以采用平行模式进行课内知识巩固提高课;采用整合、拓展结合式教学模式进行课内辅导或主题活动、探究活动、实践课。构建信息化校本课程,为各族学生的共同学习和交流打下良好的基础,使学校特色办学具备不同民族师生沟通的语言条件和环境,可以采用信息化切入的沉浸式教学模式、结构教学模式、综合教学模式以及这三种模式的结合运用。

---

① 甘健侯,袁凌云,张姝,等.民族教育信息资源数字化建设与服务[M].北京:科学出版社,2015:10.
② 石玉昌.西部民族地区基础教育信息化70年:经验总结与路径新探[J].民族教育研究,2019,30(04):131-138.

二、教育信息化对人才培养质量与结构的影响

教育信息化是系统工程,其基本要素包括网络、资源、应用、产业、人才。信息网络是实现教育信息化的物质基础和先决条件。近年来,内蒙古自治区的社会经济步入快速发展时期,为满足各行各业对各类高素质人才和复合型人才的需求,自治区各级教育部门切实把教育摆在优先发展的战略地位,把教育事业作为促进经济持续发展和带动相关行业发展的基础,切实纳入全区经济社会发展总体规划和布局中,并积极推动教育与现代信息技术融合,提出加快教育信息化基础设施建设、教育信息资源建设,积极发展现代教育技术,建立起符合自治区实际的教育信息化教学模式、管理模式和运行机制。高校首先应树立科学办学理念,运用先进信息技术,确立为地方经济社会发展服务战略,切实立足于地方实际,找准自己服务对象,深入分析服务对象的发展需求及学校所拥有的优势资源,确立人才培养与科学研究的重点,架好学校与地方经济社会发展的"桥梁",为地方提供高水平的应用型人才和科技成果服务,积极为地方的建设和发展作出贡献。未来的学习环境将会重塑整个教育过程,将实现教学目标、教学方式、学习方式、学习结果评价的转变。未来的学习环境将以技术为支撑,实现人机共生的学习方式,将更加关注学生的个性化成长,将更加注重培养学生的创造力和问题解决能力。"民族地区教育信息化人才需要同时具备信息技术知识、信息技术能力、教育理论、教育实践能力等多方面能力,具体与其在信息化建设中的功能定位密切相关。"[1]明确区域应用型人才培养目标,借助信息化技术强化高等教育人才培养职能。省部共建地方高校的人才培养目标应充分考虑当地社会经济发展生态对人才的需求,并以此作人才培养的出发点和落脚点。内蒙古自治区多民族杂居现象比较普遍,互相学习语言才能便于交流沟通,这种多民族交融状态使自治区成为双语人才发展的天然摇篮和实践的沃土。近年来,自治区不断加大对双语人才的培养力度,"注重对各级各类双语人才的使用,积极创设条件,鼓励汉族与少数民族之间相互学习语言,推动民族地区经济发展,促进民族团结,维护社会稳定。"[2]

---

[1] 徐天伟,伊继东,梅英,等.民族教育信息化概论[M].北京:科学出版社,2017:136.
[2] 陈中永.中国民族教育发展报告(2017)——内蒙古卷[M].北京:社会科学文献出版社,2017:99.

推进少数民族高层次人才培养。民族教育信息化人才培养模式包括："定制式人才培养模式和项目式人才培养模式"[①]。内蒙古自治区积极发展民族高等教育，支持区内各高等学校加强特色学科专业建设。加强少数民族师资队伍和人才队伍培养，着力提高教学质量和办学水平，推进民族教育人才培养模式改革。高等教育构建适应区域发展的动态调节机制，结合区域内热点需求，主动改革学科专业设置，拓宽专业口径，以培养适应性强的信息化高素质应用型人才；进行信息化课程和教学改革，强化推行通识教育，注重对学生各项综合能力的培养；突出实践育人环节，开展联合培养，引领学生综合发展。从区域实际出发，处理好优势学科与相对弱势学科的关系，着重基础、加强运用，积极围绕区域内的优势资源和区域经济支柱产业，突出重点，融入信息化、智能化技术，加强学科间的交叉融合，开展具有地方特色的学科专业建设研究，并强化一流意识和特色意识，突出学科专业共性中的个性，形成信息化时代学科专业建设的示范区或高地。创新人才引进机制，积极承接发达地区人才转移。以高端技术研发和产业化项目为载体，吸引能够突破关键技术、带动新兴学科和新兴产业的科技创新创业领军人才。鼓励区内高校围绕新一代信息技术专业课程，培养中高端人才。通过职业教育、继续教育和各种形式的培训，建立实训基地，加速培养各类人才。进一步加强各级公务员以及企事业单位管理人员的信息技术知识和应用技能培训，有效提高信息化应用能力。鼓励走出去、请进来，学习国内外先进技术和先进管理经验。积极发展社区教育，建设发展开放的以卫星、电视和互联网等为载体的现代远程教育体系及公共服务平台，为学习者提供方便、灵活、个性化的学习条件，为构建全民学习、终身学习的学习型社会奠定基础。深化教育教学改革，创新教育教学方法，探索多种培养方式，形成各类人才辈出、拔尖创新人才不断涌现的局面。推进课程改革，加强教材建设，注重因材施教。倡导启发式、探究式、讨论式、参与式教学，激发学生的学习兴趣。关注学生不同特点和个性差异，发展每一个学生的优势潜能。坚持教育教学与生产劳动、社会实践相结合。开发实践课程和活动课程，增强学生科学实验、生产实习和技能实训的成效。建立现代人才培养体系。疏通不同阶段、不同学校、不同专业、普通教育与职业教育之间人才培养渠道，实现教育全方位的衔接。基础教育以优化学生学习方式、明确学生学习

[①] 徐天伟,伊继东,梅英,等.民族教育信息化概论[M].北京:科学出版社,2017:149-150.

任务和构建现代教学评价体系为重点,职业教育以培养高技能应用型人才为目标、以提高学生综合职业能力为重点,高等教育以培养高层次、高质量、创新型人才为重点,提高人才培养质量和层次。

(一)教育信息化对课堂教学的影响

信息化时代网络技术与网络环境的发展,不仅改变了人们的交流方式、通信方式,对教育的变革更是作出了巨大的贡献。内蒙古民族地区和少数民族学校大都处在草原、边远和海拔较高的地区。由于民族地区地域的特殊性,长期以来限制并影响着他们与外界的交流和教育、经济的发展。传统的教学方式与利用信息技术支持、变革了的新教学方式同时存在,各有各的优势,并没有用信息化取代传统教学方式的趋势,但信息技术融入民族教育的各个环节,起到了促进少数民族教育发展的作用。在教育信息化发展过程中,"民族母语信息化字符、字库、资源的产生与形成是民族教育信息化形成与发展的重要标志。"[1]在教育信息化初期,虽然民族地区的信息化环境已经形成,但由于没有民族语言的信息化字库与资源,影响了民族教育信息化技术的应用,信息交流与教学基本使用主流语言(汉语)。中小学蒙古文教学资源库及网站的开通[2],使广大蒙古族中小学师生可以用自己民族的语言文字进行信息交流,真正实现优质教育资源的共享,从而为提高内蒙古地区民族教育信息化水平和教育教学质量提供了一个现代化的平台。尽管内蒙古自治区非常重视教学资源的建设,并且基础建设的标准相对较高,但内蒙古自治区"蒙古语学习的数字化资源仍然相对较少,且利用率相对较低"[3]。

加快教育信息化基础设施建设。"加大全区各级各类学校以计算机为主的终端设备配置力度,到2020年,生机比达到50%。"[4]全息课堂,使学习者在虚实深度融合的环境中学习,具有高体验和强交互的效果,使一些在传统课堂上难以呈现的知识点以多种形式呈现,有利于提升学习者的学习投入度,培养学生的高阶思维和创造力。在技术赋能的作用下,全息技术、虚拟现实和人工智

---

[1] 杨改学.教育信息化促进少数民族教育的变革与发展[M].北京:科学出版社,2016.
[2] 李泽兵.内蒙古首家蒙古文教学资源库建成[EB/OL].(2007-07-17)[2023-09-06].http://news.cctv.com/education/20070717/108829.shtml.
[3] 陈中永.中国民族教育发展报告(2017)——内蒙古卷[M].北京:社会科学文献出版社,2017:104.
[4] 内蒙古自治区教育厅.内蒙古自治区中长期教育改革和发展规划纲要(2010—2020年)[N].中国教育报,2011-04-12(5).

能等信息技术应构建教育信息化新生态。而构建教育信息化新生态将引起教育教学体制内部变革,如学习方式、学习环境、学习资源等的变化。基于全息技术构建的未来学习环境能将学生带到一个虚拟的世界中,让学生可以全身心地沉浸在学习环境中,实现物理环境与虚拟环境的融合,能提供适应学习者个性特征的学习支持服务。同时,也为学习者提供了一种以学生为中心的有效的学习方式,让学生可以根据自己的学习经验主动建构知识,从而培养他们的主动性和创造性。

(二)教育信息化与招生考试制度

信息化时代背景下,招生考试工作应该重视对信息技术的合理利用,实现自身的制度化、规范化和信息化发展,借助信息技术的优势进一步提升工作的效率和质量。可通过搭建促进基础教育公平的互联网数据收集与监测的信息化平台,加强大数据、人工智能等技术在基础教育公平评估的实践应用力度,开展精准化考核,实现预测性评估,推动持续的应用效果追踪研究。招生考试工作中涉及的流程繁琐,数据量巨大,传统工作模式不仅需要大量的人力物力资源,而且效率不高,容易出现差错。教育部于2012年发布了《教育信息化十年发展规划2011—2020年》,针对教育管理的信息化提出了相应的要求,强调必须建立起国家教育基础数据库,对国家级教育管理信息系统进行完善,借助信息化技术实现对招生考试、学生流动、资源配置等活动的监督管理。将信息技术应用到招生考试中,能够在保证招生考试顺利进行的同时,促进其工作效率的提高。

信息技术在招生考试中的应用,能够推动考试管理的现代化发展,帮助考试管理部门做好考生信息的快速汇总,实现资源和人力的优化配置,促进招生考试工作效率的提高;能够实现招生考试工作的信息化管理,构建起高效灵敏、反应迅速的信息管理平台,以实现信息的综合性管理。建立健全继续教育体制机制,成立跨部门继续教育协调机构,统筹指导继续教育发展,将继续教育纳入各行业、各地区总体发展规划。健全继续教育激励机制,鼓励个人接受多种形式继续教育,支持用人单位为从业人员提供继续教育。加强继续教育监管和评估,构建终身教育体系。整合继续教育资源,逐步建立布局合理、分工明确、优势互补的继续教育培训体系,促进各级各类教育纵向衔接、横向沟通,推进学校教育和社会教育相互融通,搭建终身学习的"立交桥",为学习者提供多次选择机会,满足个人多样化的学习和发展需要。健全宽进严出的学习制度,办好开放大学,改革和完善高等教育自学考试制度。建立继续教育学分积累与转换制度,实现不同类型学习成果的互认和衔接。完善自治区普通高等学校招生考试制度。深化考试内容、形式、科目设置改革,着重考查综合素质,尊重学生个性化发展。逐步推进高等学校分类入学考试,稳步实施普通高等学校本科入学考试由全国统一组织,高等职业教育入学考试由自治区组织,成人高等教育招生办法由自治区确定的高考制度。深入推进研究生入学考试制度改革,加强创新能力考查,发挥和规范导师在选拔录取中的作用。

第六节 内蒙古教育信息化推进地区教育保障水平研究

一、完善教育投入保障机制

为保障教育信息化建设工作顺利推进,内蒙古自治区不断加大教育投入,健全教育经费监管制度,推进农村牧区学校教育信息化建设,所需经费由盟市财政统筹安排,自治区财政通过相关转移支付统筹给予支持,根据城乡义务教育改革发展形势,适时调整支持内容、范围和重点。教师培训工作补助,所需经费由盟市财政统筹安排,自治区财政通过相关转移支付统筹给予支持。完善资金分配、使用预算管理、国有资产管理、科研经费管理等制度体系,提高精细化管理水平。充分利用现代信息技术,利用全国教育经费信息化管理平台,实现即时动态监管。为鼓励引导企业和其他社会力量投入教育信息化建设,建立资源共建共享机制,内蒙古自治区各盟市教育局牵头组织,根据地区实际,按照统一规划、择优选用原则,通过统谈分签、竞争谈判等方式,遴选使用服务好、资费低的电信运营商,实现区域内所有学校和教学点宽带网络全覆盖。依据教育事权和财权相统一的原则,逐步理顺教育经费管理体制,科学编制预算,提高预算执行效率。建立经费使用绩效评价制度和问责机制。加强经费使用监督,强化重大建设项目和经费使用全过程的审计,确保经费使用规范、安全、有效。建立并不断完善教育经费基础信息库,提升经费管理信息化水平。加强学校国有资产管理,建立健全学校国有资产配置、使用、处置管理制度,防止国有资产流失。建立教育投入公告制度,主动接受社会监督。健全教育经费审计、监察制度,强化重大项目投入全过程审计监督,确保经费使用的规范、合理、科学、安全。建立教育投入增长监督制度,各级政府定期向社会报告教育经费预算和决算情况。建立自治区和盟市旗县政府教育经费增长考核制度,将落实情况作为实绩考核的重要依据。完善学校收费管理办法,规范学校收费行为和资金使用管理。坚持勤俭办学,建设节约型学校。建立高等教育经费支付专家咨询和科学决策机制,增强经费分配的科学性。加强学校财务会计制度建设,完善经费使用内部稽核和内部控制制度,提升经费使用和资产管理专业化水平。

2019年,内蒙古自治区教育厅、发展改革委、财政厅关于印发《切实做好义务教育薄弱环节改善与能力提升工作方案》的通知,要求各地要按照教育信息化"三通"要求和自治区基础教育学校信息化配备标准配齐农村牧区学校班班通多媒体设备、计算机网络教室、校园网络、校园应用系统等学校信息化教学环境,确保信息技术环境满足基本教学需求;实现农村牧区义务教育学校"同频互动课堂"全覆盖,县域内建设城乡结对互动课堂,打造网络学习共同体。中央和自治区财政通过安排义务教育薄弱环节改善与能力提升补助资金,重点支持贫困地区,特别是深度贫困地区薄弱环节改善和能力提升工作。各级发展改革、财政部门要统筹使用农村牧区义务教育学校校舍安全保障、教育现代化推进工程、民族教育等专项资金,结合实际加大资金投入力度,优化经费支出结构,做好各类资金的统筹对接,防止资金、项目安排重复交叉或缺位。各盟市有关部门要切实加强预算绩效管理,科学制定绩效目标,强化项目管理,做好绩效运行监控和绩效评价,提高资金使用效益。

二、加强教师信息共享与应用能力

依托电信公司现有资源,组建"内蒙古教育和科研网",光纤节点到达城镇以上(含城镇)各级各类学校。设立自治区、盟市、旗县(市区)三级教育网络信息中心,加强网络运行管理。加大全区各级各类学校以计算机为主的终端设备配置力度,通过统筹信息网络中心、教研室和教师进修学校制定科学的培训计划,共同推进教师信息化应用能力培训。建设教师研修支持系统,构建虚拟学习社区,创新教师培训和教学研究模式。①实现依托教师研修系统进行信息技术及应用技能培训常态化。持续推进信息技术与教育教学深度融合,开展名师大讲堂、智慧课堂教学教研。在教育云框架下,各学校自主开展智慧课堂校级教研活动,开展校长信息化领导力提升培训、技术骨干专业能力提升培训,智慧课堂与翻转课堂教学骨干教师基于融合理念创新课堂教学、智慧教育云应用培训等。利用网络在线教学平台,开展同课异教、远程培训、远程学习、远程互动教研等活动,实现校际、区域间优势互补和优质资源共享。中小学远程互动教学研究工作将依托现有的市教育城域网开展,由市教育局统筹管理,基础教育科牵头,有关科室和单位各司其职,统一组织实施全市远程互动教学研究工作。基础教育科统筹组织、协调推进有关工作;民族教育科负责民族学校、幼儿园工作;教师教育科负责学科教师培训,不断提高学科教师的信息技术水平和应用能力;市电教馆负责制定技术方案、提供技术支持、建设教育资源公共服务平台;市教研室负责远程互动教学研究活动的组织、指导和教学效果评估。

三、完善教育信息化基础设施

随着信息化技术越来越多地被运用到教育行业各应用平台中,通过与校园现有平台或资源紧密结合,建立学校、家长、学生之间互动与沟通、资源共享的信息化平台成为教育行政主管部门重点考虑的内容之一。在国家教育发展和规划纲要及自治区教育发展和规划纲要推出的前提下,内蒙古自治区教育厅决定建设一个以"三网合一""一网多用"为指导原则的综合性教育基础网站,即"内蒙古自治区基础教育资源公共服务平台"。"内蒙古自治区基础教育资源公共服务平台"是由内蒙古自治区教育厅基教处、电教馆和教研室三方共同主导并联合内蒙古四联教育有限公司研发的集教师进行网络教研活动、学生进行网上自主学习的一个综合性教育网站。经教育部授权由中国电信引入人教版、北师大版、苏教版、粤教版、华师大版、岳麓版教材及教辅类的正版资源,以及自主研发的满足80%以上中小学电子化教学使用需求的优质教育资源,让自治区众多教师和学生享受与全国大城市相当的高品质的教学。

---

① 内蒙古自治区教育厅.内蒙古自治区中长期教育改革和发展规划纲要(2010—2020年)[N].中国教育报,2011-04-12(5).

四、创新教育督导制度建设

利用信息化创新教育督导方式,已成为提高督导水平,保障教育质量的重要手段。当前,大数据、云计算等新兴信息技术快速渗透,给教育行业带来深刻影响,也为推动教育督导现代化提供了契机。内蒙古自治区党委办公厅、自治区人民政府办公厅印发《关于深化新时代教育督导体制机制改革的实施意见》(以下简称《实施意见》),要求全区理顺教育督导管理体制,规范教育督导运行机制,强化教育督导结果运用,到2022年,基本建成全面覆盖、运转高效、结果权威、问责有力的教育督导体制机制。

充分利用信息化评估手段,促进督导评估理念和方法的创新。教育督导信息化就是依托网络教育督导平台,改进工作方法,创建新型科学的督导模式。充分挖掘各种信息平台的特点和优势,运用信息化评估手段,进行教育信息化督导评估,进行区域义务教育均衡发展监测、基础教育质量监测、教育公众满意度测评等多项工作。内蒙古自治区已建设自治区教育督导信息化管理平台,充分利用互联网、大数据、云计算等开展督导评估监测工作。建立教育业务工作数据共享机制,拓宽督导数据收集渠道,减轻基层学校填报数据负担。遵循教育督导规律,坚持过程性督导与结果性督导相结合,推动教育督导从定性评估向精准评估转变。灵活采取综合督导、专项督导、经常性督导等方式,科学运用"双随机"方法,增强督导的针对性和实效性。加强督导计划管理,统筹安排督导任务,严格控制督导频次,防止过多过频、过度留痕等形式主义问题。

近年来,内蒙古自治区教育督导部门紧密结合教育改革发展的新形势,紧跟教育信息化建设的步伐,根据当地实际和工作需要,充分利用高新技术手段和互联网应用等,积极创新教育督导工作方式,通过网上督导与评估、现场实地考核等手段,通过区域教育信息化建设汇报、教研员走进课堂听信息技术融合课程及网上问卷调查等多种形式进行全方位的督导考核,教育督导信息化各项工作取得初步进展。

内蒙古自治区教育督导中心整合督导评估内容和形式、改进督导评估方法与手段,减轻学校负担,提高评价效能,完善督导评估结果的呈现与运用方式,促进区域教育优质均衡发展。在督导评估过程中,督导人员充分利用信息化思维开展工作,做到督导过程精确化、督导验收手段信息化、督导验收过程智能化、督导验收形式综合化、督导验收结果实效化。开展督导后,要形成督导报告报同级政府,并利用政府门户网站、新闻媒体、教育行政部门官网和官方微信等渠道,以适当方式向社会公开。对贯彻落实党中央、国务院教育决策部署不力、违反有关教育法律法规的行为,要在新闻媒体予以曝光。综合督导结束后30日内、专项督导结束后15日内,要向被督导单位反馈督导结果,指出存在的问题,下达整改通知,提出整改要求,明确整改时限。

第七节 内蒙古教育信息化推进地区教育服务与贡献研究

多年来,内蒙古自治区高度重视教育信息化建设工作,在硬件建设、软件资源开发和共享方面不断取得新成就。基础教育信息化工作取得了新的进展,基本信息化教学环境明显改善,数字教育资源在信息化教学中的应用基本普及,信息技术创新应用取得突破性进展,自治区各级教研部门和中小学校依托"同频互动课堂"系统开展网络在线互动教研活动已成常态。各级教育行政主管部门充分认识信息化对教育现代化的带动作用,切实增强加快推进教育信息化的责任感和紧迫感,明确目标任务,扎实工作,快速提高基础教育信息化发展水平。

一、以"三通两平台"为标志,信息化建设如期完成

"十三五"期间,内蒙古自治区教育信息化实现了宽带网络校校通,逐步缩小区域、城乡数字差距。各地区不断加大教育投入,设置教育信息化建设专项资金,搭建了教育城域网、云平台,百兆光纤进入每所学校及教学点,创建全国"基于教学改革、融合信息技术的新型教与学模式"实验区,创新开展3D打印实践活动,促进信息技术与教育教学深度融合。以教育信息化全面推动教育现代化为目标,建设覆盖城乡中小学校的教育信息化体系。各中小校建成设施完备、功能齐全、运行高效、应用广泛的教育信息化网络,开发丰富优质数字化课程教学资源。全面开展创客教育,稳步推进智慧校园建设。

内蒙古自治区不断加强教育信息网络中心建设。以云计算技术为支撑,

构建教育云平台。统一平台的用户认证系统，做到各类用户一个账号通行各平台和子系统。完善基础数据库指标体系和管理平台，建设覆盖各类学校、教师、学生基础信息的数据库，推进教育统计数据的科学化和信息化。按照教育信息化"三通"要求和自治区基础教育学校信息化配备标准，各地区配齐农村牧区学校班班通多媒体设备、计算机网络教室、校园网络、校园应用系统等学校信息化教学环境，确保信息技术环境满足教学基本需求。2014年9月，中国电信内蒙古分公司率先与自治区教育厅签署战略合作框架协议，明确了双方在教育网络互联、学校宽带接入、教育管理信息化建设与应用、教育资源公共服务平台建设与应用、教育信息化培训、教育信息化试点、信息技术研发与推广应用等领域开展多种形式的全方位合作。[①]与此同时，电信各盟市分公司也积极行动起来，与当地教育局携手，签署了战略合作框架协议，旨在将优质的教育资源输送到内蒙古118万平方千米大地的每一个角落，缩短城市和偏远地区之间的师资差距，推倒学校"围墙"，让农村牧区的孩子轻松共享各种在线教育资源。中国电信内蒙古分公司向全区各级教育主管部门和各类学校提供"三通两平台"信息化解决方案，通过优质资源班班通、翼校通、安全监控、到离校通知、天翼学生证、天翼绿网等校园信息化应用产品，为各级各类学校的"智慧校园"建设提供服务，保障校园安全，提升家校沟通效率，提高教育资源共享及校园信息化管理水平。同时，支持自治区教育厅组织开展面向全区各级教育行政部门、教育信息化业务部门、学校主管领导和专任教师的信息化应用培训，提升其教育信息化规划能力、管理能力和应用能力，推动信息技术与教育教学的深度融合，切实推进教育信息化事业快速发展。

截至2018年底，基本完成"三通两平台"建设任务，基本实现中小学校宽带网络全覆盖，校园网建网率为83%，多媒体教学设备配备率为93%，部分学校建成无线校园网和"未来教室""智慧教室"等创新应用环境。内蒙古自治区以购买服务方式建成教育公共服务平台，对接国家教育资源公共服务平台，同步上线手机App，面向学校师生和社会公众服务。全区12个盟市中，有9个建成教育城域网，呼伦贝尔、赤峰、兴安盟建成盟市级教育云平台，自治区教育云服务体系架构初步形成。

---

① 中国智慧工程研究会.内蒙古电信倾力打造智慧校园[EB/OL].(2014-10-17)[2023-10-06]. http://www.zgjxlm.com/pinfo.asp?newsid=509&typeid1=17&typeid2=81.

二、形成具有地区特色的同频互动课堂模式

为了加快推进教育信息化建设,构建利用信息化手段扩大优质教育资源覆盖面的长效机制,推进优质教育资源普及共享,加强"同频互动课堂"建设,内蒙古自治区教育厅2015年印发了《关于推进"同频互动课堂"建设与应用工作的通知》,研究制定了《"同频互动课堂"建设技术指导方案》。2018年印发《关于认真做好"同频互动课堂"项目建设工作的通知》,以地方债券的形式投入专项资金2.5亿元。教育厅与通信管理局协同配合,建立定期会商机制,制定攻坚方案和目标,盟市和旗县建立精准台账,基础电信运营商实施提速降费,中小学网络宽带接入率由2018年12月的92%提高到100%,带宽100 Mbps以上的中小学占比由74.00%提高到96.86%。全覆盖的网络和高速稳定的网络品质为"同频互动课堂"提供了保障。2015年开始,通过试点探索、示范引领、现场会推进等举措,在全区推进中小学"同频互动课堂"建设与应用。全区有2 341所中小学校建成同频互动教室,覆盖了全区义务教育阶段所有农村学校和一半以上的城市学校。

云技术为"三通两平台"建设、管理和应用提供了强大的技术支持,为教育创新服务的新思维、新内容、新方法和新模式奠定基础,为内蒙古教育信息化改革注入新活力。内蒙古教育云是以云计算为基础,通过信息技术与教学过程深度融合,搭建涵盖核心应用的教育云平台,同时汇聚第三方优质资源及应用,为教育机构、学生、教师、家长提供一站式教学服务。人群覆盖中小学、幼儿园所有学龄的学生,平台提供全国优秀教学资源,实时展开线上教学。内蒙古教育云资源与空间网盘同步,教师可多渠道快速收集任何感兴趣的资源,并进行标签化管理,在实现自己碎片化知识管理的同时,还可以通过手机将资源一键发送给学生、一键分享给同事、课堂一键投送到电子白板;教师可随时离开固定讲台,移步到学生中间通过手机便捷控制电子白板的上课内容,一边教学一边与学生进行课堂互动,让教学过程更轻松、流畅和高效;老师可随时随地布置和批阅作业;学生可线下完成作业和预习,并通过拍照、录音等方式提交给老师;家长可轻松查看孩子作业和老师点评。教育云有助于实现优质民族教育教学资源共建共享,实现教研跨区域协作,缩小不同区域、不同类型学校的差距,为学生学习和教师专业发展提供更加有效的支持,促进各民族教育的协同发展。

内蒙古自治区已实现农村牧区义务教育学校"同频互动课堂"全覆盖,县域内建设城乡结对互动课堂,打造网络学习共同体。"同频互动课堂"分三个层次组织实施。自治区本级以推进普通高中蒙汉文优质教育资源建设和区级名师工作室建设为主。由内蒙古师范大学附属中学作为名校网络课堂主播学校,九个科目蒙汉授课向全区薄弱普通高中全天直播,推动优质教育资源在全区共享,满足学生对个性化发展和高质量教育的需求;并尝试"足球同频互动课堂"建设与应用,实时将足球教学视频传输到其他学校,用于交流观摩。在教育云平台上设立了13个专家工作室,以专递课堂形式向学生直播授课,解决了农村牧区薄弱学校开不出、开不足、开不好国家规定课程的问题。盟市和旗县以优质学校为主体,以"中心校带教学点""强校带弱校"的模式,有效缩小区域、城乡、校际之间教育质量的差距。呼和浩特市新城区苏虎街实验小学采取"订单式教学专递",从被帮扶的学校实际需求出发,研究、定制相应的教学内容,进行校与校之间的同频互动教学。阿尔山市依托京蒙扶贫协作平台,与东城区开展远程教学、互动教研、资源共享等活动。"同频互动课堂模式"有效实现全区各学段学生、教师和学校等基础数据全面入库和动态管理。通过信息化技术的深入应用,师生信息素养、学校教学质量、教育管理效率得以大幅提升,有效支持了日常教学活动开展和教育决策,尤其对特殊时期"停课不停学"起到了决定性的支撑作用。传统的教学指导和教学方式变得智能化、数字化,教学效率得到大幅提高,利用信息化手段将优质资源同步传送到乡村薄弱学校,实现城乡学校师生在线同频互动教学、网络教研和在线学习。2019年,自治区级"同频互动"教研活动共91次,盟市旗县级"同频互动"404次,参与教师数万人。2020年上半年组织4期教研在线学习、6期心理健康培训和18期高考备考指导,参与教师30多万人次。

三、持续推进信息技术与教学的深度融合

内蒙古自治区在教育大背景下确立了以教育信息化推进教育发展的理念,力争使教育环境适应未来教育的发展要求。2011年,内蒙古自治区经信委会同有关部门制定了《内蒙古自治区云计算产业发展规划(2011—2020年)》。2015年,自治区经信委起草了《内蒙古自治区云计算创新发展行动方案》和《内蒙古自治区人民政府关于加快推进"互联网+"工作的指导意见》等文件,自治

区人民政府已于2015年6月印发，相关政策规划的制定和实施为云计算大数据发展提供了有力保障。同时，自治区经信委协调了呼和浩特云计算数据中心基地用电用地等有关建设问题；协调商请工信部支持全区云计算大数据产业发展，工信部领导作出批示。到2015年，全区云计算大数据中心有近70万台服务器规模，成为全国最大的云计算数据中心基地。2016年以来，锡林郭勒盟建设了功能完备的校园网络系统，完善了锡林郭勒盟教育教学资源公共服务平台、教育管理公共服务平台，加快了本地教育教学资源，特别是对蒙文教育教学资源的开发，整合中小学教育教学资源，推动优质资源共建共享。内蒙古自治区通过启动教育信息化实验区建设工作，选择一批信息化基础好、有积极性的旗县市区，给予政策和资金的支持，以加快推动信息技术在教育教学中的深度应用。启动信息化应用试点工作，遴选具有一定教育信息化工作基础和条件保障的地区、学校作为信息化应用试点单位，探索智能化课堂教学模式，推动新技术支持下的教育模式变革和生态重构，引领带动其他地区、学校教育信息化应用上台阶、提水平。组织全区中小学"一师一优课、一课一名师"、中小学电脑制作等活动，开展信息化教学应用成果展示交流。实施"蒙古语授课中小学信息化教学资源库建设"项目，2013—2017年连续开展三期建设工作，共组织全区蒙古语授课教师近2万人次，制作教学资源6万余课时。2018年建设开通"蒙古文资源"，访问量已超过110万人次，蒙古文学科资源、专题教育资源、特色资源总量达到392 GB。

蒙古语言文字信息化是内蒙古信息化建设的重要组成部分，也是内蒙古人才科技发展战略的重要内容。自治区民委大力推进实施蒙古语言文字信息化建设项目，不断促进技术研发与成果转化，加快促进蒙古语言文字信息化基础研究、人才培养、技术研发、资源建设、推广应用等各重点领域全面协调发展，取得了显著成效。首先，由内蒙古人民出版社承担的"蒙古文工具书在线服务项目"开发完成了对《蒙古语辞典》《蒙古文正字法词典》《蒙语字典》《简明蒙古语词典》《二十一卷本辞典》《二十八卷本辞典》《蒙古文分类辞典》《新编汉蒙大字典》《蒙俄拉汉植物名称》《新编汉蒙词典》等11部蒙古文工具书的数字化加工，词条数目达30余万条，能够为广大蒙古文工作者和区内外各族群众提供优质高效的数字化在线服务。其次，由内蒙古大学蒙古学学院承担的"蒙古文自动校对系统"建设项目是以蒙古文文本校对为主的多功能应用软件，现有纯文本版、PDF版、网络版、批量处理版等4个版本的校对系统；支持国际标准编码、方正编码、蒙科立编码。该系统词形非词查错准确率大于90%；读音查错准确率大于98%；读音纠错准确率大于97%；编码转换准确率大于99%，还集成了常用编码转换、拉丁转写、词条排序等辅助功能，受到了广泛好评。最后，由内蒙古大学计算机学院牵头完成的"蒙古文人工智能AI平台"开发完成，建设了包括蒙汉文章相互翻译与管理、新蒙文与汉文文章相互翻译与管理、传统蒙古文与西里尔蒙古文文章转换与管理、蒙古语长语音语音识别与加工管理、蒙古文批量语音合成与管理、蒙汉词典、汉蒙人名翻译及管理等12项子系统。平台可以为个人、专业机构和第三方开发人员提供多种蒙古文智能信息处理服务和接口，可以满足专业的蒙古文信息处理需求，填补了蒙古文AI平台的空白。该团队建设完成并上线的"蒙古语幼少儿音视频共享平台"是全国首个蒙古语幼少儿音视频共享平台。该共享平台提供了各类优秀的蒙古语故事、儿歌、诗词、动画片、手工艺作品等近千个音视频资源，让蒙古族少年儿童可以方便快捷地收听和观看到蒙古语优质资源，得到蒙古族少年儿童的普遍欢迎。

内蒙古自治区人民政府和教育厅十分重视教育信息化工作。近年来，自治区教育信息化建设突飞猛进、快速发展，在战胜疫情、促进教育均衡、提高教育质量、支撑教育教学改革、优化管理服务模式、推进智慧校园建设、保障网络空间安全等方面，均取得较大突破。内蒙古自治区的教育信息化水平处于全国的中上游水平，部分指标已经位居全国的前列。总体来看，内蒙古自治区坚持"服务全局、融合创新、深化应用、完善机制"原则，积极探索符合区域实际的教育信息化发展道路。围绕"三通两平台"建设核心目标，特别是在推进教育管理信息化建设与应用方面，开展的探索与创新实践证明，制定的围绕解决教育改革发展实际问题推进教育信息化的总体思路是符合自治区当前区情、教情和教育信息化工作实际的，有创新、可持续，为下一步大力推广应用、促进教育变革打下了良好的基础。未来，内蒙古自治区将继续加强教育信息化基础设施建设工作，进一步配齐配全基础设备，继续推进"优质教育资源班班通"和"同频互动课堂"的建设，搭建"网络学习空间人人通"平台，对教育教学资源公共服务平台进行更新改造，建设蒙古文数字化教育教学资源管理平台，加大"同频互动课堂"的建设与应用，进一步完善校园网络建设，拓宽教育网络出口带宽。

结　语

一、民族地区教育现代化建设成效显著

1. 各级党委和政府高度重视教育现代化建设

地方各级党委和政府高度重视教育现代化建设，明确了省级政府在推进教育现代化过程中的主体责任和统筹职能，制定了教育优先发展政策，确立了教育信息化战略地位。新疆确立了"教育强区"战略，西藏实施"教育珠峰旗云"行动计划，重庆市发布了《重庆市智慧教育五年工作方案（2018—2022年）》《重庆市教育信息化"十三五"规划》等。

2. 落实立德树人根本任务成效显著

民族地区积极贯彻落实习近平总书记重要讲话精神，全面落实党的教育方针，不断增强"四个意识"、坚定"四个自信"、做到"两个维护"，强化人才培养体系建设，将思想政治教育贯穿于教育教学的全过程和教学研究的各环节，真正解决好为谁培养人、培养什么人、怎样培养人的根本性问题。

3. 教育投入快速增长

教育投入是教育现代化的重要保障。为了加快推进民族地区教育现代化进程，各级政府都加大了教育投入力度。2018年底，新疆维吾尔自治区国家财政性教育经费投入达到881.46亿元，是2011年的1.87倍，全区基本实现15年免费教育。西藏自治区财政性教育经费及财政性教育经费占GDP比重分别从2003年的17.7亿元占比9.56%，提高至2017年的216亿元占比16.50%，约为同年全国平均水平（4.11%）的4倍。重庆市酉阳县2016年全年财政拨款收支总预算达16.4亿元，较2015年增长13.6%，全年共争取各类专项资金5.51亿元。

4.教师信息技术应用能力明显增强

教师队伍是教育事业发展的根本保证，教师队伍建设是实现教育现代化的基础工程。各地政府重视教师队伍建设，先后通过"国培计划""专项计划"等方式着力提升教师的信息化应用能力，而且通过一系列活动促进信息技术与教育教学改革的融合，教师信息技术应用能力明显增强。

5.快速推进教育信息化基础设施建设

民族地区各级政府基本建立了"政府统筹、部门协作、分级负责、协同发展"的教育信息化工作格局，在管理层面加大顶层设计和宏观协调力度，加大了教育信息化基础设施建设力度，中小学（不含教学点）互联网接入率、多媒体教室的占比、计算机教室建设等基本达到全国平均水平。

6.实现优质教育资源共享

各级党委和政府先后通过农村远程教育项目、现代远程教育工程项目等，构建以基础教育资源建设为中心，通过有线电视、卫星数据广播和互联网三条链路实现优质教育资源传输的现代教育体系，全面解决教师数量不足、教学水平不高、优质资源交流不畅等问题。近年来，为推进义务教育均衡发展和中小学标准化建设，各地都加大了教育信息化投入力度，加强和完善了边远地区、农村牧区中小学校的"三通两平台"内容，学校教育信息化条件进一步夯实，网络教学环境大幅改善，让农村的孩子享受到了优质教育资源，实现了农村孩子与城市孩子同在一片蓝天下，共享优质教育资源。

7.推动了城乡教育一体化发展

各级党委和政府高度重视城乡教育一体化发展，不断加快提升乡村义务教育学校"三通两平台"建设水平，重点支持民族地区和边远地区义务教育学校标准化建设，优化数字教育资源公共服务体系，完善乡村学校信息化基础设施建设。通过配备多媒体教学设备、计算机教室和教师电子备课室等网络条件下的信息终端，实现中小学校宽带接入及网络条件下的信息终端全覆盖，促进城乡教育资源均衡配置。一是以城市或乡镇优质学校为依托，推进学校资源共建共享联盟建设、城乡学校捆绑发展、集团化办学等工作，促进城乡学校一体化发展；二是与对口支援学校建立友好关系，实现优质资源共享。

8.显著提升了民族地区教育质量

随着"三通两平台"建设的基本完成,民族地区大部分中小学都开始了基于网络环境开展教与学的实践探索。借助信息化教育手段,学生在课前可以通过观看视频讲座、阅读电子书籍,课后通过个性化的学习辅导,引导学生分层发展、分类发展,从而摆脱了传统教学中"粉笔+黑板"的单一教学形态,改变了课程结构,实现了学习决定权从教师到学生的转移。教师还可以通过互动投屏、人机对话等方式,把信息技术与课堂互动结合起来,充分调动学生学习的积极性与主动性。尤其是借助慕课、微课、翻转课堂,教师重新调整课内外的时间安排,让学生更专注于基于项目的学习,共同探讨实践中的现实问题,从而获得更深层次的理解,实现教师教学方式与学生学习方式的根本变革。

二、民族地区教育信息化问题依然比较突出

1.教育资源配置不均衡问题突出

由于受历史欠账多、发展基础薄弱、地方经济发展不平衡等因素影响,民族地区不仅与东部发达地区在教育投入上存在较大差距,而且地区之间、城乡之间在教育投入上差距也较大。如在多媒体教室建设方面,昌吉、哈密、吐鲁番、乌鲁木齐市等地多媒体教室建设比例均超过90%,而喀什仅为72.2%,和田仅为67.7%。

2.教育信息化建设后续乏力

民族地区虽然基本完成了"三通两平台",但是受教育投入的影响,总体上建设水平较低,设施设备更新换代速度较慢。如新疆中小学,2012年以前配备的设备占设备总数的31%,学校接入的互联网主要以10 Mbps带宽为主。截至2019年,西藏自治区的基础设施、接入网络的学校比例分别位于全国第21位、14位。

3.信息技术与课堂教学的融合不强

调查发现,仍有部分教师对教育信息化意识不强,重视不够,对信息技术仅停留在多媒体展示的浅层次应用上,信息技术与学科教学的融合、教学模式、教学方法以及教学组织形式的变革并没有实质性改变。截至2018年,从

新疆全区信息技术在各学科的应用的比例来看,物理、化学、地理、生物、历史等学科中应用的比例都在25%以下,通用技术课的应用仅为10%。

4.教师信息技术素养偏低

调查发现,各地虽然加大了教师信息技术应用能力培训,但仍有大部分教师习惯于"端坐静听"的灌输式教学,尤其是部分年龄偏大、学历不高、汉语水平较低的教师,信息素养欠缺,学习动力不足,往往对信息技术的应用持消极态度。而且农村地区教师的信息技术培训依然不足,在西藏经常参加信息化能力培训的教师数仅占9.4%,偶尔参加的比例为58.4%,而没有参加过信息化教育培训的教师数占32.1%,其中乡镇及农村教师参加过信息化教育培训的比例仅为50.6%;云南省也有8.0%的校长和24.5%的教师并未参加有关教育信息化的培训,67.0%的校长和61.3%的教师只是偶尔参加教育信息化的培训。

三、对策与建议

1.做好顶层设计,落实教育信息化优先发展战略

针对民族地区基础教育信息化建设相对滞后、发展不均衡的现状,各级政府和教育部门进一步完善教育信息化建设的顶层设计,制定教育信息化行动计划,明确未来五年教育信息化发展的方向、重点和责任目标,落实《教育信息化2.0行动计划》,通过经费投入、政策保障,充分落实基础教育信息化优先发展战略,建立教育信息化发展指标体系。把教育信息化建设作为教育督导的重要组成部分,纳入各级政府绩效考核体系,推动各地各校优化公共基础平台建设,完善信息化设施配置,改善教育信息化运营环境,提升网络与信息安全保障能力,促进基础教育信息化建设安全、优先和可持续发展。

2.落实"三通"全覆盖,建立教育信息化共享机制

虽然民族地区教育信息化建设呈现了良好的发展态势,但是"三通两平台"建设进度依然滞后,尤其是部分中小学和教学点,校园网络覆盖率低、信息化终端数量偏少、学科覆盖率低,基于此,建议各级政府通过专项计划精准对接薄弱地区和薄弱学校,加强中小学计算机网络教室、多媒体教室、电子阅览室和语音室建设,实现"三通"全覆盖,确保基础教育阶段所有教室具备数字教

学功能,具备远程课堂同步教学功能。以语文、数学、音乐等为试点课程,探索"一校带多校,一校带多点"的线上线下教学机制与优质教育资源共享机制,常态化开展网络远程同步教学。依托省级教育服务平台,借助"人人通"的身份认证,构建各级各类学校数字图书共享机制和集学科专家、教研员、一线教师为一体的互助合作组织,推进数字资源的共建共享和优质教育资源的普遍应用。

3. 建立教育资源审核机构,搭建省级信息化公共服务平台

信息化在促进教育现代化的同时,也要认识到由于审核和监管难度大而带来的一系列问题,尤其是对于新疆、西藏等地而言,要坚决杜绝"双泛主义""民族分裂"思想的"问题资源"通过网络渗透,为此,建议以省级教育科学研究机构为主体,成立网络资源审核委员会,加强对信息资源的审核力度和监管力度,确保信息资源既符合我国基本国情,又能反映本民族历史、文化的发展状况。与此同时,以省电化教育馆为依托,加大基础资源整合力度,加快推进优质教学资源建设,建成数字图书馆,进一步开发物理、地理、化学、生物等学科教学资源,搭建"空中课堂",建成学科门类齐全、内容丰富、便捷好用的资源公共服务平台,形成与教育现代化目标相适应的教育信息化发展体系,推动民族地区教育跨越式发展。

4. 提升教师信息技术应用能力,促进信息技术与学科教学深度融合

建立教师个人信息化学习档案,将信息技术应用能力作为教师评聘考核的重要依据。在"国培计划""省培计划"的基础上,进一步实施薄弱学校信息技术能力提升计划、中小学教师信息技术应用能力提升计划,通过专项培训、送教入校、自主学习等方式开展教学应用、能力提升、深度融合三个层级的培训,不断提高教师的信息化应用能力、教育管理人员的信息化管理能力,培养教师利用信息技术开展个性化教学的能力,推动教师主动适应信息化时代、人工智能时代的教学变革。深入推进"一师一优课、一课一名师"活动,并做好"优课""晒课"的技术支持与推广应用工作,推动同步课堂的常态化,促进信息技术与学科教学的深度融合,实现信息技术与教学理念、教学内容、教学模式、教学管理、教学评价的全面融合,驱动教育优质均衡发展。

5.不断提升教育信息技术应用水平

各地要坚持应用驱动促进深度融合的基本思路,不断推进信息技术在教育教学和管理方面的创新应用。着眼于解决教育改革与发展进程中出现的问题,围绕学生核心素养和创新能力培养,围绕提升教育管理效率与服务水平,积极探索利用信息技术解决教育教学与管理中的实际问题的新方法、新模式。要鼓励具备信息化条件的地区和学校广泛开展信息技术应用试点,发挥示范引领作用,普及推广成功模式和先进经验。试点过程中注重专业引领与行动研究,既要提供专家支持,为信息技术与教育教学深度融合提供专业引领,更要鼓励区域、学校或教师从实际问题出发,通过实践探索解决面临的实际问题。